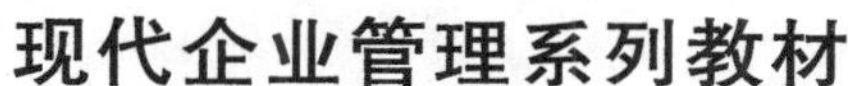
现代企业管理系列教材

企业管理信息系统

主　编　高　波
副主编　黄兰秋　奉国和
　　　　鄂寒梅

科学出版社
北　京

内 容 简 介

企业管理信息系统的复杂程度越来越高，规模和重要性越来越大，其本身所涉及的资源管理逐渐成为企业管理的一项重要内容。本书专门介绍企业信息系统资源管理的相关内容，介绍如何对企业管理信息系统所涉及的信息、技术、人员这三项资源进行管理。

本书可作为经济管理类学生的专业教材，也可供相关管理人员阅读、参考。

图书在版编目(CIP)数据

企业管理信息系统/高波主编. —北京：科学出版社，2011.8
(现代企业管理系列教材)
ISBN 978-7-03-030305-9
Ⅰ.①企… Ⅱ.①高… Ⅲ.①企业管理-管理信息系统-教材 Ⅳ.①F270.7
中国版本图书馆 CIP 数据核字 (2011) 第 142111 号

责任编辑：张 宁／责任校对：朱光兰
责任印制：张克忠／封面设计：耕者设计工作室

科学出版社 出版
北京东黄城根北街 16 号
邮政编码：100717
http://www.sciencep.com

三河市骏杰印刷有限公司印刷
科学出版社发行 各地新华书店经销
*
2011 年 8 月第 一 版 开本：720×1000 1/16
2016 年 1 月第七次印刷 印张：20 1/2
字数：400 000

定价：37.00 元

总序

随着经济全球化进程的加快和知识经济时代的到来，现代企业发展面临着越来越多变的外部环境，竞争态势亦愈加纷繁复杂。较之于发达国家的企业而言，我国企业的市场经济之路时间较短，在摸索中曲折前进。国有企业经历着从计划经济向市场经济转型的痛苦，政企不分、产权不明、责任不清等弊端影响着国有企业经营绩效的提高。一些成长较快的民营企业虽然具备某些规范意义上企业的特质，但也碰到如非确定性的行政干预、计划经济意识形态上的歧视和企业所有者行为短期化等诸多因素的影响，多种因素导致我国民营企业的存活率非常之低，平均寿命不足3年。

从总体上看，除了经济体制改革和国家宏观经济政策的调节外，经营环境的多变性、管理理念的滞后性、管理手段的单一性和企业家队伍的极度匮乏等因素制约了我国企业整体管理水平的提升。因此，如何尽快更新落后的管理理念？如何充分借鉴和吸纳国外企业的先进管理经验？如何短时间内提高管理者的业务素养？如何从人、财、物等方面完善现代企业管理？如何通过提高管理水平出效率？凡此种种都是亟待解决的现实问题。从某种程度上讲，本丛书的立项和付梓也正是为了解决以上问题作一种尝试。华南师范大学经济与管理学院组织部分骨干教师精心编写了现代企业管理系列教材，每本教材的主编教师都长期从事相关学科的教学和科研工作，具备丰富的教学经验和扎实的科研能力。在总结多年教学经验和企业实践的基础上，博采众长，充分吸收国内外同类教材的优点，推陈出新，力图编写出一套具有现代企业管理特色的、综合性的、既自成体系又具有实用性的教材。

本丛书具有以下几个特点：①逻辑清晰。教材的每一章均按照内容提要、学习要点、正文讲解、相关案例和课后习题五个部分的编排框架渐进展开，最大限度地契合了人们的认知规律和学习习惯，有助于提高学习效率；②实用性强。为了克服许多教材重理论轻实务的共同缺点，本丛书不仅在内容讲解中引用了大量鲜活的案例，而且在课后专门辟出一个相关案例部分，试图引导学生运用所掌握的理论知识解决企业管理中的实际问题，逐步培养学生思考问题和解决问题的能力；③体系完整。本丛书包括11本教材，从11个不同界面立体式剖析现代企业管理的方方面面，定性定量相结合分析企业管理中产生的种种问题，系统探讨解决这些问题的方法和途径，这对于全方位培养学生驾驭现代企业的综合能力将大有裨益；④适用对象广泛。本丛书既适合经济管理类学生学习，也适合广大企业管理者和相关管理部门培训使用。

本丛书包括11本教材，具体分工如下：林勇主编《资本运营理论与实务》，彭璧玉主编《中小企业战略管理》，邓顺国主编《电子商务运营管理》，曹宗平主编《客户服务管理》，高波主编《企业管理信息系统》，吴忠培主编《企业管理咨询与诊断》，纪志明主编《团队管理》，何晓兵主编《销售业务管理》，聂新军主编《企业内部控制》，刘善敏主编《人力资源开发与管理》，冯晖主编《现代物流学》。

本丛书的出版，一直得到华南师范大学经济与管理学院领导和老师的大力支持，在此表示感谢！同时，科学出版社张宁女士在丛书的立项和出版过程中付出了艰辛的劳动，在此亦表示谢意！最后，对本丛书中被参考和借鉴研究成果的各位专家和学者表示感谢！

由于本丛书的编写时间有限，加之编者水平有限，不足之处在所难免，恳请广大读者给予批评指正。

林　勇

华南师范大学经济与管理学院院长

2011年3月

Foreword 前言

管理信息系统是在管理科学、系统科学、计算机科学等的基础上发展起来的综合性边缘学科，是能够对社会组织的信息进行收集、加工、保存、传输和维护，以支持该组织的作业、管理、分析和决策的人机系统。它除了具有数据处理功能外，更多的是为组织的管理活动提供信息，帮助决策者制订和实施高效、准确的策略和行动方案。因此，当今社会，任何一个具有一定规模的社会组织都离不开管理信息系统，尤其是对信息高度依赖的企业。

为此，国内外出版了大量管理信息系统的教材，以供学生及管理信息系统的开发、使用、维护人员学习和参考。但在林林总总的教材中，面向高等教育自学考试的教材却寥寥无几，因此，我们编写了这部以参加高等教育自学考试的学生为对象的教材，以满足高等教育自学考试的教学需要。

本书根据自学考试教育的特点，在介绍管理信息系统的基本理论、基本知识、基本技术、基本方法时，注重简明扼要，突出重点，以便学生在有限的时间里掌握管理信息系统的基本理论、知识、技术和方法。同时，为了便于自学，每章配有内容提要、学习要点、习题及答案。

管理信息系统具有庞大的知识体系。根据自学考试教育的特点，本书主要包括如下内容：管理信息系统导论，管理信息系统与信息技术，管理信息系统与组织、管理和战略，管理信息系统的开发方法，管理信息系统的系统规划，管理信息系统的系统分析，管理信息系统的系统设计，管理信息系统的系统实施，管理信息系统的运行、维护与管理，管理信息系统的应用与发展，案例分析。

本书由高波担任主编，黄兰秋、奉国和、鄂寒梅担任副主编。第一章由高波、胡小平编写，第二章、第三章、第四章由鄂寒梅编写，第五章、第六章、第七章、第八章由黄兰秋编写，第九章、第十章、第十一章由奉国和编写，全书由高波统稿。

本书的编写得到了华南师范大学经济与管理学院院长林勇及华南师范大学经济与管理自学考试办公室主任纪志明的大力支持。科学出版社的张宁编辑对本书的编写给予了热情的支持和鼓励，并提出了许多宝贵意见，本书也参考了诸多相关教材、论文等研究成果，在此，谨向上述领导、老师及参考文献的作者表示衷心的感谢！

因时间仓促及水平有限，本书难免存在不足之处，敬请读者批评指正。

高 波

2011年5月8日

ontents
目 录

HAPTER 1

第一章 管理信息系统导论

[内容提要]

本章主要介绍管理信息系统的基本概念、结构、类型和发展阶段。

[学习要点]

1. 掌握数据、信息的概念，信息的性质，数据与信息的区别与联系；

2. 掌握系统、管理信息系统的概念、特点和性质；

3. 理解管理信息系统的结构与类型；

4. 了解管理信息系统的发展阶段。

当前，人类已经进入信息时代。在这个以知识为力量的时代，信息资源在社会生产和生活中发挥着重要的作用，企业也在运用信息去获得竞争优势，也就是说，信息就是财富。在信息时代，管理信息系统的核心不是技术，而是处理组织资源里的人、信息技术、信息流三者之间的关系，它有助于对企业等社会组织的活动进行科学的规划、组织、协调和决策，实现信息资源的合理分配、利用，因此，管理信息系统是一门为提高企业等社会组织的效益而产生的新兴交叉学科。

第一节　管理信息系统的基本概念

管理信息系统(management information system，MIS)是一门多学科交叉的学科，它融合了管理学、计算机科学、系统学、运筹学、心理学、统计学、社会学、政策学、通信技术等众多学科的理论、方法和技术。因此，要想清楚地了解和掌握管理信息系统的概念，就需要对上述学科的相关知识有一个基本的了解。本章对数据、信息、管理信息、系统、管理信息系统等概念及特征作简要介绍，从而有助于读者对“管理信息系统”的概念有一个完整、全面的了解和认识。

一、数据与信息

在日常生活和工作中，我们常遇到数据和信息，它们既有区别又有联系。

(一) 数据

数据是指日常生产和生活中未经过加工的事实或者对一种特定现象的描述，是人们为反映客观世界而记录下来的可以鉴别的符号集，它可以是字母、数字、图像、声音或其他符号。例如，某件货物的价格、学生的人数、书籍中的图片、员工的工资等。

(二) 信息

1. 信息的概念

随着时代及人们认识的不同，信息的定义也有所不同。综合各种定义，可以归纳为以下三种类型。

(1) 信息是加工后的数据。

(2) 信息是对客观事物的反映。

(3) 信息是表征事物状态的普遍形式。

我们认为，信息是经过加工并对人类社会实践和生产经营活动产生影响的数据。

人们收集到的数据是杂乱无章的，只有通过加工才能给人们提供信息。随着人类社会进入信息时代，人们越来越清晰地认识到信息的价值和意义，信息与能源、物质构成了信息社会的三大支柱，信息对我们的生产、生活发挥的作用日益显著，它是社会生活的重要组成部分。

2. 信息的要素

(1) 信源，即信息的发布者或信息的来源。

(2) 信宿，即信息的接收者。

(3) 信道，即信息传递的途径或渠道。

(4) 媒介，信息依附的载体，如纸张、光盘、磁盘等。没有媒介，信息就无法存在，更谈不上传递和沟通。

3. 信息的特征

信息具有多种性质，理解信息的各种性质，可以促进人们对信息进行管理并利用信息进行决策。信息的主要特征有以下八个方面。

(1) 客观性。信息的客观性是指一切事物都是信息的来源。客观性是信息的基本性质，信息无处不在、无时不有。

(2) 共享性。信息不同于能源和物质，它具有非消耗性，可以同时被多方使用，共同享有，如新闻里播报的一条经济信息可以同时被收听和收看者获得，并让人们在第一时间有效地获得。

(3) 时效性。信息的时效性是指一条信息如果没有及时地发布出去，就不能及时、充分地发挥它的作用，随着时间的推移，信息的效用会越来越小，直到全部消失。例如，天气预报，一天的天气情况只有当天才能发挥它的最大作用，随着时间的流逝，它的作用会越来越小。

(4) 可存储性。信息表征事物的存在和运动，但信息不是事物本身。信息通过竹、帛、纸、磁盘、光盘等载体进行记录和存储，并通过光、声、电等能量来传递。离开了这些物质载体，信息就无法存在。这说明信息既具有可存储性，又具有依附性。信息通过载体来存储，为人类和社会的进步提供资料。

(5) 可传递性。信息的可传递性是指人们利用各种手段将信息传递出去。比如，通过电话、邮件、光缆、卫星向全世界进行信息的传递。信息的传递既方便又快捷，成本也很低，因此，在信息社会的今天，我们应尽可能地将物流转换为信息流，减少传递的时间、物质成本。

(6) 可处理性。人们可以通过一定的方法和手段处理信息，如扩充、压缩、分解、提取、排序等。依据接受者的特定需求，对信息处理的方法和手段也有所不同。处理后的信息反映了信息源和信息接受者之间的相互联系和相互作用。信息的内容是语法信息、语用信息、语义信息相结合的统一体。信息在处理过程中应该注意保证三者的统一而不使信息受到损害，以免造成信息失真，信息失真是指信息内容在处理过程中被歪曲或丢失。

(7) 再生性(增值性)。随着时间的推移及环境的变化，信息可能会失去它原有的效用。例如，今天的天气预报在第二天才播报则已失去意义。但是，气象部门需要今天的信息及历史同期的信息来推测第二天以及未来几天的天气。这就是信息的再生性(增值性)。信息的再生性说明，不能将过去的信息直接扔掉，而应适当保存，以便为预测未来提供有用的资料。

(8) 可转换性。信息的可转换性表现为信息可以转化为价值。能源、物质、信息是人类的三大资源，它们既相互联系，又相互转换。能源、物质可以换取信息，有了信息，也可以间接获得物质和能源。

总之，信息是对客观事物的变化和特征的反映，是客观事物之间相互作用和相互联系的表现形式。因此，全面认识和理解信息的性质，能够有效地加工、利用组织的信息，从而发挥信息的最大效用。

(三) 数据和信息的区别及联系

数据和信息既有区别又有联系，数据是反映客观事物而记录下来的符号，而信息是为了向人们提供某一方面的数据，而对相关数据进行加工提炼得出的结果。但是，并不是所有的数据都能转化成信息。二者的关系如图 1-1 所示。

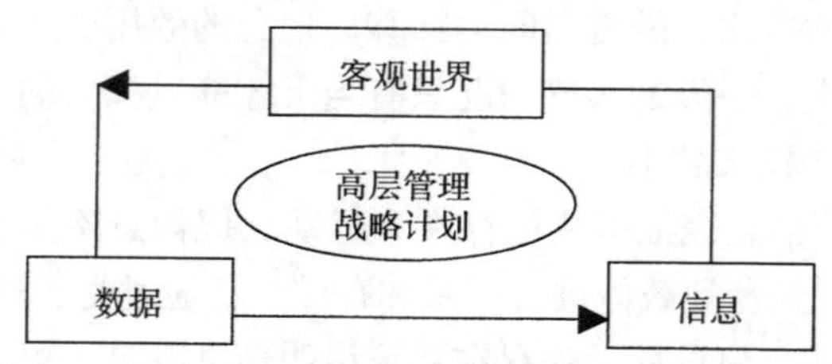

图 1-1　数据与信息的转化过程

从图 1-1 可以看出，数据是客观世界存在的原始原料，而信息则是数据加工过的产品。这个过程是循环结构，也就是说一个系统的信息可能是另一个系统的数据，而另一个系统的数据也可能是下一个系统的信息。例如，工资单对于员工来说可能是信息，而对于财务处来说它可能是数据。

相同的数据对于不同的人可能会产生完全不同的信息。例如，大家都知道这样一个故事：非洲的很多人都不喜欢穿鞋，某制鞋厂的销售人员来到非洲后觉得很沮丧，认为这里一定不会有市场，而另一个推销员则觉得这里有一个潜在的、有巨大开发价值的市场。可以看出，同样的数据，对于不同的人来说会产生不同的信息，从而影响他们的最终决策。这主要是由个人知识背景、经验、逻辑思维的不同产生的。信息不随着载体的变化而变化，数据随着载体的变化，其表现形式也有所不同。例如，同一则信息可以记录在纸质上面，也可以记录在光盘上面。因此，数据和信息不能分割，信息需要用数据的形式来表示，数据经过加工、提炼又形成新的信息，它们在非正规场合是可以相互转换的。

二、系统、管理信息、管理信息系统

(一) 系统

1. 系统的概念

系统的观点最早可以追溯到20世纪30年代。随着时间的推移，人们对系统的定义有很多种。系统的思想被引入各种领域，甚至渗透到人们的日常生活中。所谓系统，就是由若干个相互联系、相互制约的因素结合在一起并形成的具有特定功能的有机整体。例如，自然界是一个系统，同时也是宇宙系统的组成部分；一个部门是一个系统，同时也是它所在企业大系统的组成部分。系统的构成必须具备三个条件。

(1) 有两个以上的组成成分。

(2) 两个以上的组成成分相互联系、相互制约。

(3) 整体是具有特定功能的有机整体。

2. 系统的分类

根据系统组成的要素和功能，可以将系统分为自然系统、人工系统和复合系统。

(1) 自然系统，如宇宙系统、太阳系统、生态系统、人体系统等。自然系统不以人的意志为转移，是不能消亡的系统。

(2) 人工系统，如计算机系统、教育系统、社会经济系统、通信系统等。它是为了满足人们的生产或生活的需要而建立起来的具有一定功能的统一整体。

(3) 复合系统，如企业系统、信息系统等。复合系统既包括不以人的意志为转移的自然系统，也包括为满足人们某种需求而建立起来的具有一定功能的人工系统。实际上，大多数的系统都是两种以上的小系统结合形成的系统，这类系统都有人的参与，是人机系统。

系统的分类还有很多种方式，如静态系统和动态系统、封闭系统和开放系统等。系统的组成和运行方式是按照一定的规律来进行的，合理地使用现有的系统，充分发挥人的主观能动性，开发、设计新的具有相应功能的系统，是管理信息系统的核心内容。

3. 系统要素

系统的要素包括输入、处理、输出、控制、反馈，其过程如图 1-2 所示。

(1) 输入：给出所需要的信息和限制条件。

(2) 处理：对输入的信息进行加工和转换。

(3) 输出：对加工好的信息进行输出。

(4) 控制：对输入和输出整个过程进行监控和指挥。

(5) 反馈：将结果反馈给输入，以便下一次输入进行调整。

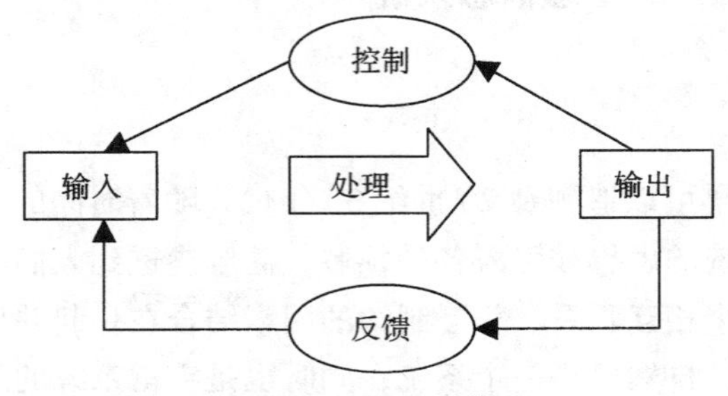

图 1-2　系统运行模型

4. 系统的特征

系统的特征表现为以下四个方面。

(1) 整体性。系统是由相互关联的个体集合而成。

(2) 目的性。系统是可以被研究、优化和利用的。

(3) 层次性。系统与系统内的个体之间关联信息的传递路径是分层次的。

(4) 环境适应性。系统是随时演变的。

(二) 管理信息

信息的种类非常广泛。按照信息的来源，可以分为自然信息、社会信息；按信息的特征，可以分为图像、文字、声音等信息；按在社会中的应用范围可以分为政治、军事、经济、管理、科技、文化、教育等信息。本章对管理信息系统进行概述，主要内容就是管理信息。管理信息应用于各个行业，它是组织在管理活动中收集并整理的对企业生产经营活动、管理决策产生影响的各种数据的总称。管理信息的表现形式有报告、计划书、协议等。

(三) 管理信息系统

1. 管理信息系统的定义

管理信息系统是一门多学科交叉的学科，它结合管理学、计算机科学、系统学、运筹学、心理学、统计学、社会学、政策科学、通信技术等学科知识而形成。管理信息系统的概念不是随着计算机的问世而出现的，它最早出现于 20 世纪 30 年代，伯德在描述决策和管理的关系时就提到了管理信息系统的概念。20 世纪 50 年代，盖尔提出了管理依赖信息和决策的理论。随着计算机的问世，管理信息系统的定义不断演变，研究者从不同的角度对管理信息系统进行了研究，分别从计算机系统的实现、支持决策和人际系统的角度加以界定，总计提出了 100 余种定义，其中，具有代表性的有以下四种。

(1) Walter T.Kennevan 认为管理信息系统是以书面或口头的形式，在合适的时间向经理、职员以及外界人员提供的过去的、现在的、预测未来的有关企业内部及其环境的信息，以帮助他们进行决策。

(2) Gordon.B.Davis 认为管理信息系统是一个用计算机硬件和软件代替手工作业进行分析、计划、控制和决策的人机系统。它能够提供信息，支持企业或组织的运行、管理和决策功能。

(3) Haag 和 Cummings(2007)认为管理信息系统是对信息技术工具的规划、开发、管理和运用，其目的是帮助人们完成与信息处理和信息管理相关的一切任务。

(4) 张建林(2004)认为，管理信息系统是指在组织的管理系统中以计算机作为劳动工具，辅助管理人员对数据进行高效正确的采集、加工和处理，从而为决策者及时提供精确的信息。

综上所述，从整体角度来看，管理信息系统包括了人、计算机技术、信息流三大要素，它借助计算机技术，对信息进行收集、存储、加工、传递、更新和维护，是通过处理信息流为企业组织提供决策支撑的信息处理系统。

从图 1-3 可以看出，管理信息系统是一个人机系统。机器包含计算机硬件、软件、各种办公及通信设备；软件包括业务信息系统、决策支持系统(decision support system, DSS)和经理支持系统；人员包括高级管理人员、中级管理人员。

2. 管理信息系统的特点

(1) 管理信息系统的最终目的是为决策提供服务。管理信息系统，是为了解决人们在管理过程中出现的问题而出现的。它是根据管理的目标而设计的，因此，其最终目的是为企业管理提供信息，帮助决策者作出决策。

(2) 管理信息系统能够对企业整个供应链进行有效和全面的管理。一个企业在设计管理信息系统时，可以根据需要对各个子系统进行设计，然后将它们综合起来，最终达到为管理者提供综合建议的目的。管理信息系统整合的意义在于能够为更高层次的决策提供服务。

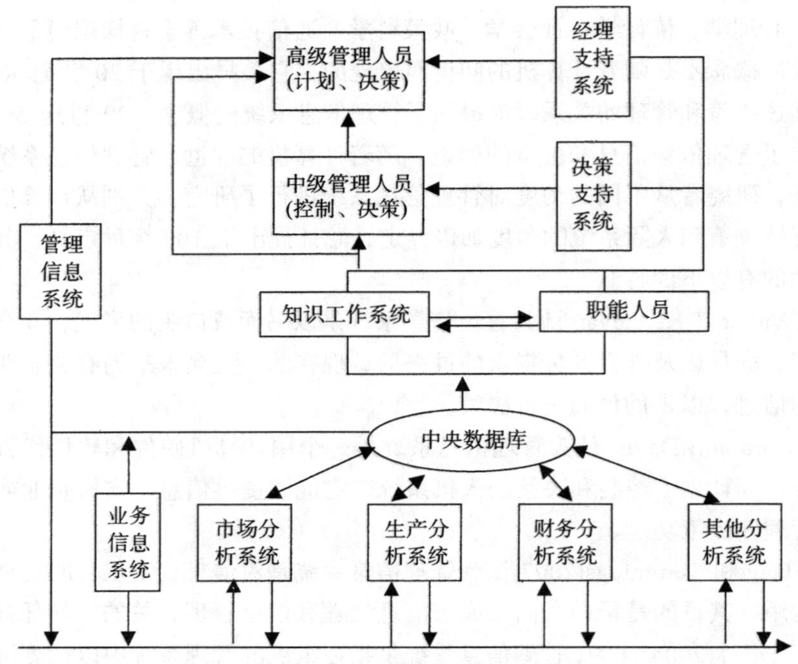

图 1-3 管理信息系统概念图

(3) 管理信息系统是人机相结合的系统。管理信息系统的目的在于为决策提供服务，而决策是由人来决定的，因此它是一个人机相结合的系统。在管理信息系统中，人是系统的使用者，也是系统的组成要素。因此，在管理信息系统的开发过程中，要根据这个特点来界定人和计算机的位置和作用，发挥人和计算机各自的长处，从而使系统有效运行。

(4) 管理信息系统将先进的管理手段融入其中。人们在设计管理信息系统的过程中，如果一味追求计算机的速度，而不考虑管理手段的科学性，最终只是减少了人工劳动量，它发挥的作用就很有限。因此，若要发挥管理信息系统特有的功能，必须将先进的管理手段融入其中。

(5) 管理信息系统是多学科交叉而成的边缘学科。管理信息系统的发展只有 50 多年的历史，它还属于一门新兴学科，特别是在一些发展中国家，管理信息系统还处于初级阶段，它的理论体系还需要完善和发展。由于管理信息系统是一门以系统学、逻辑学、管理科学、运筹学、计算机科学、社会学等学科为理论基础的学科，所以它是一门由多学科交叉而形成的边缘学科。

第二节 管理信息系统的结构与类型

一、管理信息系统的结构

管理信息系统的结构是指管理信息系统的组成及其各组成部分之间的关系。由于人们对管理信息系统存在不同的理解，所以就构成了管理信息系统的不同结构。一般来说，管理信息系统的结构主要包括概念结构、层次结构和职能结构。

(一) 概念结构

从概念来看，管理信息系统由四大部分组成，即信息源、信息处理器、信息使用者、信息管理者，其逻辑关系如图 1-4 所示。

(1) 信息源。信息源就是原始信息的产生地。

(2) 信息处理器。信息处理器根据不同的需求，对原始信息进行收集、分析、加工、存储并转化成所需要的信息，最终传递给信息使用者。

(3) 信息使用者。信息使用者就是信息的归宿，其应用信息进行决策。

(4) 信息管理者。信息管理者对管理信息系统进行设计和维护，在管理信息系统运行之后，对其进行协调，保证各个部分能够正常运行。

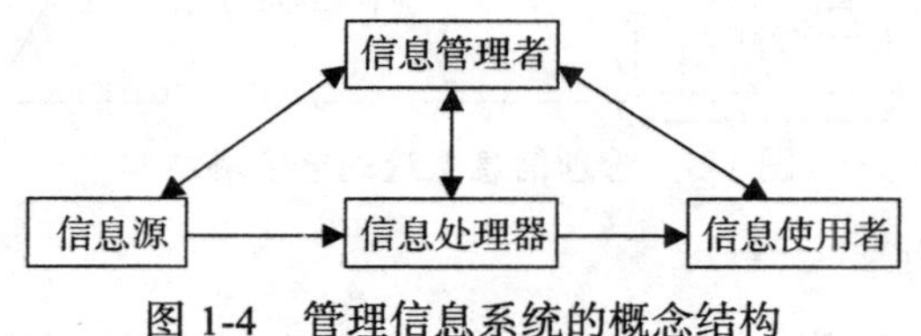

图 1-4 管理信息系统的概念结构

(二) 层次结构

按企业所处的层次，对应管理信息的分类特点，可将管理信息系统分成操作层子系统、管理控制子系统、战略信息管理子系统。具体结构如图 1-5 所示。

1. 操作层子系统

操作层子系统是管理信息系统的最底层，它进行最基础的业务处理，是监控组织的基本活动和交易的信息系统，常用的系统是交易处理系统(transaction processing system，TPS)。这个子系统的主要任务是回答一些常规性问题及跟踪组织的交易流程，如打字、算账、造表、回答库存量、交易等工作。

2. 管理控制子系统

管理控制子系统是支持中层管理人员进行监督、控制、决策和行政活动的信息系统，常用的系统是管理信息系统和决策支持系统。其主要任务是定期向中层管理者提供组织运行状况的报告，而不是操作的即时信息。它介于操作层和战略管理层之间，起着承上启下的作用，既要监督保障操作层能顺利完成任务，还要向战略信息管理层反映执行信息管理层的情况，理解并执行高层下达的指令，同时，把指令分解并下达给下级执行。

3. 战略信息管理子系统

战略信息管理子系统是支持高级管理层进行长期计划活动的信息系统，常用的系统是专家支持系统(executive support system，ESS)。它的主要任务如下：汇集管理控制层和企业的外部信息，辅助高层管理者制订组织的战略计划和作决策；下达执行命令并监督执行情况，分析在执行过程中出现的问题，并研究解决问题的方法；管理、协调整个管理信息系统的各个环节的有效运行；提供查询的功能。

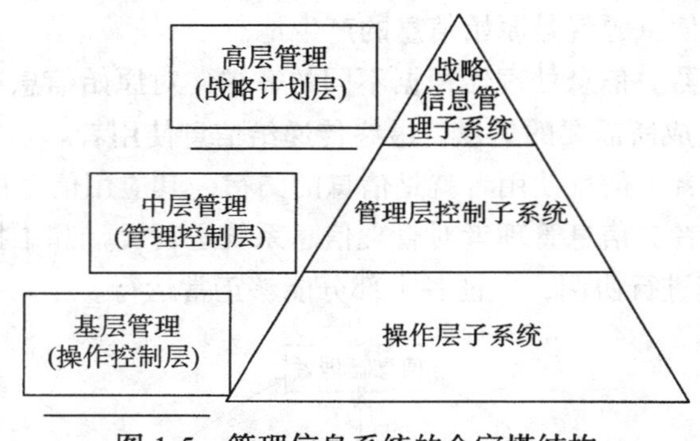

图 1-5　管理信息系统的金字塔结构

(三) 职能结构

按照在企业中的职能，管理信息系统可以分为制造和生产管理信息系统、销售和市场营销信息系统、人力资源信息系统、财务会计信息系统及信息处理子系统、高层管理子系统等子系统，具体结构如图 1-6 所示。

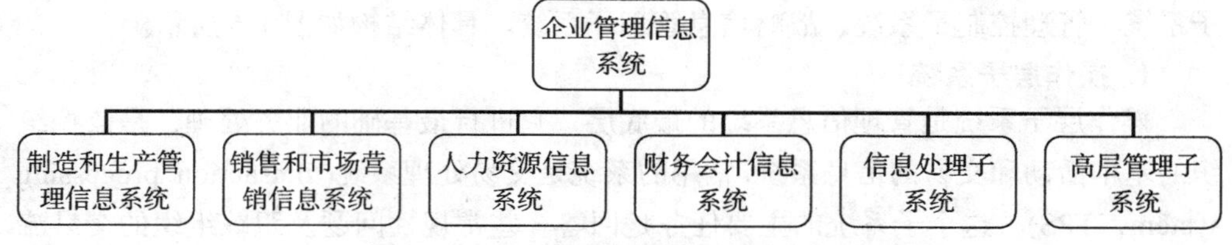

图 1-6　企业管理信息系统的功能结构

1. 制造和生产管理信息子系统

制造与生产管理子系统的功能包括产品的设计、生产进度、生产设备的调度与运行、产品质量检查和控制等。战略计划层面主要是对各种生产方案进行评价，从而决定是否采取该项生产计划方案；管理控制层面主要是对生产过程的进度、成本、时间、效率进行分析比较；操作层面主要是处理生产订单、装配订单、废品票等原始数据。

2. 销售和市场营销信息系统

销售与市场营销信息系统包括企业产品的销售和售后服务。战略计划层面主要是对社会人口、购买力、技术等发展因素进行分析，应用顾客分析、竞争者分析、收入预测、人口预测和技术预测等方法获取信息，从而对新市场开发及新市场销售的战略进行分析和研究；在管理控制层面，根据顾客、竞争者、竞争产品和销售能力等信息，对销售成果、销售市场和竞争对手等因素进行分析和比较，确保销售计划按时完成；操作层面主要是对客户订单的处理。

3. 人力资源信息系统

人力资源信息系统主要是对企业的人员招聘、培训、考评、薪酬、劳动关系等进行管理。战略计划层面主要是对招聘、薪酬、培训的战略决策方案进行评价分析；管理控制层面是对员工的录用、解聘、招聘费用、培训费用、薪酬的制定等情况进行分析处理；操作层面主要是对员工的岗位说明、考核评价说明、人员档案处理、工资变动情况、工作时间和离职说明等信息进行处理。

4. 财务会计信息系统

从理论上说，财务和会计是不同的，他们有各自的目标。财务的目标是保证企业在资金使用上符合财务要求，并使其尽可能地减少相应的费用；会计的目标是将企业财务业务进行分类、总结，最后填入相应的标准的财务报告中，制定预算，对成本数据进行核算分析与分类等。战略计划层面主要是关心企业财务的长期战略计划，如财务保证长远规划、资金筹款计划、为减少税收的影响而制订的长期战略计划、成本会计和预算系统的计划等；管理控制层面主要是对预算和成本数据的执行情况进行比较，分析数据的成本和差错率等；操作层面主要是对每天的数据进行汇总、分类，提出有异议的情况，并填写相关报告。

5. 信息处理子系统

信息处理子系统主要负责与各个子系统的沟通联系。战略计划层面主要是对信息系统的总体规划、对硬件或软件系统的总体结构设计等；管理控制层面主要是对比、分析计划的实施情况，如日常工作任务的调度、差错率分析、设备利用率、新项目进度的控制和调试时间等；操作层面主要是发出信息请求、收集整理所需要的数据、对数据的修改进行申请、对硬软件故障提出报告及改进建议等。

6. 高层管理子系统

高层管理子系统主要是为每个组织的高层(如公司的总经理或者各职能部门的副经理)提供服务。该系统的战略计划层面主要是根据公司的长远发展目标制订战略计划，并为各职能部门提供战略计划总目标；管理控制层面是将各职能部门的计划执行情况和目标进行对比、分析、评价，并提出相应的解决措施；操作层面则为决策提供信息咨询、编写文件、向企业各职能部门下发各类文件。

通过综合企业的层次和功能，形成了管理信息系统的综合结构。管理信息系统的综合结构是基于组织职能的各个职能子系统的联合体，每个子系统又分为三个层次，即战略计划层次、战术管理(运行管理)层次和作业处理(业务处理)层次。基于组织职能的管理信息系统结构可以由组织的职能和组织活动构成的矩阵来描述，如图 1-7 所示。

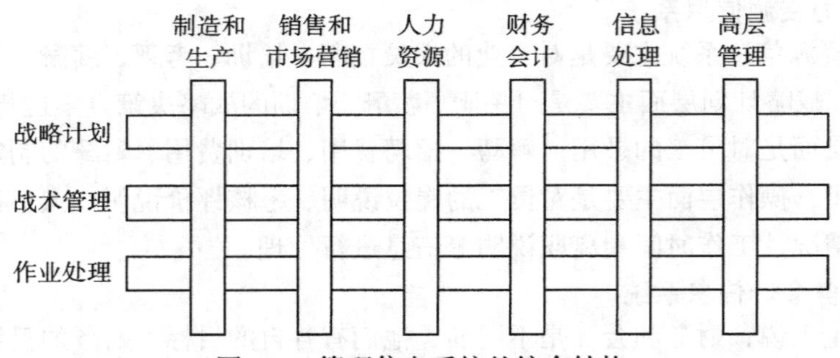

图 1-7　管理信息系统的综合结构

二、管理信息系统的类型

管理信息系统是一个广泛的概念，至今还没有固定的分类方法。按照服务对象划分，可以将其分为国家经济信息系统、企业管理信息系统、事务性管理信息系统、行政机关管理信息系统及特定行业的管理信息系统；依据信息系统的不同功能、目标、特点和服务对象，可以分为业务信息系统及管理信息系统、决策支持系统；按照业务处理方式划分，分为办公自动化系统、过程控制系统及决策支持系统；按照应用的行业划分，可以分为制造业管理信息系统、金融业管理信息系统、服务业管理信息系统及教育业管理信息系统。接下来对以服务对象为标准划分的各类型管理信息系统作一简要介绍。

(一) 国家经济信息系统

国家经济信息系统是一个包含各综合统计部门的国家级信息系统。这个系统从纵向来看，可以分为省级、市级、县级直至各重点企业的经济信息系统，横向来看，可以分为外贸、交通、能源等各行业信息系统，形成了一个纵横交错、涵盖全国的综合的信息系统。国际经济信息系统的功能如下。

(1) 收集、加工、存储和分析与国民经济相关的各类经济信息，及时、有效、准确地掌握国民经济运行的情况，为国家经济部门、各级政策决策部门提供相应的信息。

(2) 为统计工作的现代化服务，完成有关国家统计方面的庞杂的、有关国情国力调查的数据处理任务，对数据进行分析、预测，为下一个国家规划提供建议。

(3) 为中央和地方各部门制订社会及经济发展计划提供辅助决策。

(4) 为中央和各地方经济管理部门进行生产调度、控制经济发展态势、促进经济有效发展提供依据和有效手段。

(5) 为各级政府的办公事务处理提供现代化的技术方法。

(二) 企业管理信息系统

企业管理信息系统是针对大中小型企业，如制造业、建筑业企业进行管理信息的收集、加工、存储、利用的最复杂的管理信息系统，一般应具有预测、加工、控制和决策的功能。大型企业管理信息系统具有很强的功能，包含人、财、物，产、供、销，以及相应的质量、技术等全部信息，其技术要求比较先进，一般会涉及各种数学模型。因此，常说的管理信息系统主要是指企业管理信息系统。

(三) 事务性管理信息系统

事务性管理信息系统面向事业单位，进行日常事务的处理，如学校管理信息系统、研究所管理信息系统、医院管理信息系统、酒店管理信息系统等。由于不同性质的单位处理的事务不同，其管理信息系统的功能也各不相同，但是处理的都是事务性管理信息。其特点是数据处理能力强、实时性高，但是数学模型使用较少。

(四) 行政机关管理信息系统

国家各级行政机关管理信息系统，即办公管理信息系统，其目的是提高行政部门的办公效率，对改进各部门的服务水平具有重要意义。办公管理信息系统可实现行政部门办公的自动化，如打印、传真、印刷、发邮件、缩微、无线网的应用等办公自动化(office automation，OA)。各级行政部门管理信息系统要与行政决策者服务系统相整合，为决策者提供支持信息。

(五) 特定行业管理信息系统

特定行业管理信息系统是指特定行业或领域的管理信息系统，如科技人才管理系统、银行管理信息系统、铁路部门管理信息系统、民航管理信息系统、电力部门管理信息系统、邮电部门管理信息系统、房地产管理信息系统等。这类管理系统的专业性很强，信息专指性强，技术相对简单，规模较大，主要功能有收集、存储、加工、预测等，这类管理信息系统的特点是综合性很强，不仅包括企业管理信息系统及经济信息系统，还包括行政机关信息系统。

第三节　管理信息系统的发展阶段

20 世纪 50~60 年代，是计算机在管理领域应用的起步阶段。经过 50 年的发展，管理信息系统经历了三个阶段，每一阶段都与管理科学、计算机科学、系统科学的发展密切相关。我国是在 20 世纪 70 年代开始研究、开发管理信息系统的，目前，我国仍然处于第二阶段。随着社会经济和网络的发展，我国应借鉴国外发展的模式、方法，结合各单位对管理信息系统和决策支持系统的需求，开发适合我国国情的管理信息系统。

一、管理信息系统发展的三个阶段

(一) 电子数据处理系统阶段

电子数据处理系统(electronic data processing systems, EDPS)阶段包括两个阶段。

1. 单项数据处理阶段

20 世纪 50 年代，是管理信息系统的初级阶段。当时的计算机硬件、软件水平很低，处理功能较弱，效率较低。人们利用管理信息系统处理数据只是单纯地代替手工解决数据庞杂的问题。由于人工统计的局限性，虽然这时候的数据处理水平较低，但也显示出了计算机的优越性。

2. 综合数据处理阶段

20 世纪 60 年代，计算机硬件和软件有了一定的提高，出现了磁鼓、磁盘等大容量的外存储器。这时候可以通过通信线路连接异地终端，实现数据的共享，可以对多个业务数据进行综合处理。这个阶段是单项数据处理系统向管理信息系统的过渡阶段。

(二) 管理信息系统阶段

20 世纪 70~80 年代，随着计算机网络、数据库等先进技术的出现和发展，很多企业开始实行计算机管理，企业各职能部门实现了数据处理，并通过网络接连，使得分布式的企业管理信息系统实现了数据共享。这个阶段的管理信息系统已朝网络化、集成化方向发展。管理信息系统最大的特点是能够高度集中地将组织中的数据收集起来，进行快速地分析处理，从而统一使用数据。管理信息系统的标志是有一个中心数据库和计算机网络系统。管理信息系统处理的方式是在数据库和网络中实行分布式处理。计算机和网络的快速发展，不仅能把组织的各级管理信息连接起来，而且能打破地域的限制，将各区域的计算机互联，形成跨地区的各种业务信息系统和管理信息系统。此外，管理信息系统能利用定量化的科学管理方法，通过计划、管理、控制、调节、优化、预测等手段来支持决策。

(三) 决策支持系统阶段

20 世纪 70~80 年代，随着西方管理信息系统的失败，人们发现，花巨资建立起来的计算机信息系统，没有像人们预期的那样提高企业管理的效率并带来高额的利润。为此，国际上对管理信息系统失败的原因进行了总结和讨论，发现管理信息系统并不是不能给组织的决策者提供信息，而是面对得出的信息，高层管理者没有时间去看，因此没有用到决策中。此时，美国的 Scott Marten 在《管理决策系统》中首次提出了“决策支持系统”概念。决策支持系统不同于前两个阶段的信息系统，管理信息系统只是为管理者提供预定的报告，而决策支持系统能为决策者提供可能的方案，为管理者提供决策所需要的信息。20 世纪 90 年代至今，随着计算机硬件、软件水平的不断提高和人工智能技术的不断发展，决策支持系统、专家系统、战略信息系统等更为高级的管理信息系统逐渐走向成熟。管理信息系统迈向了更高级的发展阶段。这些系统模拟人类的思维运作方式，在信息管理和企业的决策上起着越来越重要的作用。

综上所述，电子数据处理系统、管理信息系统、决策支持系统各自代表了从计算机应用到管理信息系统发展的三个阶段。目前，上述三个阶段的信息系统仍在不断发展中，并存在着相互交叉的关系。电子数据处理系统是面向业务的信息系统，管理信息系统是面向管理的信息系统，决策支持系统则是面向决策的信息系统。决策支持系统可以是一个独立的信息系统，也可以是管理信息系统中的高层子系统。

二、管理信息系统在我国的发展

20 世纪 70 年代末，中国开始引进、研究、应用管理信息系统。经过 30 多年的

发展，中国的管理信息系统有了很大进步，但是相对于国外，中国的管理信息系统还比较落后。20 世纪 80 年代，中国掀起了信息化建设的热潮，计算机在各行业得到了普遍应用。因此，计算机专业人才需求量迅速增大。但是，虽然管理信息系统的发展有计算机专业人才的支撑，但却没有应用科学的管理方法，因此，有人形容当时中国的管理信息系统的特点：20 世纪 80 年代的硬件、70 年代的软件、60 年代的系统、50 年代的应用、40 年代的管理方法。这说明当时我国管理信息系统的研究和应用没有成功，大部分管理信息系统以失败而告终。直到 1992 年，中国的管理信息系统建设才再次兴起。

经过 30 年的发展，中国的管理信息系统开始发挥效用。越来越多的大中小型企业开始了解管理信息系统，并将它应用于自身企业的管理。随着管理信息系统的应用，企业的管理模式、规模发生了变化，使得企业的运行流程更加科学，效率更高。这表明，信息化可以让生产流程更加科学，从而可以降低生产经营成本。

三、管理信息系统的发展趋势

管理信息系统是随着社会的发展而不断发展的。20 世纪 90 年代以来，决策支持系统与计算机网络技术、人工智能技术等先进技术相结合，形成了智能决策支持系统(intelligent decision support systems, IDSS)和群体决策支持系统(group decision support systems, GDSS)。电子数据处理系统、管理信息系统和办公室自动化在商业中的应用形成了电子商务系统(electronic business processing system, EBPS)。电子商务系统通过网络进行订货、发货、运输、报关、投诉、结算等商务活动，大大方便了企业的商务业务和出口贸易。此外，还出现了一些新概念，如经理管理信息系统、战略信息系统、计算机集成制造系统和基于知识管理的信息系统等。

第四节　本 章 小 结

管理信息系统是一个能对组织进行全面管理的人机相结合的系统，它综合了计算机技术、通信技术和现代先进管理方法，辅助管理人员进行组织管理和决策。当前，企业面临种种挑战，如国际化市场、大量和庞杂的信息、客户需求的变化、紧急事件的协调处理、组织的战略规划等，这就要求组织根据需要建立相应的管理信息系统。管理信息系统不仅是一个技术系统，也是一个社会系统。因此，在实际应用过程中会存在许多问题，需要具体问题具体分析。

[习 题]

一、单选题

1. 系统的构成必须具备三个条件：有两个以上的组成成分，两个以上的组成成分相互联系、相互制约，( )。

A. 系统构成需要更多技术　　B. 具有特定功能的有机整体

C. 系统不具有整体特定功能　　D. 系统构成需要更多时间

2. 按企业所处的层次，对应管理信息的分类特点，可将管理信息系统分成操作层子系统、管理控制子系统、( )。

A. 战略信息管理子系统　　B. 战术信息管理子系统

C. 决策信息管理子系统　　D. 企业管理信息管理子系统

二、填空题

1. 信息的组成部分包括________、________、________、________。

2. 系统要素有________、________、________、________、________。

3. 根据系统的要素和功能，可以将系统分为________、________、________。

4. 管理信息系统由四大部分组成：________、________、________、________。

5. 管理信息系统发展的三个阶段是________、________、________。

三、名词解释

1. 信息

2. 系统

3. 管理信息系统

4. 企业管理信息系统

四、简答题

1. 信息与数据的区别和联系是什么?

2. 信息的主要特征有哪些?

3. 管理信息系统的特点是什么?

4. 按照在企业中的职能功能，管理信息系统可以分为哪些子系统?

[习题解答]

一、单选题

1. B　2. A

二、填空题

1. 信源　信宿　信道　媒介

2. 输入　处理　输出　控制　反馈

3. 自然系统　人工系统　复合系统

4. 信息源　信息处理器　信息使用者　信息管理者

5. 电子数据处理阶段　管理信息系统阶段　决策支持系统阶段。

三、名词解释

(略)

四、简答题

(略)

HAPTER 2

第二章 管理信息系统与信息技术

[内容提要]

本章主要介绍计算机的发展过程，计算机系统的基本组成及各部件的主要功能、指令、程序，软件的概念、软件的分类，计算机网络技术和数据资源的管理技术。

[学习要点]

1. 了解计算机的运算基础；
2. 理解计算机的软硬件基本知识及相互关系；
3. 了解网络和通信的概念和技术；
4. 掌握数据的组织方式；
5. 掌握数据库的类型、组织结构和设计。

第一节 计算机系统基础

自1946年第一台电子计算机问世以来，计算机技术正以迅猛的速度发展着。现代计算机系统小到微型计算机和个人计算机，大到巨型计算机、高性能计算机及其网络，其形态和特性多种多样。计算机技术已被广泛用于科学计算、事务处理和过程控制，日益深入社会各个领域，对社会的进步产生了深刻影响。

一、计算机系统的发展历史

(一) 第一代计算机(1945~1955年)：真空管和插件板

20世纪40年代中期，世界上第一台电子计算机诞生了，它是由美国哈佛大学、普林斯顿高等研究院、宾夕法尼亚大学的研究人员使用数万个真空管建造起来的，从此开启了计算机发展的历史。由于这个时期的机器非常庞大，需要一个小组专门设计、制造、编程、操作、维护每台机器。程序设计使用机器语言，通过插板上的硬连线来控制其基本功能。

这个时期处于计算机发展的初级阶段，除机器语言外还没有其他程序设计语言，操作系统更是无从谈起。

(二) 第二代计算机(1955~1965年)：晶体管和批处理系统

这个时期是计算机商业化的开始。但此时的计算机主要为各种科学计算服务，还需要专门的操作人员维护，并且需要针对每次的计算任务进行编程。这时一些机器汇编语言和初步的程序设计语言开始出现，最著名的当属使用FORTRAN与汇编语言编写程序。在后期出现了操作系统的雏形：FMS(FORTRAN 监控系统)和IBMSYS(IBM为7094机配备的操作系统)。

(三) 第三代计算机(1965~1980年)：集成电路芯片和多道程序

20世纪60年代初，计算机正式进入市场。厂商根据其不同的应用分成了两个计算机系列，一个针对科学计算，一个针对商业应用。

由于计算机应用的深入，人们迫切需要一个能够同时满足两种应用的系统。IBM、MIT(麻省理工学院)、Bell Lab(贝尔实验室)和GE(通用电气公司)先后试图开发System/360和“公用计算机服务系统”——MULTICS，希望开发出能够同时支持数百名分时用户的计算机系统，但都以失败告终。直到20世纪60年代末，UNIX操作系统诞生。

目前，UNIX 操作系统是至今最有影响力的操作系统之一，占据了小型机、工作站及其他市场。Linux 也是 UNIX 系统的一种衍生品。

(四) 第四代计算机(1980 年至今)：个人计算机

随着计算机技术的不断更新与发展，计算机已经不再是遥不可及的奢侈品，现在以低廉的价格就可以获得具有强大计算能力的计算机。

怎么使计算机更加容易操作是此时计算机能否普及的关键。UNIX 系统的本身特点，使其不太适合在个人计算机上运行，这就需要一种新的操作系统。这个时期 Intel(英特尔)公司和微软公司分别在硬件——微处理器和软件——MS-DOS 操作系统上占据市场并成为了霸主。

(五) 计算机系统的普及和发展

计算机系统约每 3~5 年更新一次，性能越来越全面，价格越来越低，体积大幅度减小。超大规模集成电路技术将继续快速发展。微组装技术的突破是实现组装高密度的和缩短互联线的新一代计算机的关键。各种高速智能化外部设备不断涌现。多处理机系统、多核系统、分布处理系统的发展将更加迅速。软件硬化(称固件)是发展趋势。新型非诺伊曼机、推理计算机、知识库计算机等已开始实际使用。软件工程正在深入发展。软件生产也正朝工程化、形式化、自动化、模块化和集成化方向发展。新的高级程序设计语言，如逻辑型语言、函数型语言和人工智能的研究将使人机接口变得更加简单自然(能直接看、听、说、画)。数据库技术将大为发展。计算机网络已广泛普及。以巨大处理能力、巨大知识信息库、高度智能化为特征的下一代计算机系统正在大力研制。计算机应用将日益广泛。计算机辅助设计、计算机控制的生产线、智能机器人已投入社会生产和服务之中。计算机已经深入社会生活的各个方面——办公、医疗、通信、教育及家庭生活。计算机对人们生活和社会组织的影响将更加深刻。

二、计算机系统的信息编码

(一) 计算机系统中数值的表示形式

计算机采用二进制的主要原因：①二进制只有 0 和 1 两种状态，与计算机所使用的逻辑器件的两种状态(有或无)相吻合，技术上容易实现；②二进制数运算规则简单，适合用计算机进行逻辑运算；③二进制数与十进制数之间的转换不复杂，容易实现。使用二进制的好处概括为运算简单、实现方便、成本低。

计算机采用的二进制数可通过进制转换成为人们熟悉的十进制数，也可以转换成为八进制和十六进制数。

1. 十进制数

日常生活中人们普遍采用十进制，十进制的特点如下。①有 10 个数码(0，1，2，3，4，5，6，7，8，9)；②“逢十进一”。

2. 二进制数

二进制的特点如下。①有两个数码(0 和 l)；②“逢二进一”。

3. 八进制数

八进制数的特点如下。①有 8 个数码(0，1，2，3，4，5，6，7)；②“逢八进一”。

4. 十六进制数

十六进制数的特点如下。①有 16 个数码(0，1，2，3，4，5，6，7，8，9，A，B，C，D，E，F)；②“逢十六进一”。

计算机中采用二进制数，由于二进制数书写时位数较长，不容易被人们读写，所以常用八进制、十六进制来表示。通常用最后一个字母来标识进制。例如，36D、10101B、76Q、5AH 中的 D、B、Q、H 分别标识其进制为十进制、二进制、八进制、十六进制。表 2-1 为常用整数各进制间的对应关系。

表 2-1　十进制数、二进制数和十六进制数对照表

十进制	二进制	十六进制	十进制	二进制	十六进制
0	0000	0	8	1000	8
1	0001	1	9	1001	9
2	0010	2	10	1010	A
3	0011	3	11	1011	B
4	0100	4	12	1100	C
5	0101	5	13	1101	D
6	0110	6	14	1110	E
7	0111	7	15	1111	F

(二) 计算机系统中字符编码

1. 字符编码

在计算机中所有的字符都必须用二进制编码来表示，计算机不能直接存储英文字母或专用字符。为了能够在世界范围内进行信息表示、交换和存储，大多数计算机采用美国信息交换标准码（american standard code for information interchange, ASCII）作为字符编码的标准。ASCII 码采用七位二进制编码，可以表示 128 个字符：10 个阿拉伯数字 0~9、52 个大小写英文字母、32 个标点符号和运算符，以及 34 个控制符。表 2-2 是常用字符的 ASCII 码。每个字母由八位二进制数组成，ASCII 码只占七位，最高位置为 0(或置为校验码)。

表 2-2 常用字符的 ASCII 码

字符	ASCII 码(H)
0~9	30~39
A~Z	41~5A
a~z	61~7A
blank(space)	20
$	24
换行 LF	0A
回车 CR	0D

2. 汉字编码

汉字编码是中国国家标准，是针对汉字的计算机输入及机内表示设计的内码，用连续的两个字节表示，且规定每个字节的最高位为 1。

三、计算机系统的基本组成

计算机系统由计算机硬件系统和软件系统两大部分组成。硬件系统是计算机系统的物理装置，是由电子线路、元器件和机械部件等构成的具体的、看得见、摸得着的实体；软件系统是计算机系统中运行的程序和这些程序所使用的数据，以及相应的文档的集合。计算机系统的基本组成如图 2-1 所示。通常人们将运算器和控制器称为中央处理器(central processor unit，CPU)，将中央处理器和内存储器合称为主机，将输入设备、输出设备和外存储器称为外部设备。

(一) 计算机系统的硬件组成及工作原理

1946 年，美籍匈牙利人冯·诺依曼提出了存储程序原理，其主要思想如下：将程序和数据存放到计算机内部的存储器中，计算机在程序的控制下一步一步地进行处理。按此原理设计的计算机称为存储程序计算机，或称为冯·诺依曼结构计算机。今天我们所使用的计算机，无论机型大小，都属于冯·诺依曼结构计算机。冯·诺依曼结构计算机包括五大部分：运算器、控制器、存储器、输入设备和输出设备。

计算机硬件的五大部件中，每一个部件都有相对独立的功能，在控制器的控制

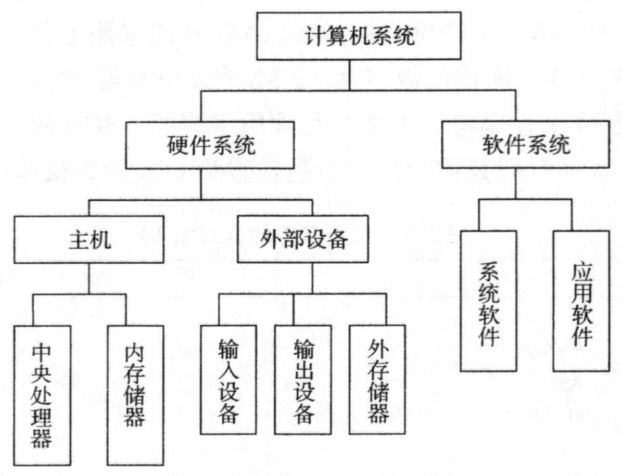

图 2-1　计算机系统的基本组成

下分别完成各自不同的工作。在控制器输入命令的控制下，把表示计算步骤的程序和计算中需要的原始数据，通过输入设备送入计算机的存储器存储。在提取指令控制下把程序指令逐条送入控制器。控制器对指令进行编译，并根据指令的操作要求向存储器和运算器分别发出存储、提取命令和运算命令，经过运算器计算再把结果存放在存储器内。在控制器的提取和输出命令下，通过输出设备输出计算结果。

1. CPU

CPU 是计算机的运算控制中心，是计算机中由几千至几千万个晶体管组成的超大规模的集成电路芯片。计算机所有数据的加工处理都是在 CPU 中完成的。CPU 还负责发出使计算机的各个部件协调一致地工作的控制信号。它的主要技术指标之一是主频，即 CPU 的内部工作频率，也就是我们常说的微机速度。主频越高，表明 CPU 的运算速度越快，性能也越好。在微型计算机(简称微机或个人电脑)中，CPU 又称为微处理器，其典型代表是 Intel 的 Pentium(奔腾)系列产品。例如，Pentium II 的主频为 233～450MHz，而 Pentium III 的主频可达 800MHz。CPU 主要由运算器(arithmetical unit)和控制器(control unit)组成，是计算机的核心部件。

(1) 运算器。运算器的主要功能是完成对数据的算术运算、逻辑运算和逻辑判断等操作。在控制器控制下，运算器对取自存储器或其内部寄存器的数据按指令码的规定完成指定的基于二进制数的算术运算或逻辑运算，并将结果暂存在内部寄存器或送到存储器中。

(2) 控制器。控制器是计算机指令的解释和执行中心，其主要功能是控制运算器、存储器、输入输出设备等部件协调动作。控制器从存储器取出一条指令，并指出下一条指令所在的存放地址，然后对所取指令进行分析，产生相应的控制信号，并由控制信号启动相关部件，使这些部件完成指令所规定的操作。这样逐一执行一系列指令组成的程序，使计算机各部分自动、连续并协调动作，使计算机按照程序的要求，自动完成预定的任务。

2. 存储器

存储器(memory)是用来存储程序和数据的部件，是计算机的重要组成部分。程序和数据通过输入设备被放入存储器中，运行程序时，由控制器从存储器中逐一取出指令并加以分析，发出控制命令来完成指令的操作。

在计算机系统中，存储器容量以字节(byte，B)为基本单位，一个字节由八个二进制位(bit)组成。存储容量的表示单位除了字节以外，还有 KB、MB、GB、TB(可分别简称为 K、M、G、T)。其中，1KB=1024B，1MB=1024KB，1GB=1024MB，1TB=1024GB。

人们总希望存储器的存储容量大，这样存储的数据就多；存取周期短，这样从存储器读出或向存储器写入数据的速度就会很快。但是，由于技术和价格上等原因，存储器的存储容量和存取周期之间存在着矛盾。因此，在计算机中，存储器会有主存储器(内存)和辅助存储器(外存)之分。主存储器与 CPU 直接相连，存放当前正在运行的程序和有关数据，存取速度快，但价格较贵，容量不是很大；辅助存储器存放计算机暂时不用的程序和数据(需要时才调入内存)，存取速度相对较慢，但价格比较便宜，容量可以做得很大，例如，现在的硬盘存储容量通常为几十 GB。表 2-3 是主存储器和辅助存储器的比较。

表 2-3 主存储器和辅助存储器的比较

相关指标	主存储器(主存，内存)	辅助存储器(辅存，外存)
访问速度	快	慢
信息存放时效性	暂时	永久
容量	小	大
相对价格	高	低

1) 主存储器

主存储器，也称内存储器，简称内存，是微型计算机主机的组成部分。内存由高速的半导体存储器芯片组成，是计算机运行过程中暂时存放程序和数据的地方。当计算机运行时，先把要处理的数据从外存调入内存，再从内存调入 CPU；CPU 处理完毕后，将数据送到内存，最后保存到外存。

微型计算机的内存根据其工作方式的不同，可分为随机存储器(random access memory, RAM)和只读存储器(read only memory, ROM)。

(1) RAM，用来存放从外存调入的程序和有关数据以及从CPU送出的数据，可以随机地读入或写出数据。人们通常所说的内存实际上指的是RAM. 微型计算机的内存容量有64MB、128MB、256MB等。RAM中的数据是不会被长期保存的，计算机关机或断电后数据会完全丢失。

(2) ROM，占内存很小的一部分，在通常情况下CPU对其只取不存。因此，ROM一般用来存放一些固定的专用程序或数据。

2) 辅助存储器

由于主存储器的容量有限，所以计算机的外部设备中都配有辅助存储器。辅助存储器，也称外存储器，简称外存。外存容量可以很大，能存放大量的暂时不用的程序和数据。目前，计算机上经常使用的外存有硬盘、光盘和U盘等。

(1) 硬盘。硬盘通常固定在计算机的主机箱内，现在有可移动硬盘，是计算机最重要的外存储器。硬盘具有比软盘大得多的容量和快得多的速度，而且可靠性高，使用寿命长。计算机的操作系统、大量的应用软件和数据都可存放在硬盘上。硬盘由若干表面涂覆磁性材料的金属薄膜盘片叠装而成，密封固定在硬盘驱动器里，不能随意更换。硬盘工作时，由驱动器驱动磁头对高速旋转的盘片进行数据的读写操作。

(2) 光盘。光盘的读写原理与磁介质存储器完全不同，它是根据激光原理设计的一套光学读写设备。自20世纪80年代初从音响领域进入计算机领域后，光盘在技术和应用上日趋成熟。光盘又分CD、VCD和DVD。DVD存储容量数倍于CD、VCD。光盘通过光盘驱动器(光驱)读取。DVD驱动器可以读取CD、VCD和DVD中的内容，但是普通的光驱却不能读DVD中的内容。光盘有只读型光盘和刻录光盘。只读型光盘用户只能读取，不能写入；刻录光盘通过光盘刻录机写入数据。现在的计算机一般都配置光盘刻录系统，它既能像普通光驱一样读取数据，又能写入数据。光盘读取速度快，可靠性高，使用寿命长，携带方便，现在大量的软件、数据、图片、影像资料等都是利用光盘存储。

(3) U盘。U盘，即优盘，具有存储容量大(几个GB)、体积小、保存信息可靠、移动存储等优点，是可以直接插在主板USB端口上读写的外存储器。

3. 基本输入输出设备

输入设备用于输入程序和所需处理的原始数据(包括文本、声音、图形、图像等)；输出设备用于输出计算机的运行结果或数据处理结果。目前，微型计算机上使用的基本输入设备是键盘和鼠标器，基本输出设备是显示器。

(1) 键盘。键盘是计算机中最基本的输入设备。通过按键操作，可把命令、程序和数据等信息手工输入计算机中。键盘也有许多种，根据键数的不同，键盘可分为 101 键、104 键以及带有播放 VCD/CD 和上网功能键的多媒体键盘。104 键与 101 键相比，多了三个 Windows 专用键。

(2) 鼠标器。鼠标器简称鼠标，是计算机系统中的辅助输入设备。其外形小巧，移动灵活，尾部有一条连接计算机的电缆，状似老鼠，故得其名，现在已有无绳鼠标。鼠标是一种“指点”设备，通过鼠标可对操作对象进行单击、双击、拖动等操作，在菜单式软件、图形软件中，使用尤为方便灵活。在 Windows 系统中，鼠标已成为必备的输入控制工具。

(3) 显示器。显示器是计算机最基本的输出设备，是向用户提供各种应用软件操作界面的展示台，用户可以通过这些界面与计算机进行交流。无论是输出文字，还是图形或图像，显示器屏幕上总是用光点(像素)来构成输出内容。因此，点距越小越好，如 0.25 毫米。此外，光点的行列数越多，分辨率越高。显示器从显示颜色来分，有单色和彩色之分；从显示屏幕大小来分，有 14 英寸①、15 英寸、17 英寸和 21 英寸等多种规格。

4. 其他外围设备

计算机除了基本输入输出设备以外，其他常用的输入设备有扫描仪、磁卡读入机和条形码阅读器、数字化仪；常用的输出设备有打印机和绘图仪。还有通过电话线传输数据的调制解调器，即 Modem 等。

(1) 扫描仪。扫描仪是目前常用的一种输入图片和文字的计算机外围设备。它是利用光学扫描原理，从纸上“读出”文字或图形、图像，输入到计算机之中，计算机通过识别软件对读入的信息进行分析与处理。例如，通过 OCR(光学字符识别软件)，图像信息等转换为可供文字处理软件使用的文本信息。

(2) 磁卡读入机和条形码阅读器。磁卡读入机和条形码阅读器是利用电磁和光电转换原理，把预先制作在磁卡上或条形码中的数字信息读入计算机。它们被广泛应用于身份验证、图书管理、商品销售与管理、公交系统等。

(3) 数字化仪。数字化仪是主要用于输入工程图纸和地图等由平板和连接的手动定位器组成的仪器。用户可以通过手动定位器(或定位笔)方便地获得每条线段的端点坐标，从而实现线条图形的输入。

(4) 打印机。打印机能把计算机输出的程序内容和运行结果打印在纸上，以便阅读和保存。打印机的种类很多，常用的有点阵式打印机、喷墨打印机和激光打印

① 1 英寸=2.54 厘米。

机等。

(5) 绘图仪。绘图仪用于在纸上输出线条图形，它是 CAD(计算机辅助设计)系统的主要输出设备。

(6) Modem。Modem 是调制器(modulator)与解调器(demodulator)的英文缩写，它是用以实现计算机处理的数字信号与电话线传输的模拟信号之间转换的装置。它在发送端通过调制将计算机输出的数字信号转换为模拟信号，而在接收端通过解调将接收的模拟信号转换为数字信号。通过电话线路进行拨号上网，Modem 是一个不可缺少的设备，它通常有内置式和外置式两种。

数据传输速率是 Modem 的重要技术指标，单位为 bps(位/秒)，即“每秒钟传送多少位数据”。

(二) 计算机的软件系统

软件系统是指为运行、管理和维护计算机而编制的各种运行于硬件上的程序、数据和文档的总称。程序是完成某一任务的指令或语句的有序集合；数据是程序处理的对象和结果；文档是描述程序操作及使用的相关资料。计算机软件按其功能分为应用软件和系统软件两大类。计算机软件是计算机硬件与用户之间的一座桥梁，它们之间的关系如图 2-2 所示。

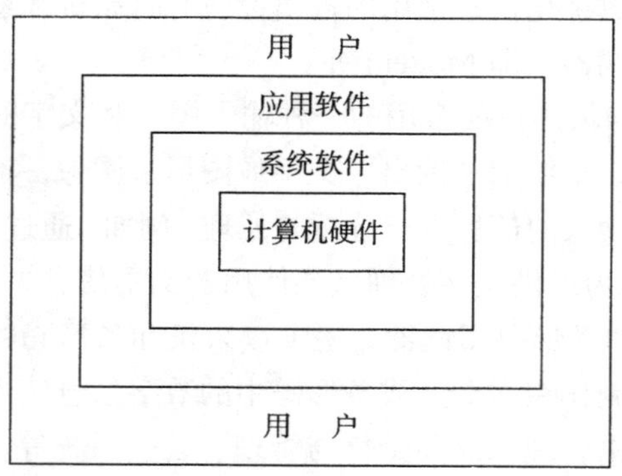

图 2-2　计算机硬件、软件和用户三者间的关系

1. 系统软件

系统软件由一组控制计算机系统并管理其资源的，并为应用软件提供支持和服务的程序组成，其主要功能包括启动计算机，存储、加载和执行应用程序，对文件进行排序、检索，将程序语言翻译成机器语言等。系统软件具有两大特点：一是通

用性，其算法和功能不依赖特定的用户，无论哪个应用领域都可以使用；二是基础性，其他软件都是在系统软件的支持下开发和运行的。系统软件可以看做用户与计算机的接口，它使应用软件和用户能够控制和访问硬件。系统软件的功能主要由操作系统提供，此外，编译系统和各种工具软件辅助用户使用计算机。下面分别介绍它们的功能。

第一，操作系统(operating system, OS)。操作系统是管理、控制和监督计算机软、硬件资源协调运行的程序系统，由一系列具有不同控制和管理功能的程序组成，是直接运行在计算机硬件上的、最基本的系统软件，是系统软件的核心。操作系统是用户和计算机的接口，统一管理计算机系统的全部资源，合理组织计算机工作流程，以便充分、合理地发挥计算机的效率。

目前常用的操作系统有 DOS、OS/2、UNIX、Linux、NetWare、Windows 2000、Windows XP/Vista、Windows NT、Windows 2003 和 Windows 2008 等。

操作系统通常包括下列五大功能模块。①处理器管理：当多个程序同时运行时，解决 CPU 的时间分配问题。②作业管理：完成某个独立任务。作业管理主要是为用户提供一个使用计算机的界面使其方便地运行自己的作业，并对所有进入系统的作业进行调度和控制，尽可能高效地利用整个系统的资源。③存储器管理：为各个程序及其使用的数据分配独立的、互不干扰的存储空间。④设备管理：不断地接受用户提出的使用设备的请求和设备反馈的信息进行设备分配和回收。⑤文件管理：主要负责文件的存储、检索、共享和保护，为用户文件操作提供方便。

第二，程序设计语言。人们要使用计算机，就必须与计算机进行交流，要交流就必须使用计算机语言。目前，程序设计语言可分为四类：机器语言、汇编语言、高级语言及第四代高级语言。

(1) 机器语言是计算机硬件系统唯一能直接识别和执行的程序语言。机器语言中的每一条语句是一条二进制数形式的指令代码，由指挥做什么操作的操作码和参与操作的数或指出在内存中的地址的操作数组成。用机器语言编写的程序虽然执行速度快，但工作量大、难于使用，所以在通常的情况下不用机器语言直接编写程序。

(2) 汇编语言是为特定计算机或计算机系列设计的。汇编语言用助记符代替操作码，用地址符号代替操作数，因此又被称为符号语言。用汇编语言编写的程序称为汇编语言程序。汇编语言程序比机器语言程序易读、易检查、易修改，同时又保持了机器语言执行速度快、占用存储空间少的优点。但是汇编语言也是一种面向机器的低级语言，不具备通用性和可移植性。

(3) 高级语言是由各种意义的词和数学公式按照一定的语法规则组成的，它具有容易阅读、理解和修改且编程效率高等优点。高级语言具有很强的通用性和可移植性。高级语言的种类很多，有面向过程的语言，如FORTRAN、BASIC、PASCAL、C等；有面向对象的语言，如C++、Visual Basic、Java等。由于高级语言不是面向机器的，计算机硬件不能直接执行高级语言程序，所以，如果要在计算机上运行高级语言程序就必须配备语言翻译程序(简称翻译程序)，也就是将计算机读不懂的高级语言转化成计算机读得懂的机器语言。翻译程序本身是一组程序，不同的高级语言都有相应的翻译程序。对于高级语言来说，翻译的方法有两种。一种称为“解释”，就是调用机器配备的“解释程序”，在运行源程序时，逐条把源程序的语句进行解释和执行，它不保留目标程序代码，即不产生可执行文件。这种边解释边执行的方式使得运行速度较慢，如早期的BASIC就需要解释程序的帮助。另一种称为“编译”，它调用语言相应的编译程序，把源程序变成目标程序(如以.obj为扩展名)，然后再用连接程序，把目标程序与库文件相连接形成可执行文件。尽管编译的过程复杂一些，但它形成的可执行文件(如以.exe为扩展名)可以反复执行，速度较快，如C、C++等高级语言需要调用专门的编译程序编译执行。

第三，数据库管理系统。在信息社会里，社会和生产活动产生大量的信息，人工早已不能应付，只有借助计算机对信息进行搜集、存储、处理和使用。数据库系统(data base system, DBS)就是在这种需求背景下产生和发展的。数据库是指按照一定联系组织起来的数据集合。数据库管理系统(data base management system, DBMS)则是能够对数据库和库中数据进行加工、管理的系统软件。数据库系统主要由数据库(DB)、数据库管理系统以及相应的应用程序组成。数据库系统不但能够存放大量的数据，更重要的是能迅速、自动地对数据进行检索、修改、统计、排序、合并等操作，以得到所需的信息。数据库管理系统按数据模型的不同，分为层次型、网状型和关系型三种类型。其中关系型数据库使用最为广泛，如SQL Server、FoxPro、Oracle、Access、Sybase、MySQL等。数据库技术是计算机技术中发展最快、应用最广的一个技术分支，因此了解数据库技术尤其是微机环境下的数据库应用是非常有必要的。

第四，工具软件。工具软件又称为服务性程序，是在系统开发和系统维护时使用的工具，包括编辑程序、链接程序、计算机测试和诊断程序等，用来完成一些与管理计算机系统资源及文件有关的任务。这种程序需要操作系统的支持，同时它们又支持软件的开发和维护。常用的工具软件有PC工具箱(PC Tools)、诊断测试软件(DIAG)、调试软件(Debug)、链接软件(LINK)、处理病毒软件(如金山毒霸、瑞星、卡巴斯基等)和软件开发工具(如Delphi、PowerBuilder等)等。

2. 应用软件

为解决各类实际问题而设计的程序系统称为应用软件。根据其不同的服务对象，又可分为通用软件和专用软件两类。

(1) 通用软件。这类软件通常是为解决很多人都会遇到和需要解决的某一类问题而设计的，如文字处理、表格处理等软件。这类软件有 WPS office、Microsoft Word、Microsoft Excel 等。

(2) 专用软件。这类软件通常是针对某些用户的特殊需要，组织开发人员专门设计的具有特殊功能的程序。

第二节 计算机通信与网络

计算机通信是一种以数据通信形式出现，在计算机与计算机之间或计算机与终端设备之间进行信息传递的方式和过程。它是现代计算机技术与通信技术相融合的产物，在信息处理系统、决策分析系统、情报检索系统以及办公自动化系统等领域得到了广泛应用。

一、网络系统的历史和发展

21 世纪是数字化、网络化与信息化的时代。数字化、网络化与信息化的基础就是强大的计算机网络。计算机网络正在改变人们的工作生活方式。电子邮件已逐步取代手写书信；电子贺卡、网上聊天已不是新鲜事；网络电话和网络电视正向传统的模式发起强大冲击；网络远程教育和网上办公已经改变了传统意义上的求学和上班的观念。计算机网络参与人们社会生活的各个方面。总之，计算机网络的应用与发展已成为影响一个国家或地区政治、经济、军事、科学与文化发展的重要因素之一。

从 1946 年世界上第一台电子数字计算机 ENIAC 诞生，到现在的 Internet(因特网)的空前发展，纵观计算机网络近 50 年的发展史，其演变过程大致可概括为四个阶段。

第一阶段：20 世纪 50 年代——面向终端的计算机网络，这种计算机网络的典型特点就是共享主机，主从关系明显。

第二阶段：20 世纪 60 年代——数据通信网络，主要以美国的 ARPA 网(ARPANet)为代表的阶段。ARPA 网是世界上第一个以资源共享为主要目的的计算机网络，它也是 Internet 的前身(ARPA 网的民用科技研究部分演化成目前的 Internet)。

第三阶段：20 世纪 70 年代——开放的标准化网络，为了能够使各个厂商或研究机构各自设计并搭建的网络互相联通，国际标准化组织(International Organization for Standardization，ISO)成立了专门的工作组来研究计算机网络的标准化问题，并且制定了以层次结构为基础的开放系统互联参考模型(open system interconnect reference model)，从而促进网络的标准化和开放性。

第四阶段：20 世纪 90 年代——Internet 时代，以 Internet 为代表的计算机网络真正开启了网络时代。Internet 是一个将全球成千上万的计算机网络连接起来而形成的全球性计算机网络系统，是世界上最大的计算机网络。它使得全球联网的计算机之间可以交换信息或共享资源。Internet 上拥有不计其数的网络资源，用户可以从 Internet 上获得所需的信息。仅中国的网络用户人数就达到了 4.5 亿人。

从网络的发展来看，未来网络的发展有三种基本的技术趋势：一是朝着低成本微型计算机所带来的分布式和智能化方向发展，即客户面/服务器(Client/Server, CS)结构；二是朝适应多媒体通信、移动通信的方向发展；三是朝网络结构适应网络互联，扩大规模以至于更加全球化方向发展。

二、计算机网络概念和分类

(一) 计算机网络的概念

计算机网络是用通信介质把分布在不同地理位置的计算机和其他网络设备连接起来，实现信息互通和资源共享的系统。网络介质是指数据传输的物理通道，有同轴电缆、双绞线、光纤、微波、卫星信道等；协议是指网络设备间进行通信的一组约定，如 IEEE802.3、IEEE802.4、FDDI 等；节点是网络中某分支的端点或网络中若干条分支的交汇点；链路是指两个相邻节点之间的通信线路。

(二) 计算机网络的分类

计算机网络有很多种分类方式，具体如下。

(1) 按照传输方式，可分为直接式和间接式两种。直接式是指将两部计算机直接相连进行通信，可以是点对点，也可以是多点通信。间接式是指通信双方必须通过交换网络进行传输。

(2) 按照通信覆盖地域的广度，可分为局域网、城域网和广域网三类。局域网是指在一局部的地域范围内(例如，一个机关、学校、企业等)建立计算机通信。局域计算机通信覆盖地区的直径在数千米以内。城域网是指在一个城市范围内所建立的计算机通信，其覆盖地区的直径在 10 千米到数十千米。广域网是指可以超越城市和国家的通信，其通信覆盖地区的直径一般在数十千米到数千千米乃至上万千米。三种不同网络分类的比较，见表 2-4。

表 2-4　三种网络分类的比较

网络分类	距 离/千米	覆盖范围	使用单位	规 模
局域网	0~10	一栋建筑内	一个单位或部门	一般小于几百用户
城域网	0~100	城市范围	多个	较大
广域网	100 以上	很广	很多	很大

三、计算机网络系统组成和功能

(一) 计算机网络的组成

计算机网络系统是由网络硬件系统和网络软件系统组成的。

网络硬件系统包括网络服务器、网络工作站、网络适配器(网络接口卡或网卡)和连接线——传输介质或传输媒体，主要是电缆或双绞线和光纤。网络软件系统包括网络操作系统(NOS)和网络协议。

网络操作系统是网络的心脏和灵魂，是向网络计算机提供服务的特殊的操作系统，它在计算机操作系统下工作，使计算机操作系统增加了网络操作功能。

网络协议是网络设备之间进行通信的语言和规范。常用的网络协议有 IPX、TCP/IP、NetBEUI、NWLink。其中，TCP/IP 是 Internet 使用的协议。

计算机网络最简单的通信形式是端到端通信，就是将两台或多台计算机由一条缆线连接起来。这是一种直接通信方式，网络中的每一台计算机可以同时是客户机和服务器，且各台计算机的资源共享。端到端网络架构简单、价格低、维护方便、可扩充性好。另外一种计算机网络的通信形式是基于 C/S 结构。其中，服务器是指网络上拥有更强的处理能力、更多内存和硬盘空间，用于管理共享资源的计算机；客户机是网络中请求其他计算机(如服务器)上的资源或服务的计算机。作为服务器的计算机必须通过运行网络操作系统(如 Windows Server 2000 和 Windows Server 2003)来管理用户、用户组、应用程序及网络上的数据等。

(二) 计算机网络的功能和应用

计算机网络的主要功能有数据通信、资源共享、分布处理、提高兼容性和安全性。

(1) 数据通信：计算机网络最基本的功能。它用来快速传送计算机与终端、计

算机与计算机之间的各种信息，包括文字信件、图片资料、新闻消息等。

(2) 资源共享：主要有硬件资源共享、软件资源共享和用户间信息交换三个方面。硬件资源共享是在全网范围内可以提供用于处理、存储和输入输出等功能的昂贵设备的共享，如具有高分辨率的激光打印机、大型绘图仪、巨型计算机及大容量的外部存储器等。软件资源共享是可以让网络上的用户远程访问各类大型数据库，利用网络上的软件等。用户间信息交换是指计算机网络可以使分布在各地的用户之间传递信息，如传送电子邮件、发布新闻消息和进行电子商务活动。

(3) 分布处理: 网络可以根据各计算机的负载情况，实时地分配任务，及时调整任务，从而提高处理问题的实时性，充分利用网络资源，扩大计算机的处理能力。对解决复杂问题来讲，这种由多台计算机联合使用、协同工作、并行处理而构成的高性能计算机体系要比单独购置高性能的大型计算机便宜得多。

(4) 提高兼容性和安全性：网络的标准化使其兼容性进一步提高，从而大大地扩展了系统性能，提高了处理能力。同时，网络利用软件或物理的手段进行权限限制很大程度上保证了网络的安全性。

常用的计算机网络应用系统如下：①管理信息系统；②办公自动化系统；③信息检索系统(information retrieve system，IRS)；④分布式控制系统(distributed control system，DCS)；⑤计算机集成与制造系统(computer integrated manufacturing system，CIMS)；⑥电子数据交换系统(electronic data interchange system，EDI)；⑦信息服务系统(information service system，ISS)；⑧电子收款机系统(point of sells，POS)

第三节　数据资源管理技术

数据同其他资源，如原材料、劳动力、资金和设备等一样都是重要的组织资源，都在组织管理中占有重要的地位。因此，组织的管理者只有重视数据资源，并应用信息技术和管理工具实现数据资源的管理，才能有效地提高组织的竞争力。

广义的数据资源管理包括文件组织、数据库、数据规划和数据管理。

一、 数据处理

数据处理的基本内容包括以下八个方面。

(1) 数据收集指根据需求收集相关的数据。

(2) 数据转换指将各种实际数据用计算机能够处理的代码表述。

(3) 数据的筛选、分组和排序。

(4) 数据的组织指将数据按照逻辑关系组织起来，并按一定的存储方式存储在计算机的存储器中，目的是使计算机的处理速度快、占用存储器的容量少、成本低。

(5) 数据的运算指算术运算和逻辑运算。

(6) 数据存储。

(7) 数据检索。

(8) 数据输出。

数据处理是管理活动的最基本内容，也是管理信息系统的基本功能。由于要求处理的数据量很大，进行数据处理时就需要考虑以下三个方面。

(1) 数据在计算机中的存储方式。

(2) 有利于数据的存储和采用的数据结构。

(3) 从已组织好的数据中检索数据的方法。

二、数据组织

(一) 数据结构

数据结构是指数据的存储结构及在此结构上的运算或操作。数据结构严格来说可分为数据的逻辑结构和物理结构。

数据的逻辑结构是指数据间的逻辑关系，逻辑结构包括线性结构和非线性结构。物理结构又称存储结构，是数据元素在计算机存储器中的存储方式，一般有四种即顺序存储、链接存储、索引存储及散列存储。逻辑结构相同的数据可因存储方式的不同得到不同的数据结构。对于给定的逻辑结构需要寻找一种恰当的与其对应的存储结构，以便在计算机中存储。通常把这种对应关系称为映像。

(二) 文件组织

1. 数据文件的概念

数据文件(简称文件)是为了某一特定目的而形成的同类记录的集合。记录是文件中可存取的最小单位，它由与数据处理的某一对象有关的数据项构成。数据项是组成数据系统的文件中可使用的最小单位，其作用是描述一个数据处理对象的某些属性。如果用文件描述某一事物的总体 (如成绩单)，则文件中的若干记录描述的就是总体中的个体的情况 (如学生的情况)，而数据项描述的则是该事物的若干属性(如姓名、各科成绩等)。

2. 数据文件的组织方式

数据文件的组织方式是指文件内部构造数据的方式，主要有以下四种。

(1) 顺序文件，即文件中的记录是按照某些关键字排序的文件。顺序文件中，

记录的物理次序与逻辑次序一致，文件的记录，按关键字值的顺序赋予序号来排序。其特点是必须按顺序存取记录；插入记录只能加在末尾。顺序文件的优点是连续存取、速度快，主要用于进行顺序存取、批量修改的情况。

(2) 索引文件，包括索引表文件数据区和索引表。索引表是为了便于检索而建立的一张指示逻辑记录和物理记录之间对应关系的表格。索引表的索引项应当按顺序排列，而数据文件本身可以按顺序排列，也可以不按顺序排列，前者称为索引顺序文件，后者称为索引非顺序文件。索引表是由系统程序自动生成的，在输入记录建立数据的同时建立索引表，表中的索引项按记录输入的先后顺序排列，待全部记录输入完成后再对索引表排序。例如，对于图 2-3(a)的数据文件，其索引表如图 2-3(b)所示。

学号	姓名	成绩
090201	陈 凌	450
090202	李 奕	625
090203	王尔杰	475
090204	杨 珊	564
090205	陈思红	611
090206	方 武	548

(a) 主文件

主关键字(学号)	记录地址
090201	A
090202	B
090203	F
090204	D
090205	Q
090206	G

(b) 索引表

图 2-3　数据文件及其索引表

(3) 链表文件，将各个记录通过指针串联成一条链的文件。指针记录的是下一条记录的存储地址。

(4) 倒排文件，带有辅助索引或倒排索引的文件。

三、数据库技术

数据库是比文件系统更高级的一种数据组织方式。在文件系统中，文件由记录构成，数据的存取以记录为单位。文件系统的结构适用于记录内部，不能应用于整体数据管理。对于一个组织的管理信息系统而言，要从整体上解决问题，不仅要考虑某个应用的数据结构，而且要考虑全局数据结构。因此，在复杂的应用中，应采用数据库组织数据。

传统的文件处理系统存在很多的问题，如数据冗余与数据不一致，数据结构不一致，数据查找不灵活等。数据库处理系统则具有完善的数据字典和数据模型，数据相对独立，具有方便的接口，完整的数据控制功能和较强的系统灵活性。

(一) 数据库管理系统

数据库管理系统是一组对数据库进行管理的计算机程序，通常包括数据定义语言及其编译程序、数据操作语言及其编译程序，以及数据管理例行程序，用来控制组织和用户的数据库生成、维护和使用。数据库管理系统具有数据库开发、数据库查询、数据库维护等功能。

(1) 数据库开发：主要利用数据定义语言(DDL)开发并说明数据库的结构及数据内容、相互关系。并把这些信息存储在一个被称为数据字典的专门的数据库中。数据字典由数据库管理员控制、管理和维护。

(2) 数据库查询：数据库管理系统中有询问数据库中的数据的查询语言。最常用的查询语言是结构化查询语言(SQL)。

(3) 数据库维护：数据库管理系统提供了统一的数据保护功能，主要包括数据的安全性、完整性、并发控制和数据库恢复等。数据的安全性是指防止不合法的使用造成的数据泄露、更改和破坏。数据的安全性可通过对用户进行标识和鉴定、存取控制、操作系统级安全性保护等措施得到一定的保障。数据的完整性是指数据的正确性、有效性与相容性。并发控制是指对多用户的并发操作加以控制、协调。当多个用户同时存取、修改数据库时，可能会发生互相干扰而使数据库的完整性遭到破坏，这时数据库的并发控制就会发挥作用。数据库恢复是指当计算机软、硬件或网络通信线路发生故障而破坏了数据时或对数据库的操作失败使数据出现错误或丢失时的应急处理，目的是使数据库能够恢复到正常状态。

(二) 数据库设计

信息是人们对客观世界各种事物特征的反映，数据则是表示信息的一种符号。从客观事物到信息，再到数据，是人们对现实世界的认识和描述的过程，这里经过了三个世界 (或称领域)(表 2-5)。

(1) 现实世界，指人们头脑之外的客观世界，它包含客观事物及其相互联系。

(2) 观念世界，又称信息世界，是现实世界在人们头脑中的反映。客观事物在观念世界中称为实体，我们可以用实体联系模型 (E-R 模型)来反映实体之间的联系。

(3) 数据世界，是信息世界中信息的数据化。我们用数据模型来描述现实世界中的事物及其联系。

从现实世界、观念世界到数据世界是一个认知的过程，也是抽象和映射的过程。与此相对应，数据库的设计也要经历类似的过程，即数据库的设计步骤包括用户需求分析、概念结构设计、逻辑结构设计和物理结构设计四个阶段，其中，概念结构

设计是根据用户需求设计的数据库模型，也称为概念模型，现在流行用实体联系模型来表示概念模型；逻辑结构设计是将概念模型转换成某种数据库管理系统支持的数据模型；物理结构设计是为数据模型在设备上选择和确定合适的存储结构和存取方法。

表 2-5 三个世界的概念

现实世界	观念世界	数据世界
组织(事物及其联系)	实体及其联系	数据库
事物总体	实体集	文件
对象、个体	实体	记录
特征	属性	数据项

(三) 实体联系模型

实体联系模型反映的是现实世界中的事物及其相互联系。

(1) 实体，是观念世界中描述客观事物的概念。实体可以是任何具体或抽象的事物。

(2) 属性，指实体具有的某种特性，如学生实体可由学号、姓名、年龄、性别、系、年级等属性来描述。

(3) 联系，指信息世界必然要反映现实世界的事物之间存在着的这样或那样的联系。在信息世界中，事物之间的联系可分为两类：一类是实体内部的联系，如组成实体的各属性之间的关系；另一类是实体之间的联系，这里我们主要讨论实体之间的联系。

实体又分个体和总体。总体又有同质总体(如教工)和异质总体之分。异质总体是由不同性质的个体组成的集合，如一个学校。一个异质总体可以分解出多个同质总体，数据文件描述的是同质总体，而数据库描述的是异质总体。概念模型最常用的表示方法是由 P.P.S.Chen 于 1976 年提出的实体–联系方法 (entity-relation approach，E-R 方法)。E-R 方法是用 E-R 图来描述某一组织的信息模型。

(四) 数据模型

数据模型是对客观事物及其联系的数据化描述。数据模型可以对现实世界中的数据进行抽象、描述以及处理。数据模型是数据库系统设计中的形式构架，是数据库系统实现的基础。目前，在实际数据库系统中支持的数据模型主要有三种：层次模型(hierarchical model)，网状模型(network model)和关系模型(relational model)。其中关系模型是三种数据模型中最重要的模型。关系模型是建立在数学概念的基础上，应用关系代数和关系演算等数学理论处理数据库系统的方法。由于关系模型概念简单、清晰、易懂、易用，并有严密的数学基础，简化了程序开发及数据库建立的工作量，所以迅速获得了广泛的应用。近30年，计算机系统商推出的数据库管理系统几乎全部是支持关系模型的。

(五) 数据库设计规范化

规范化理论研究关系模式中各属性之间的依赖关系及其对关系模式性能的影响，解决设计时存在的数据存储异常现象，探讨关系模式应该具备的性质和设计方法。规范化理论给我们提供了判别关系模式优劣的标准，为数据库设计工作提供了严格的理论依据。E.F.Codd于1971年提出规范化理论并与后来的研究者定义了五种规范化模式(normal form)(第一范式)。范式表示的是关系模式的规范化程度，如满足最低要求，则为第一范式 (first normal form，lNF)，符合第一范式而又进一步满足一些约束条件的称为第二范式(2NF)。在五种范式中，通常只使用前三种，下面仅介绍这三种范式。

(1) 第一范式。属于第一范式的关系应满足的基本条件是元组中的每一个分量都必须是不可分割的数据项。

(2) 第二范式。所谓第二范式，指的是这种关系模式不仅满足第一范式，而且所有非主属性完全依赖于其主码。

(3) 第三范式。所谓第三范式，指的是这种关系模式不仅满足第二范式，而且它的任何一个非主属性都不传递依赖于任何主关键字。第三范式可以消除插入、删除异常及数据冗余、修改复杂问题，已经是比较规范的关系。

第四节　本 章 小 结

信息技术是管理信息系统的基础，而计算机硬件技术、软件技术和通信技术又是信息技术的组成部分。

计算机技术一般指计算机硬件技术。计算机技术的迅速发展也使得其应用领域得到迅猛的发展，如数据库管理、文字处理、通信、工程、教育和娱乐等。

软件技术包括计算机系统软件、应用软件，以及数据结构、数据库技术等基础理论。系统软件是指为管理、控制和维护计算机及其外部设备，并且能够提供计算机与用户界面等的软件，如操作系统、数据库管理系统、各种语言编译系统等。数据库管理系统是一种系统软件包，它是用户和数据库之间的桥梁，帮助用户开发、使用、维护数据库。应用软件是指面向用户的、为用户服务的软件，如科学计算类软件、数据处理类软件、辅助设计类软件等。

通信技术是信息技术的另一个重要组成部分。数据通信是20世纪50年代后期随着电子计算机的广泛应用而发展起来的。数据通信系统是用通信介质把分布在不同地理位置的计算机和其他网络设备连接起来，实现信息互通和资源共享的系统。

[习 题]

一、单选题

1. 一般认为，世界上第一台电子数字计算机诞生于(　　)。

A．1946年　B．1952年　C．1959年　D．1962年

2. 计算机硬件系统的主要组成部件有五大部分，下列各项中不属于这五大部分的是(　　)。

A．运算器　B．软件　C．输入输出设备　D．控制器

3. 断电后，会使存储的数据丢失的存储器是(　　)。

A．RAM　B．硬盘　C．ROM　D．软盘

4. 计算机软件一般分为系统软件和应用软件两大类，不属于系统软件的是(　　)。

A．操作系统　B．数据库管理系统　C．客户管理系统　D．语言处理程序

5. 计算机当前已应用于各种行业、各种领域，而计算机最早的设计是针对(　　)。

A．数据处理　B．科学计算　C．辅助设计　D．过程控制

6. 计算机有多种技术指标，而决定计算机的计算精度的则是(　　)。

A．运算速度　B．字长　C．存储容量　D．进位数制

7. 计算机网络的安全是指(　　)。

A．网络设备设置环境的安全

B．网络使用者的安全

C．网络可共享资源的安全

D．网络的财产安全

8. 数据字典的建立应从(　　)阶段开始。

A. 系统设计　B. 系统分析　C. 系统实施　D. 系统规划

9. 概念模型描述的是(　　)。

A. 与数据库物理实现有直接关系的数据库
B. 已确定了采用何种数据库管理系统的数据库
C. 数据库的逻辑结构
D. 从用户角度看到的数据库

10. 微型计算机的微处理器芯片上集成的是(　　)。
A. 控制器和运算器　　B. 控制器和存储器
C. CPU 和控制器　　D. 运算器和输入输出接口

11. 程序不仅应在正常情况下正确地工作，而且在意外情况下也便于处理，这是程序的(　　)。
A. 可维护性　B. 可靠性　　C. 可理解性　　D. 效率

12. 计算机系统中，最贴近硬件的系统软件是(　　)。
A. 语言处理程序　B. 数据库管理系统　C. 服务性程序　D. 操作系统

二、简答题

1. 计算机发展经历了哪几代？
2. 简述冯·诺依曼结构的主要思想和结构特征。
3. 计算机处理为什么必须代码化？
4. 简述运算器的组成与工作原理。
5. 简述存储系统的分级结构及发展方向。
6. 简述局域网协议的各层次功能。
7. 用图描述计算机软件的分类。
8. 简述通信系统各个发展阶段的特点。
9. 简述通信协议的层次结构。
10. 通信网络的分类及其发展趋势是什么？

[习题解答]

一、单选题

1.A　2.B　3.A　4.C　5.B　6.B　7.C　8.B　9.D　10.A　11.A　12. D

二、简答题

(略)

HAPTER 3

第三章 管理信息系统与组织、管理和战略

[内容提要]

本章主要对管理信息系统与组织的关系、决策及决策过程、决策的科学化及方法和决策问题的类型等进行了阐述。

[学习要点]

1. 掌握组织的概念;
2. 了解信息系统对组织的影响;
3. 了解组织对信息系统的影响;
4. 正确认识信息系统应用成功的条件和要求;
5. 了解信息系统是一门不断发展的学科，面临着技术、社会等多方面的挑战;
6. 了解信息系统与管理之间的关系;
7. 掌握决策概念、决策过程及信息在决策过程中的作用;
8. 了解信息系统在企业信息化时代的战略意义。

第一节 管理信息系统与组织

一、组织是什么

组织是一个稳定的、正式的社会结构，它是从周围环境接受资源并且对资源进行加工从而产生出来的。

组织的这一定义主要强调组织将环境提供的基本要素，如资本和生产力转换成产品和服务。组织又可以被认为是权利、特权、义务和责任的集合(图 3-1)。

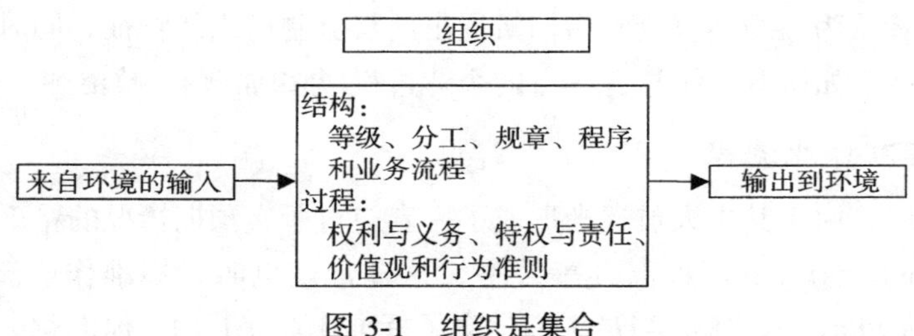

图 3-1 组织是集合

组织作为一种集合，其建立新的信息系统或改变旧的信息系统绝不是对机器和人员的技术性再安排，而是对于信息的所有权和控制权的争夺，从而作出决策等方面的变革。

上述两种定义是相互补充的，众多的企业在竞争激烈的市场中要将资本、劳动力和信息技术相结合；各个企业又要根据自己的特点合理有效地将资本和劳动力等转化成产品和服务。信息系统可以显著地改变组织中的生活。某些信息系统改变了以往的权利、特权、责任和义务等之间的平衡状态。因此，管理人员需要了解组织和掌握信息。

二、组织的共同特征

在某些方面，所有现代组织是相似的，如微软、邮局或学校等，它们都具有表 3-1 中所列出的结构特征。

表 3-1 组织的共同结构特征

明确的劳动分工	公正的裁定
等级制度	岗位的技术资格
公开的制度和程序	追求最高的组织效率

1911 年，德国社会学家马克斯·韦伯(Max Weber)把具有一定“结构”特征的组织叫做官僚制组织。

根据韦伯的说法，官僚制组织均具有清晰明确的劳动分工和专业部门。组织将劳动人员根据其能力安排在具有一定权限的不同层次上，但其权力仅限于专项行动。权限和行动进一步被抽象的规则和办事程序所限制(标准作业流程)，这些规则和程序被解释和应用于特定的问题。这些规则构建起一种公正、通用的系统，在此系统中，每一个人都是平等的。组织试图按照技术资格和专业水平(而非个人关系)来聘用和提升员工。组织追求效率的最大化。

其他学者认为组织不仅具有韦伯所提出的官僚制组织的特征，同时还具有其他一些组织特性，如所有组织都有各自的企业过程(办事常规)、政治和文化。

(一) 标准作业流程

所有组织，由于其中人员逐渐形成了一套应对所有预期情况的精确的规则、程序和惯例(routines)，从而提高办事效率，这套常规也叫做标准作业流程(standard operation procedures，SOP)。当员工们学会了标准作业流程时，他们就会提高生产率和工作效率。随着效率的提高，公司就有可能减少其成本。有些规则和程序被明文规定为正式的工作程序，如银行会计制度。

企业过程(business process)就是标准作业流程的集合。公司是企业过程的集合，现代组织所取得的效率与标准作业流程有密切的关系。管理人员和工人通过复杂的标准作业流程来处理业务，对标准作业流程的任何改变都需要组织付出巨大的努力。所以，只有通过详细分析企业过程和各个标准作业流程，才能正确理解企业实际上是怎么运作，帮助企业提高效率，最终达到提高效益的目的。

(二) 组织政治

在组织中，不同的人员具有不同的职位、专业、利益和看法。因此，人们自然地对资源、奖金和惩罚的分配持不同的观点。当一些人或团体试图在企业中占有优势地位，起领导作用时，就有可能产生政治斗争。政治阻力是组织变革的最大阻力之一，它使组织变革困难，尤其是在与信息系统开发有关的阶段。实际上，任何重大信息系统的开发必然带来企业重大的变化，包括企业目标、企业战略、企业过程和办事常规等，也必然引发一些强烈的政治争论和政治改变。因此说所有信息系统都是有政治责任的。

(三) 组织文化

组织文化就是关于组织生产什么产品、如何生产、为谁生产和在哪里生产的一组基本设想。通常，这些文化设想被完全承认，是毋庸置疑的，但很少被公开宣布和提及。企业过程——企业产生价值的途径，也常常被融入到企业文化之中。

组织文化是一种强大的团结力量，组织中的其他东西，如技术、价值观、行为准则、理念等都融入其中。组织文化能抑制政治矛盾，增进共同了解，利于员工接受办事常规，达成共同一致的程序和习惯。如果我们都有相同的基本文化假设，其他事件上的协议就非常容易达成。

与此同时，组织文化对变革也是一种强大的阻力，尤其是技术变革。大多数组织可以做任何事情以尽量避免组织的基本假设发生变化。因此，当任何技术变化威胁到共有的文化假设时，常会遇到很大的阻力。当企业唯一合理的发展道路就是要采用一项新技术时，它会直接与现存的组织文化发生冲突。当这种情况发生时，技术通常被束之高阁，或被推迟采用以等待文化慢慢地调整。

三、组织的差别

(一) 组织的不同类型

根据 Mintzberg 的组织分类法，组织可分为如下五种结构。

(1) 创业型结构(entrepreneurial structure)，具有简单结构的组织，信息系统还没有合理地规划，还不能满足高速的业务拓展需求。一般指刚创立不久的小型企业，正处在快速变化的环境和发展阶段。

(2) 机械官僚结构(machine bureaucracy)，已具有若干完善的职能部门，如财务部、市场部、人力资源部等，生产相对标准化的大型传统机构。其信息流和决策权利相对集中，由资深的战略管理层控制组织，处于变化相对缓慢的环境之中。信息系统已经过周密规划，但通常用于会计、财务和行政管理等部门。

(3) 部门官僚结构(divisionalized bureaucracy)，是多个机械官僚结构的组合，每个分部负责生产不同的产品或服务，整个组织由中央总部负责指挥和管理。这类组织中的信息系统常常是全面而又复杂的，既要能够支持总部的财务计划和统一报告，又要支持各分部乃至各部门的运作要求。这类组织常见于财富杂志(*Fortune*)的 500 强企业中。

(4) 专门型官僚结构(professional bureaucracy)，依赖于知识和专门技术人员的技能，适合于环境和技能变化相对缓慢的组织，如学校、会计事务所、医院和律师事务所等。这种组织应用专门的集中式信息系统应对专业服务，而且常设立复杂的知识支持系统为专门人员所用。

(5) 特别任务型结构(adhoracy)，又称项目型的组织，专为完成某些项目而组成的组织。常见于研究机构、电子、医药和其他高技术公司。这一类组织必须对环境和市场的变化作出快速反应，或承担政府的特别项目。

(二) 组织与环境

组织依赖于周围的环境，无论是社会环境还是物理环境。政府的政策法规、所提供的资源及其他的机构都是环境的一部分。同时，组织也影响环境，如组织联盟会影响政府政策的制定和实施，企业广告又会影响客户的消费观念等。

环境的变化一般比组织的变化快，对环境变化的适应能力是组织成败的关键。有些组织在环境中失去知觉，从而导致失败；有些组织抵制变革，不能适应新的环境而失败。例如，1919 年的财富 500 强企业中存活至今的不到 10%。而有些组织及时主动地获取信息，积极地改变策略，如采取新技术，从而适应环境的变化，不被环境所淘汰。

信息技术在帮助组织适应环境的变化和在环境中谋求更好地发展具有重要的作用(图 3-2)。

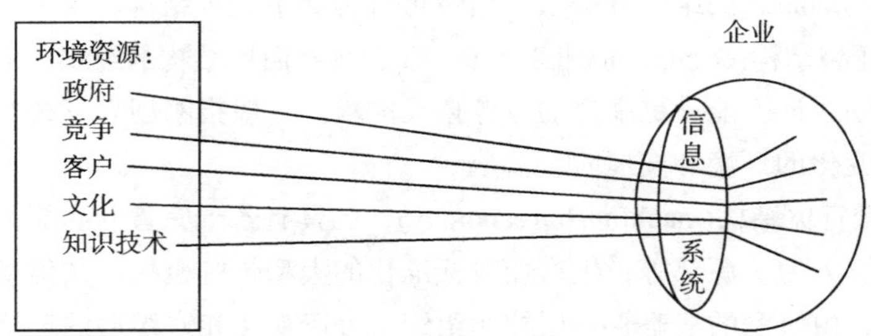

图 3-2　信息系统在组织与环境间的作用

(三) 组织的其他差异

组织的其他差异如下：①组织因终极目标不同而使用的权力也不同；②每个组织拥有其特有的领导风格；③组织的具体任务不同所采取的技术也不同。

由于组织的差异性比共同性多，所以信息系统对于不同组织的作用和影响也不同。只有针对特定的组织作详细合理的分析，才能有效地设计具有针对性的信息系统。

四、组织中常用的信息系统

按照信息系统提供的功能和服务组织的层次可将信息系统划分为五种。

(1) 事务处理系统(TPS)，是完成企业业务的系统。支持操作层人员的工作，如工资结算系统、订单录入系统、账务处理系统、收银系统等。它是企业的基础系统，处理企业业务，收集业务数据，存储的信息支持整个组织的需求，是客户和组织间的唯一接口，帮助组织降低业务成本，提高业务处理速度，提高信息的准确度，提高业务的服务水平。

(2) 办公自动化系统(OAS)和知识工作系统(KWS)。办公自动化系统是为提高办公室中创建、使用、传播信息的数据工人的工作效率，从而将信息技术的系统化的应用。使用、处理和传播信息的数据工人，如秘书、销售人员、会计等，主要使用该系统。知识工作系统是帮助组织中那些创建新的信息和知识的知识工人，如建筑师、律师、研究人员、设计师和作家等，建立和集成新知识的信息系统。知识工人不仅需要办公室自动化系统还需要知识工作系统。

(3) 管理信息系统，是组织中为管理人员提供定期的、预先定义好内容和格式的、经过汇总的信息的集合，其数据来源于组织的事务处理系统。为组织提供定期报表、特殊报表、异常报表、常规报表，并向组织的各个管理层次提供关于组织现行的经营状况的信息，但没有分析能力。

(4) 决策支持系统和人工智能信息系统(AI)，它们支持管理人员的各个层次，通过分析和创造新的信息，帮助管理人员更好地制定战略决策。决策支持系统是一个高度灵活和交互的信息系统，它用来支持半结构化的和那些没有清楚的决策步骤或者标准来保证一定能找到最佳解决方案的非结构化的决策问题。它通过建立管理决策的模型，并利用决策模型对数据库的数据进行分析，从而帮助管理人员制订解决问题的方案。决策支持系统的目标是提高决策的效率。人工智能是让机器模拟人的思维和行为的各种学科的总称。它包括能运用推理能力得出结论的人工智能的专家系统和能模拟自然界适者生存的演化过程的遗传算法，该算法可以通过对不断生成的解决问题方案进行选择，保留好的方案，遗弃不好的方案，然后将好的方案的部分予以重新组合或者随机生成新的方案。

(5) 经理信息系统(EIS)，是一个高度交互的管理信息系统。它帮助管理人员识别问题把握机遇，并且支持组织的战略管理层制定企业的战略。其功能为使用数据仓库，向下挖掘，灵活地表达数据，识别信息的责任，并充分利用决策支持系统和人工智能工具。

五、信息系统和组织之间的关系

信息系统和组织是相互影响的：一方面，信息系统必须与组织密切合作为组织提供所需要的信息，为组织服务；另一方面，组织必须认识到新技术的好处，从新技术上获益并推动新技术的普及和发展。

信息技术和组织之间的相互作用是复杂的，还受许多中介因素的影响，主要包括组织结构、标准作业程序、周围环境、政治、文化和管理决策等，见图 3-3。

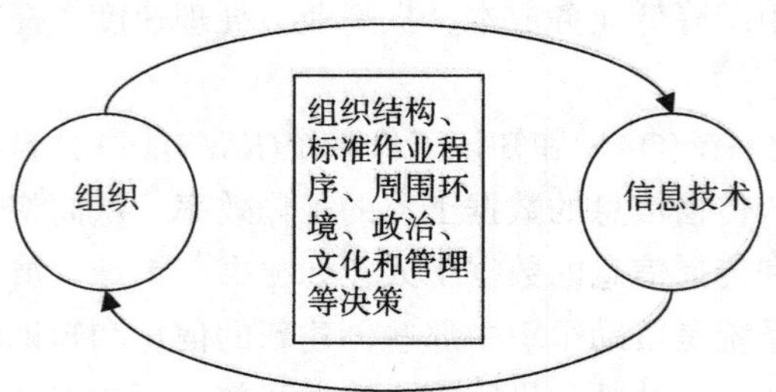

图 3-3 信息系统和组织的关系

(一) 组织影响信息技术

组织通过决定由谁设计、由谁建立和由谁操作组织中的信息技术来影响信息技术和信息系统。

组织的信息系统由三个实体构成：称为信息系统部门的组织单位或职能部门，信息系统专家和信息技术基础设施(图 3-4)。

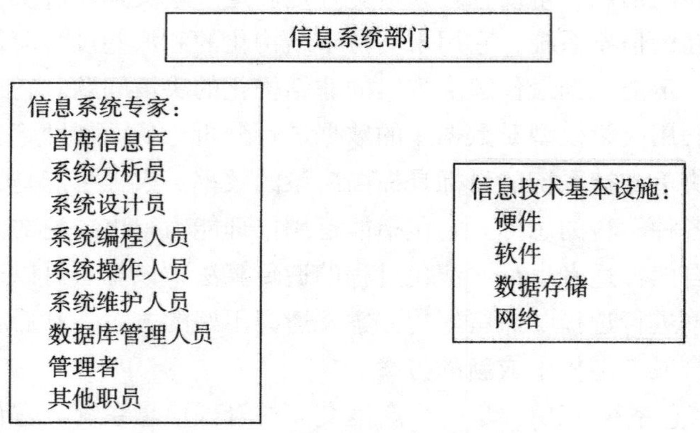

图 3-4 组织的信息系统实体构成

信息系统部门是负责技术服务的职能部门，主要负责软硬件维护、数据的存储及网络等信息技术的基础设施。信息系统在组织中的作用和组织的规模决定了信息系统部门的规模，如在服务性组织中，信息系统部门的规模和用于计算机及信息系统的费用都是最大的，尤其是出售信息产品的组织。

信息系统专家包括了首席信息官、系统分析员、系统设计员、系统编程人员、项目经理和信息系统经理及外部专家。系统分析员是信息系统部门与其他部门之间的主要联络员。他们的职责就是把业务问题和需求转换成信息需求和系统。系统分析员是当今大多数信息系统部门中比重增长最快的人员。信息系统经理是系统分析员、系统程序员、办公自动化负责人、项目经理、设备经理和数据录入组等的领导。

(二) 信息系统影响组织

信息系统影响组织的计算和结构。我们可以从经济理论方面，也就是从微观经济理论、转换成本理论和决策控制理论来分析信息系统对组织的影响。

(1) 微观经济理论。信息系统的技术可以作为自由替代资本和劳动力的生产要素。随着信息技术的成本下降，产出没减少，总的成本下降，这样就可以替代上升的劳动力。通过替代，减少中层管理人员和办公室职员的劳动，从而导致他们人数的减少。

(2) 转换成本理论。企业在市场上购买本来可以自己生产的产品的成本称为转换成本，企业为了降低转换成本，会扩大企业的规模。信息技术，特别是使用网络，能帮助企业降低转换成本，企业可以使用外部的供货商等。由于转换成本降低，企业的规模也会缩小，劳动力也会减少，这些都会导致组织的中层管理人员和办公室人员的减少。

(3) 决策控制理论。管理人员在任何管理上都有其局限性，如永远也不可能得到完整的信息和知识，也不可能检查所有的解决问题的方案。这就要求组织必须集中决策，并在决策者中间设立一个比较大的中层管理层——战术管理层来收集和分析信息，并上报给战略层的管理人员。这样无疑大大提高了管理成本。信息技术则可以通过降低信息的获得成本，来帮助每个管理者监督更多的雇员，从而改变组织结构，即消灭中间管理层或抑制其膨胀。

我们还可以从行为理论方面入手来分析信息技术对于组织的影响。这包括三个方面：信息技术对组织决策的影响，信息技术的作用，组织政治和组织文化与变革的冲突。

(1) 信息技术可以将信息直接从低层的业务部门传递给高层的主管者，也可以允许高层管理者直接通过网络技术和计算机接触更低层次的业务单位或人员，而无需借助中层管理部门或其他人员。这样可消除中间管理媒介，大大降低成本。

(2) 在当今工业社会，权力的增加会更加依靠知识和能力，而不是仅仅依靠正式的地位。而专业工作者越来越倾向于自我管理，就越来越依靠信息技术，使其得到进一步的发展和肯定，因此组织的决策就会更加发散。“任务小组”等形式的网络化组织的发展得益于信息技术的支持。也就是若干个专业小组组织起来，在短期内面对或通过电子手段来完成某项特定任务(如对抗一种特殊的疾病)，一旦任务完成，他们又可以参加其他任务。现有许多公司能够以“虚拟组织”方式经营，工作不再与地理位置有关。

(3) 信息系统直接影响对关键资源——信息的访问，所以信息系统不可避免地与组织政治和组织文化联系在一起。信息系统可以影响一个组织的基本假定——生产什么、谁生产、为谁生产、在什么地方生产和怎样生产。信息系统潜在地改变一个组织的结构、政治、文化和工作，它势必将遇到已有的政治文化的抵制。组织的发展就是在这些矛盾和冲突中寻求平衡的过程中进行的。

第二节　管理信息系统与管理

一、世界经济发展的特点

当今世界经济发展具有如下特点。①经济的全球化，也就是指各国经济都在走向开放，更加趋于市场化，世界经济有一体化的趋势。②现代技术的更新加快，如计算机硬件技术由过去的10年的一次飞跃，到现如今的2~3年，甚至更短的更新。③市场需求的多样性和多变性。随着社会的发展，人们意识形态的改变，现代的人们越来越追求个性化，追求高品质的生活，无论是对于产品还是对于服务，更加青睐迅捷。④“虚拟组织”的形成和发展。当今社会上班工作的概念已不同以往，工作不再受到地理位置的限制，如出现了在家工作的上班族。

信息系统对企业管理产生了巨大的影响，使企业的管理体制更加合理化，管理方法更加科学化，同时加强了企业管理的基础工作，提高了管理人员的素质和管理水平，也提高了企业的经济效益和社会效益。

信息系统对企业管理的支持表现在以下四个方面。

(1) 信息系统对计划职能的支持。信息系统支持计划的预测和编制工作，支持对计划数据的快速、准确存取工作，支持对计划的优化工作。

(2) 信息系统对组织职能的支持。信息技术的发展促使企业组织重新设计、企业工作的重新分工和企业职权的重新划分，组织结构朝“扁平化”方向发展。同时，通过使用各种信息系统，企业、公司的经营和生产不再受地理位置的限制，可以在全世界范围内运作。

(3) 信息系统对领导职能的支持。指引、影响个人和组织按照计划去实现目标是领导职能的作用。信息系统提供信息及手段帮助管理者制定经营和管理策略，提高经营和管理效率。

(4) 信息系统对控制职能的支持。信息系统提供反馈信息使管理者随时掌握反映管理运行动态的系统监测信息和调控所必要的信息。

二、管理信息系统面临的挑战

信息系统不仅是一个技术系统，也是一个社会系统。它必然要受到各种挑战。

(一) 信息系统面临的社会挑战

人们日益深刻地认识到，信息技术应用与应用环境是不可分离的。管理信息系统不仅是技术系统，而且是社会系统。管理信息系统技术的复杂性、需用资源的密集性和用户需求的多样性是信息系统所面临的问题的一个方面，而更重要的则涉及管理思想、管理制度、管理方法、权力结构和人们习惯的变化。推动管理信息系统的变革犹如推进社会的变革。

信息系统面临提高组织的文化水平，培养新一代的工作人员，使之适应新技术应用和企业转型的挑战。人员的素质和文化水平对信息技术应用的效率起着决定性的作用。为此，提高组织的文化水平，作好人员选择和培训具有重要的战略意义。

科学管理水平和组织管理水平是信息系统面临的又一社会挑战。只有提高科学管理水平和组织管理水平才能为信息系统的应用创造有利的条件。而信息技术的飞跃，也促使组织管理发生深刻的变化。例如，重组工作流程，重新分工，重新划分职权，重新进行组织设计，甚至调整过去的工作地点、时间等。

政府部门的决策、规章和制度也影响信息系统的发展。信息技术成果的商品化在相当程度上，还受到整个社会信息交流环境的影响。政府部门是否积极地推动新技术，是否大力发展国家信息基础设施，是否创造开放的信息环境和促进信息交流，是否加强信息标准化工作等，都直接影响信息系统。

(二) 信息系统面临的技术挑战

信息系统面临的技术挑战如下。

(1) 信息系统要能够跨平台运行，以便于组织根据业务需要和投资能力选择最佳平台，并且帮助组织顺利地实现不同应用阶段的平滑过渡。

(2) 信息系统要能够支持多种应用系统之间的数据交换，也就是要能够与原有的系统进行数据交流和集成，从而可以有效地利用已有的信息资源和投资。

(3) 信息系统要能够支持分布式应用和分布式数据库。

(4) 在系统的分析设计和开发过程中，信息系统需要将各子系统、各子系统中的各项功能高度模块化，使子系统能够自由组合和重新配置。同时，信息系统要使系统的数据能够根据预先的设定及管理工作的内在规律和联系，高度集成并传递到相关的功能模块中，使数据能够高度共享。

(5) 新的信息系统应支持多语种和个性化用户界面。

(6) 信息系统能够支持智能化的信息处理功能，实现职能化业务过滤、计划优化及多重的数据分析。

(7) 信息系统应具有可扩展性，应该在标准化的基础上，适应管理思想的发展、用户需求的变化和多样性，以便二次开发。

(8) 信息系统应具有广泛性，除支持固定和可移动的计算机外，能够支持更广泛的各类数字终端。

(9) 信息系统应具有高可靠性和安全性，即对远程通信线路故障、多用户操作冲突、共享数据的大量分发与传递，具有超强的稳定性，并对黑客入侵越权操作等有健全的安全防线。

三、信息资源的管理

(一) 组织中的信息

组织管理者可以借助网络、数据库及群件系统，处理组织中的信息，但由于其信息数据量过大，指望技术本身能解决企业的所有信息问题是不合实际的。真实世界的信息总是以其更为丰富的表现，以多重形式展现。因此无论多么复杂的信息系统，都不能完全控制其中的信息。我们需要关注信息本身，并对信息本身进行分析归纳，才能充分意识到最新的计算机技术和真实的信息应用之间是有距离的。因此，信息系统的建设者必须具有相对完整的信息观。美国的信息技术专家对组织中的真实信息表述如下。

(1) 绝大多数信息，包括人们真正需要的信息，并不在计算机里。

(2) 经理们通常会向人们询问信息，而不是直接从计算机里取得信息，但人们在传递信息的时候可能出现失真现象。

(3) 信息管理手段的复杂化使人们行为的改变困难化。

(4) 信息有一定程度的无序性和灵活性。

(5) 员工参与某种信息模型越深入，其使用这种模型的效率就越高。

(6) 员工们对于公司所关注的核心业务往往没有一致的认同。

(7) 要普遍采用电子通信，员工必须学会进行面对面的交流。

(8) 因为人是信息的重要来源和传递者,所以任何信息模型都应该把人包括在内。

(9) 任何信息都有其存在的价值，我们应该不加限制地、尽可能地接受。

(二) 信息资源管理的基本原则

1．信息管理人文化

“企业系统规划法”(business system planning，BSP)是 IBM 于 20 世纪 60 年代提出的，其特点是过分强调信息技术的作用。企业系统规划法的创造者认为，信息环境是为整个组织设计的，根据组织内部存在的一系列固定的重要信息，如客户、产品和交易等开发主要的信息系统；通过连接不同地点的计算机实现数据共享，能够帮助行政主管使用公用信息进行决策；不需要太多的努力，信息的提供者和使用者就会很快地通过现实的信息系统共享信息、相互合作。

这样，他们过于沉迷于信息技术，对自己精心构造的信息技术框架寄予极大的期望，希望能够从信息技术的应用中得到丰厚的回报。然而事与愿违，大多数的信息技术应用并没有为组织创造出最初所设想的那么多价值，而一些负面的现象却产生出来：有些人开始害怕信息技术，尽量躲避它；有些人也会认为信息技术部门的运作方式和规章制度或许过于呆板；有些人则怀着抵触的情绪或不习惯新的信息技术环境，而表现出工作绩效的下降。信息技术的力量被过分放大，人们对信息技术的心理感受被忽视，信息的获取、共享和应用没能正确实现。

由此，信息管理的人文化是解决问题的关键，人们发现只有坚持“以人为本”的原则，才能有效地利用信息系统。有效的信息管理必须首先着眼于思考人们如何应用信息，而不是如何使用机器。传统的信息技术观点与“以人为本”的信息管理方法之间主要有八大差异：①关注数据的计算机化处理和关注信息的多样性之间的差别；②仅强调信息的提供和强调信息的有效使用和广泛共享之间的差别；③强迫组织成员有共同一致的行为和通过宣传与强化方法调整组织成员的行为之间的差别；④只着眼于系统的设计与建设和着眼于使企业取得预期效果之间的差别；⑤要求信息词语的单一化和允许对同一消息有不同的解释之间的差别；⑥试图建造整个企业的庞大统一的数据模型和针对特定问题建立相应的结构之间的差别；⑦希望一种解决方法是可以反复无限制地使用和希望信息技术方案能够解决当前的实际问题之间的差别；⑧制定用户的统一的信息环境和根据用户自身需要设计不同的应用程序之间的差别。

2．着重信息系统中的管理因素

信息系统中的管理问题包含信息系统建设中的管理问题和信息系统应用中的管理问题。

随着信息系统建设监理逐步朝制度化、规范化方向发展，人们已经认识到信息系统建设不仅是技术问题，也是一个非常重要的管理问题。20 世纪 90 年代以来，大量资金投入信息系统建设之中，其中既包括投资上亿元的涉及通信基础设施、软件开发、硬件系统等的大型工程，也有功能较为单一的设备管理、财务系统、库存管理、人力资源管理等软件系统。这些系统真正能够按进度、质量要求和投资预算完成，且用户满意的，只占极少数，不足 20%，绝大多数工程都不同程度地存在问题，有些工程甚至验收不了。

信息系统应用中的管理问题，就是信息、信息系统与人的因素相互融合的问题。功能日益完善的信息系统正在改变着传统的组织结构，使传统的部门之间的界限正在变得越来越模糊，部门之间的合作越来越频繁，跨区域、跨职能的项目越来越多。信息系统使得组织结构发生明显改变、组织的层次变少，组织结构更具有灵活性。

信息系统使组织中的信息传递的方式和速度发生前所未有的改变，管理者可以利用信息系统管理更多的下属，从而使组织的管理层次日益变少，组织对辅助人员的需求也更少了。很少的人员就可以完成过去很多人才能完成的整理资料、编制报表和分析数据之类的工作。

3. 合理有效地接受信息以避免信息过分数字化和结构化

从信息管理的角度看，现代企业管理事实上是一个将所有企业活动数字化的过程。现在，企业资源计划(enterprise resource planning, EPR)系统被越来越多的企业接受和使用，它的主要特点就是将现金流动、库存信息、企业的原材料供应、成本核算、市场商业机会预测和投资前景分析等数字化，成为一系列的数据、图表和曲线。数字化管理是企业管理的关键，离开了信息，企业就无法管理。但是不能过分地强调信息的数字化和结构化，毕竟数字化和结构化后的信息缺少了一些灵活性。如何更为灵活地体现所需要的信息是我们不懈追求的目标。

第三节　信息系统与决策

决策贯穿于管理的全过程，组织管理工作的成败，首先取决于决策的正确与否。正确、及时、适量的信息是减少不确定因素的根本所在，是决策成功的关键。信息系统则是提供信息、处理和传播信息的载体。因此，信息系统对管理职能的支持，归根到底是对决策的支持。

一、什么是决策

决策就是为解决现实中出现的问题，实现某个特定的目标的一种方法和途径。

通过对相关信息的充分搜集和详细分析，提出解决问题和实现目标的各种可行方案，并依据评定准则，选定方案并实施。决策活动具有三要素：决策者、决策对象和决策环境。以决策者为主体的管理决策过程经历情报(intelligence)、设计(design)和选择(choice)三个阶段。

(1) 情报：进行收集和处理“情报”(数据)、研究决策环境、分析和确定影响决策的因素或条件。

(2) 设计：分析、研究和制订各种可能的行动方案。

(3) 选择：从可行方案中选择一个特定的方案，进行方案的评价与审核，并付诸实施。

通常每个决策都需要经过四个阶段：情报采集阶段、方案设计阶段、方案选择阶段和方案执行阶段。

(1) 情报采集阶段，确定要决策的事件和所需条件，调查决策环境，获取决策所需要的有关信息。

(2) 方案设计阶段，依据条件和相关信息，分析和研究与实现目标有关的限制性因素，制订可供选择的多种方案。在制订方案的过程中，要不断地寻求和辨认限制性因素。制订方案需要全方位地考虑各种问题，往往需要不同部门、不同专业的人员共同参与。

(3) 方案选择阶段，包括方案论证和决策形成两个步骤。方案论证是对备选方案进行定量和定性的分析、比较和研究，进行初选，并把经过初选后的可行方案提供给决策者。决策形成是决策者对经过论证的方案进行最后的抉择。

(4) 方案执行阶段，选定的决策方案最终实施的阶段。在实施过程中，不仅要监督实施过程，还要收集实施过程中的情报，通过这些情报来分析和研究，随时调整实施步骤，作继续执行、停止实施或修改后继续实施的决定，同时为决策方案最终的评价作准备。

二、决策的类型

决策的类型可以按照制定决策的组织层次分为战略决策、管理决策、业务决策。

(1) 战略决策是指纵观企业全局和外部环境，为企业制定的能够适应时刻变化着的外部环境的一种决策，具有全局性、长期性与战略性的特点。

(2) 管理决策是指为了能够使企业内部的人力、资金、物资等资源进行合理配置，以及为了适应战略决策所带来的改变而作出的组织机构调整的一种决策。具有局部性、中期性及战术性的特点。

(3) 业务决策是建立在一定的企业运行机制基础上，它是组织最基本的“行动”

方案，是有关日常业务的决策，具有琐碎性、短期性与日常性的特点。

决策的类型又可以按照决策问题的结构化程度分为结构化决策问题、非结构化决策问题和半结构化决策问题。

(1) 结构化决策问题，由于问题相对比较简单、直接，有相对成熟的决策方法和决策过程可以利用，所以可依据一定的通用模型和决策规则实现其决策过程的基本自动化。早期的多数管理信息系统就能够解决这类问题。例如，应用解析方法、运筹学方法等求解资源优化问题。

(2) 非结构化决策问题，是指那些决策过程复杂，没有固定的决策过程和决策方法可以利用，也没有固定的决策规则和通用模型可依照的问题。在这种情况下，往往是决策者根据掌握的情况和数据临时作出决定。因此，决策者的主观行为(学识、判断力、洞察力、经验、直觉、个人喜好和行事风格等)对决策的制定和实施等各个阶段有很大的影响。

(3) 半结构化决策问题，是介于上述两者之间的问题，其决策过程和决策方法可以利用，但又不能完全依赖这些固有的模型和规则。这样的决策问题一般可适当建立模型，但无法确定最优方案。

决策问题的结构化程度是可以通过不断提高人们对客观事物和规律的认识而转化的，不是一成不变的。当人们掌握了足够的信息、知识和技能时，同时借助技术手段，非结构化问题有可能转化为半结构化问题，半结构化问题也有可能转化为结构化问题。管理信息系统通常被认为主要用来解决结构化的决策问题，而决策支持系统则用来解决半结构化和非结构化问题。

三、决策的发展和信息系统的支持

随着科学的发展及人们对事物和规律的认识的提高，决策过程再不是传统意义上的仅依靠决策者个人的经验和直觉就可实现的过程，而是决策人借助科学手段(信息系统等)获取大量的信息做出的相对全面和系统的各种可行方案的过程。生产规模的扩大和自动化技术的应用，使得管理的性质和环境，都发生了巨大的变化，因而管理的决策问题也比过去更为复杂，不仅难度大而且数量多。在这种情况下，仅凭借个人的能力来解决管理决策等问题是不能满足日益复杂的管理决策的需要的，是不现实的。因此，决策过程就要向科学化发展，这是现实管理提出的要求，而计算机和近代数学的发展，为决策过程科学化提供了实现的可能性。

从 20 世纪 80 年代，计算机技术开始为高层次决策提供帮助。国内外相继出现了多种高性能的通用和专用决策的支持系统，如 SIMPLAN、WSICALC、GPLAN、EIS、EMPIRE、GADS、GODDESS、EXPRESS、GPCDSSG 等。这些支持系统使计算机的应用不再局限于企业管理中的事务性处理，也能够支持和帮助企业的管理、控制、计划和分析等诸多方面的决策问题的解决。随着决策支持系统与人工智能的相互结合，出现了智能化决策支持系统，决策支持系统与计算机网络的相互结合，出现了群体决策支持系统。

诸多建立在信息技术基础上，结合现代先进的企业管理思想，为企业提供决策，计划、控制、分析和评估的全面、系统化的应用系统正在被越来越多的大、中、小型企业接受，为其各个职能部门提供诸如预算与分析、预测与计划、生产与销售、研究与开发方面的帮助，如企业资源计划系统。

当代决策活动发展的必然趋势是定性决策朝定量与定性相结合的决策方向发展。将现代科学中的系统工程学、仿真技术、计算机理论、科学学、预测学，特别是运筹学、布尔代数、模糊数学、泛函分析等引入决策活动，为决策的定量化奠定了基础。

第四节　管理信息系统与竞争战略

竞争战略是指在企业总体战略的制约下，指导和管理具体战略经营单位的计划和行动。企业竞争战略要解决的核心问题是，如何根据顾客需求、竞争者产品及本企业产品这三者之间的关系，来确立本企业产品在市场上的特定地位并维持这一地位。企业的竞争战略的选择和确定，要根据企业所处环境与企业本身的具体情况而定，没有一成不变的格式。管理信息系统则可以帮助企业全面、系统和快速地确立其竞争战略，从而提高企业的市场竞争能力，确立和巩固其在市场上的特定地位。

一、企业信息化

企业信息化是指企业为了提高企业的经济效益和企业的市场竞争力，利用现代信息技术，通过对信息资源的深入开发和广泛利用，使企业资源合理配置，并且不断提高企业决策、生产、经营、管理的效率和水平的过程。

企业信息化是一个过程，其内涵是借助信息技术、以信息资源开发为核心，使信息化涵盖企业经营活动的所有方面，从而增强企业核心竞争力。企业信息化是随着企业发展而逐渐深入的，其发展过程呈现出螺旋式上升趋势。

企业信息化包括了生产过程信息化、流通过程信息化和管理决策信息化。其中生产过程信息化又可分为产品设计自动化、生产过程自动化和设备智能化。流通过程信息化指用于流通的信息网络体系的形成，它包括如下内容：用于保证原材料、能源供应渠道畅通，使采购工作有效进行的及时搜集、处理、反馈原材料等市场变化信息的网络体系；用于保证产品销售渠道畅通和销售工作有效进行的及时向外发布本企业产品市场销售信息及相关市场信息的网络体系；用于便于产品售后服务等的服务信息网络体系。管理决策的信息化包括如下内容：对于贯穿供货、生产、库存、销售的生产经营全过程的信息化管理的形成过程；辅助决策支持决策实施的信息化系统的形成过程；对人、财、物、技术等生产要素分别施行管理，并使之相互紧密结合、有效发挥作用的全方位的信息化管理的形成过程；对人流、物流、财流和技术流程交互衔接运作的信息化系统管理的形成过程。管理决策的信息化使企业组织结构发生改变，实现信息的迅速传递、准确及时决策，充分调动人员的积极性和提高管理效率。

二、信息技术促使管理变革

信息技术的广泛应用使消费者的信息量激增，明显分散了消费者对某一品牌的专注程度。这些无疑都会给企业的营销活动及长远战略带来冲击，从而加剧行业内的竞争，使新兴企业打破旧格局，迅速崛起的可能性大大增加。在这种情况下，各个企业无论是为了保持领先的优势，还是力争后来居上，都不可避免地面临着重新调整在竞争中的行为和观念的问题，这势必会造成企业管理的变革。

由信息技术引发的管理变革包括五个方面。

(1) 管理模式的变革："虚拟企业"、"流程再造"、"在家上班"、"学习型组织"等新型的组织模式开始展现它们的特别之处，使组织之间的交流突破了面对面的交流模式。

(2) 组织结构的变革：信息技术在企业中的广泛应用使得传统的等级管理发生转变，朝着全员参与、模块化组织、水平型组织、流程型组织等新型组织模式方向转变，组织结构向扁平化方向发展，消除或抑制了中间管理层，冲破传统管理模式的限制，使企业内部上下级之间的距离大为缩短。

(3) 营销策略的变革：广告的宣传等适应了新的 Internet 等网络传播媒体的需要，网络商店等的崛起改变了传统的营销方式。

(4) 服务方式的改变：现代的服务朝着快捷方便和个性化的方向发展。

(5) 企业文化的变革：信息技术使人们的生活、工作变得更加丰富多彩，使企业文化更加多维化。

三、企业流程再造和持续改进

企业自身改造的方式包括企业流程再造(BPR)和持续改进(BPI)。企业流程再造是为了显著改善衡量绩效的关键指标，从根本上重新思考、彻底改造从接受原材料到提供给客户产品的一系列业务活动的企业流程。企业流程再造的原则：①以过程管理代替职能管理，取消不增值的管理环节；②以事前管理代替事后监督，减少不必要的审核、检查和控制活动；③取消不必要的信息处理环节，消除冗余信息集；④以计算机协同处理为基础的并行过程取代串行和反馈控制管理过程；⑤用信息技术实现过程自动化，尽可能抛弃手工管理过程。

企业流程再造的内容包括技术的再造、组织结构的再造、企业文化的再造和人的再造。

持续改进是不断对组织进行改进，以保证满足客户的需求。这也是全面质量管理的内容。组织需要不断发现待改进之处，并进行改正。 持续改进对组织的改进是渐进的，通常伴随新信息技术的运用和老技术的更新，同时，也是连续的过程，其目的是提高企业效率。企业流程再造和持续改进都需要使用信息技术。

四、组织运用信息系统获取竞争优势

企业所面临的竞争来自于同行业之间、供应商、同类产品、顾客等方面的压力，而网络与信息系统像一把双刃剑，它既可以加强企业的竞争能力，同时也会危及企业的发展。

信息系统是现有企业的行业标准，如果企业不具备业内通行的信息系统，就会被无情淘汰。比如，某个金融机构推行刷卡式服务，其他企业的唯一选择是跟随，刷卡也就会逐步成为行业标准。在这个意义上，信息系统加剧了现有企业间的竞争。

信息系统的应用，Internet 等快速、廉价的信息传递工具，无疑降低了收集信息的成本，因此，企业降低了寻找供应商的搜寻成本，扩大了供应商的搜寻范围，这就在一定程度上削弱了供应商的砍价能力。另外，行业利润的透明化也增强了供应商的砍价能力。两者之间的动态均衡，将是下游企业与供应商实现“双赢”的共同选择。但是从另一个角度看，网络和信息系统同样降低了顾客搜集信息的成本，削弱了企业的信息优势。也就是说，对顾客而言信息系统是福音，对企业的效果恰恰相反。

第五节　本章小结

信息在当今社会越来越被人们重视，成为组织的重要财富和战略性资源。随着

经济全球化的出现和知识、技术的迅猛发展，信息系统与组织之间的关系越来越密切。一个组织的管理职能主要包括计划、组织、领导和控制四大方面，其中任何一方面都离不开信息系统的支持。

通过有效地管理好人、财、物等资源来实现组织的目标，是管理的任务所在。而要管理这些资源，就是要通过反映这些资源的信息来管理。管理工作的成败，取决于能否制定出正确的决策，而决策的正确程度则取决于信息的质和量。信息系统能将生产和流通过程中的巨大信息流进行收集，并经过处理，转换为对组织的各部门来说都是不可缺少的数据，经过分析，使它变成对各级管理人员作决定具有重要意义的依据。

现在决策过程的四个阶段分别为调查环境并定义要决策的事件和条件，获取决策所需要的有关信息的情报活动阶段、设计制定出多个可供选择的方案的设计活动阶段、对备选方案进行定量和定性的分析、比较和择优研究并对方案进行最后的抉择的选择活动阶段和在实施过程中收集相关的情报，根据这些情报来进一步作继续执行、停止实施或修改后继续实施的决定的实施活动阶段。

信息系统在企业信息化时代具有其特殊的战略意义。

[习 题]

一、单选题

1. 信息系统发展成为管理信息系统，是因为信息系统的功能集中于(　　)。
   A. 对管理信息进行处理　　B. 对生产管理进行控制
   C. 进行信息处理和信息传输　　D. 提供信息和支持决策
2. 管理信息系统主要解决(　　)。
   A. 结构化问题　　B. 非结构化问题
   C. 半结构化问题　　D. 半结构化和非结构化问题
3. 下列决策问题中，属于非结构化问题的是(　　)。
   A. 奖金分配　B. 选择销售对象　C. 厂址选择　D. 作业计划
4. 对制定企业战略决策起着重要作用的战略信息来源是(　　)。
   A. 企业作业信息　　B. 企业管理信息
   C. 企业的外部信息　　D. 企业的内部信息
5. 管理工作的成败取决于(　　)。
   A. 能否及时获取信息　　B. 是否重视信息系统的作用
   C. 是否将信息作为资源来管理　　D. 能否作出有效的决策

6. 信息是附载在(　　)。

A. 数据上的　　B. 符号上的　　C. 消息上的　　D. 知识上的

7. 在信息收集过程中正确地舍弃无用和次要的信息体现了信息的(　　)。

A. 时效性　　B. 不完全性　　C. 价值性　　D. 等级性

8. “管理的艺术在于驾驭信息”的含义是(　　)。

A. 管理者要善于掌握信息，提高信息的时效性

B. 管理者要善于转换信息，实现信息的价值

C. 管理者要善于对信息分类，掌握战略级信息，完成企业战略目标

D. 管理者要善于将企业内部的物质流转换成信息流

9. 能够应用解析方法、运筹学方法等求解最优解的决策问题是(　　)。

A. 非结构化决策问题　　B. 半结构化决策问题

C. 结构化问题　　D. 以上三种决策问题均可

10. 用于支持领导层决策的信息系统是(　　)。

A. 专家系统　　B. 经理信息系统

C. 战略信息系统　　D. 电子数据交换系统

二、问答题

1. 简述信息化的含义。
2. 为什么决策要科学化?
3. 为什么说定性决策朝定量与定性相结合的决策方向发展是当代决策活动发展的必然趋势?
4. 简述人在信息处理和决策中的重要作用。
5. 举例说明信息系统支持企业业务流程重组的作用。
6. 早期管理信息系统失败的原因何在?
7. 为什么传统的管理并不认为信息是一种资源?
8. 决策的过程分为几个阶段? 各阶段的主要内容是什么?

[习题解答]

一、单选题

1. D　2. A　3. A　4. B　5. A　6. A　7. C　8. C　9. C　10. C

二、问答题

(略)

HAPTER 4

第四章 管理信息系统的开发方法

[内容提要]

管理信息系统的开发是一项面向企业管理的应用软件工程，本章对管理信息系统的开发原则、目的、策略、方式和各种不同的开发方法及其相应的特点进行了简要论述。

[学习要点]

1. 掌握信息系统常用的开发方法的基本思想、开发过程等；
2. 掌握各种不同开发方法的优缺点和应用范围；
3. 了解各种开发方法的侧重点和各种开发方法之间的联系与区别。

第一节 概 述

一、管理信息系统开发的原因

管理信息系统是在管理科学、系统科学、计算机科学等的基础上发展起来的综合性边缘科学。它是能够进行管理信息的收集、传输、加工、保存、维护和使用，以支持一个组织机构的作业、管理、分析和决策职能的人机系统。它除了具有一般的事务处理系统的数据处理功能外，更多的是为管理活动提供信息，帮助决策者制定和实施实时、高效、准确的策略和行动方案。

高新技术的发展与社会信息化程度已成为一个国家的国力和现代化水平在当今时代的重要标志。实现国家信息化是社会发展的必然趋势和国家的奋斗目标。而企业是一个国家国民经济的主体，加强企业信息化建设就成为国家的重点任务。企业信息管理的水平，特别是管理信息系统的开发与应用是衡量企业现代化的标志。越来越多的大、中、小型的企、事业单位为了提高自身的管理水平和核心竞争能力，纷纷投入大量人力、物力，开发适合本单位需求的管理信息系统。

随着管理信息系统应用程度的深入和应用规模的扩大，出现了很多问题。

(1) 如何将手工处理信息过程和方法合理有效地“翻译”成软件程序。

(2) 如何合理地组织人力、物力、财力，协调开发大型的应用系统。

(3) 如何对一个大型系统作系统化的划分。

(4) 如何才能合理地处理数据和利用信息资源，如何充分发挥现有计算机和通信设备的处理能力，更好地解决实际管理问题等。

出现这些问题的原因之一就是软硬件发展不均衡。硬件发展迅速，而软件发展相对迟缓，几乎相差 10 年，主要是在建立模型和编程指令之间间隙很大。原因之二就是软件标准化程度不够。早期的系统由于系统设计、开发人员的个人喜好和经验而带有很强的“个性化”，这就使后续的人员无法做二次开发，大大地浪费了资源。用户和开发公司都迫切希望开发的系统和程序能够标准化。

管理信息系统的开发要满足如下五点：①使所开发的管理信息系统为管理决策提供信息支持，能正确反映管理需要，满足用户需求；②有效地安排系统开发进程，加快软件开发速度，提高软件生产效率，同时降低费用；③在增强管理信息系统软件产品的功能的同时提高软件产品的质量；④充分利用和发展软件技术，尽快跟上硬件发展速度，使软硬件协调发展，能够最大限度地发挥和挖掘硬件的功能；⑤合理组织和充分调动人力、物力和财力等资源。

二、管理信息系统开发的原则和策略

(一) 管理信息系统的开发原则

管理信息系统的开发原则如下。

(1) 创新原则。创新是我们追求的主要目标，计算机技术的发展十分迅速，要及时了解新技术，使用新技术，使目标系统较原系统有质的飞跃。

(2) 系统原则。管理信息系统作为一个系统，可以分解为一组相互关联的又各有其独立功能的子系统，如有的子系统负责输入与输出，有的子系统负责计算等。但各子系统之间应彼此联系、配合，共同实现系统的总目标。就子系统本身来说，它也是一个独立的系统，一个子系统还可分解为更低一层的子系统。这样逐级分层便构成了系统的层次性。

开发管理信息系统，必须从系统的总体观点出发，从全局着眼。在系统的总目标下，合理地设置各个子系统，还必须搞清楚系统与其各个子系统的关系。子系统之间的相互关系，也就是子系统之间的信息传递关系。没有统筹安排，总体规划，只是孤立地开发一个个小项目，只能是事倍功半。企业管理的要求就是要合理、全面地针对企业内外部环境、人力、物力和财力等资源做分析研究，然后实施管理。目标系统应当是为了这个目标而建立的“闭环”系统。因此开发过程中应注重系统在功能上和数据上的整体性、系统性。

(3) 发展原则。为了提高使用率，有效地发挥管理信息系统的作用，应当注意技术的发展和环境的变化。在开发过程中应注重管理信息系统的不断发展和完善。

(4) 经济原则。衡量管理信息系统的标准是它的实用性。事实上许多失败的管理信息系统正是由于盲目追求高新技术而忽视了它的实用性。我们应该结合目标组织的技术水平、管理水平和人员素质等条件，合理有效地开发目标系统，不盲目追求高、大、全，而是使其功能调度灵活、界面友好、操作简便，从而满足用户的要求。

(5) 规范原则。为了使系统能够被自由裁剪和重新配置，能够被重复利用和进一步的开发，目标系统应该做到标准化和模块化，开发过程应按照软件工程的理论、方法和规范去组织与实施。

(6) 人文原则。管理信息系统是为管理人员决策服务的。管理人员就是系统的用户。只有用户使用方便、满意的系统才称得上是好的系统。因此，用户的参与是保证目标系统最终成为被用户所接受、真正能够服务用户的管理信息系统的关键之一。从最初的总体规划的制订，到系统分析、系统设计，以及最后的系统实施的全过程，都需要用户与系统开发人员的合作。管理信息系统的开发过程也是开发人员与用户的交流过程，更是合作的过程。

(二) 管理信息系统的开发策略

管理信息系统的开发主要有两种策略：“自下而上”和“自上而下”策略。

如果为了满足组织中的某一部门的特殊需求，在没有制订总体规划的情况下，就开始项目开发，这就是“自下而上”策略。这种策略就是从现行系统的业务状况出发，先实现一个个具体的功能，再逐步地由低级到高级建立起整个管理信息系统。由于任何一个信息系统的基本功能都是数据处理，所以“自下而上”开发方法一般首先从各项数据处理程序或子系统开始，然后根据需要逐步增加有关计划、控制和决策等方面的功能。显然，在条件不具备的情况下，采用“自下而上”的策略设计信息系统可以避免大规模系统可能出现的诸如运行不协调等的危险，但不足之处就是由于没有完整周密的计划和设计，随着系统的进展，往往会出现需要重新设计和开发许多子系统和模块。

“自上而下”的策略强调由全面到局部，由长远到近期，从上到下的设计开发过程。这种策略从整体上协调和规划，要求很强的全面性和逻辑性，因而难度较大，但这是一种更为重要的策略，因为整体性是系统的基本特性，也是我们开发信息系统的原则之一。系统是一个不可分割的整体，牵一发而动全身，因此势必要全面合理地布局。

一般来说，“自下而上”策略用于小型系统的设计，它适用于那些涉及面较小，功能相对独立的系统。而“自上而下”法则适用于大型系统的设计。这两种策略并不是绝对的，在实际开发工作中，往往把这两种方法结合起来使用，即一方面采用“自上而下”规划整个系统，另一方面，采用“自下而上”的方式逐步开发，也就是“自上而下地总体规划，自下而上地应用开发”，这是建设管理信息系统的正确策略。

三、管理信息系统开发方法的结构体系

根据信息系统开发方法的侧重点可将信息系统的开发方法分为下列四类。

(1) 系统开发生命周期类，强调开发过程的组织、管理和控制。

(2) 开发方法学类，强调开发方法的驱动对象。

(3) 技术类，强调某种方法论的技术。

(4) 系统开发环境和工具研究类，系统开发需要在一定的开发环境下运用开发工具来完成。

上述方法是从不同角度提出的，但彼此相互联系、相互支持、相互制约，它们之间的关系可从图 4-1 中的四个层次体现。开发环境和工具位于下层，其他三个层面均离不开开发环境和工具的支持；技术是组成开发方法学的基本要素。

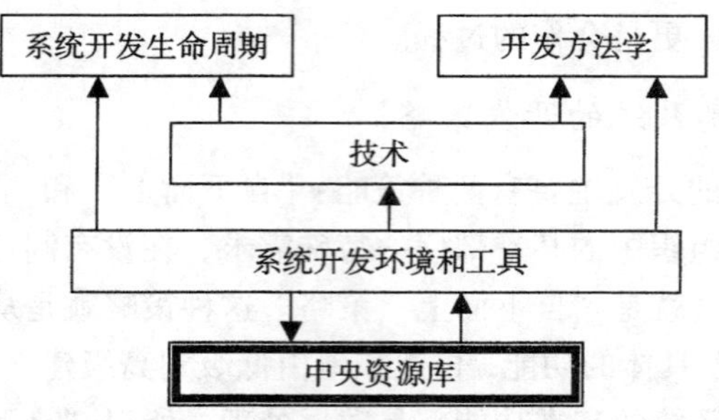

图 4-1　信息系统开发的结构层次

(1) 系统开发生命周期，是一个系统分析员、软件工程师、程序员及用户建立计算机信息系统的过程，是管理和控制信息系统的一种必要措施，也是一种将系统工程学用于规划、执行和控制信息系统开发项目的组织和管理方法。

(2) 开发方法学，是一组思想、规范、过程、技术、环境及工具的集成。

(3) 技术，是指支持和帮助某一种方法学运用一些特殊的工具和规则来完成信息系统开发生命周期的一个或几个阶段。

(4) 系统开发环境和工具，是指用于支持系统生命周期、方法学及技术的应用系统，如计算机辅助软件工程(computer aided software engineering, CASE)、软件开发环境(software development environment, SDE)、软件工程环境(software engineering environment, SEE)、集成化项目/程序支持环境(integrated project/programming support environment, IPSE)。

将图 4-1 中系统开发生命周期、开发方法学、技术、系统开发环境和工具展开，见图 4-2。

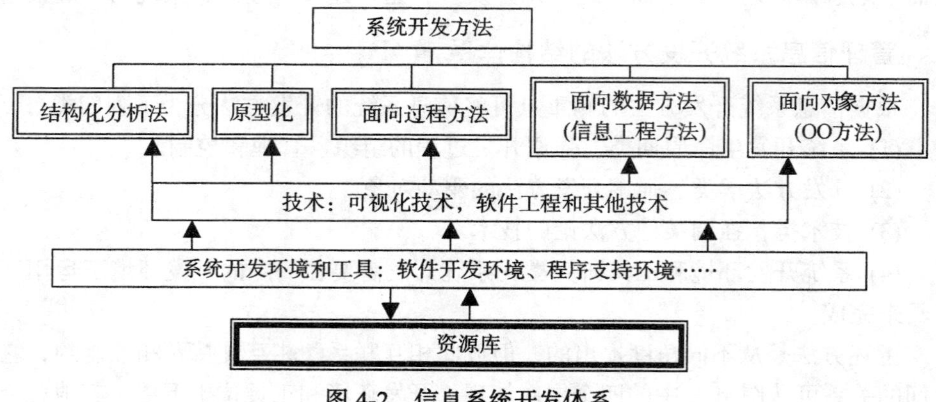

图 4-2　信息系统开发体系

第二节 管理信息系统开发的主要方法

一、结构化系统分析与设计方法

(一) 基本思想

结构化系统分析与设计方法(structured system analysis and design，SSA&D)又称结构化生命周期法，是自上而下分析与设计和从下向上逐步实施的建立计算机信息系统的一个过程，是组织、管理和控制信息系统开发过程的一种基本框架。

结构化系统开发方法由管理策略和开发策略两个部分组成。

(1) 管理策略注重系统开发的规划、进程安排、评估、监控和反馈。

(2) 开发策略：①任务分解结构(work breakdown structure，WBS)，由系统规划、系统分析、系统设计、系统实施和系统支持组成；②WBS 优先级结构，包括瀑布模型(waterfall)、阶梯模型(stair step)、螺旋模型(spiral)、迭代模型(iterative)等系统开发所要遵循的模式；③开发经验，在系统开发的过程中，开发人员丰富的开发经验是非常宝贵的一种系统开发资源。如果能够充分利用这些开发经验，能达到事半功倍的效果；④开发标准，通常包括活动、职责、文档、质量检验四个方面。

(二) 开发过程

结构化系统开发方法的开发过程见图 4-3。

(1) 系统规划阶段，着眼整个系统，确定系统的目标。根据用户的系统开发请求，进行初步调查，明确问题，确定系统目标和总体结构，确定分阶段实施进度，

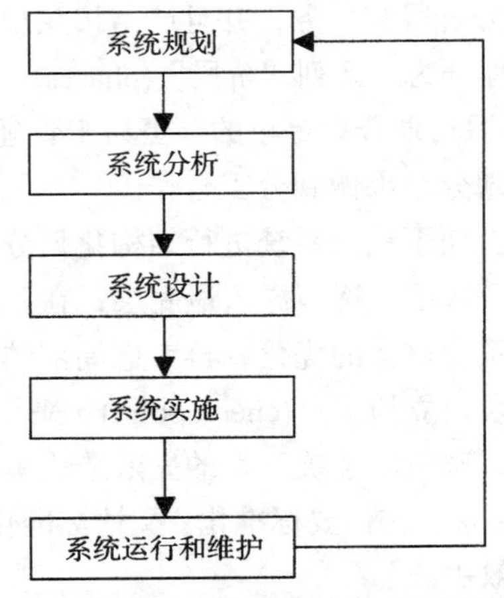

图 4-3 结构化系统开发方法的开发过程

然后进行可行性研究。

(2) 系统分析阶段，进行可行性分析和需求分析。通过研究分析，确定业务需求和单个信息系统开发项目。分析业务流程、分析数据与数据流程、分析功能与数据之间的关系，最后提出分析处理方式和新系统逻辑方案。

(3) 系统设计阶段，借助计算机技术进行总体设计，确定软件的总体结构并逐一进行人机界面设计、数据库设计、程序设计等详细设计，最终提出可行的解决方案，以满足用户的业务需求。进行总体结构设计、代码设计、数据库设计、输入输出设计、模块结构与功能设计，并且根据总体设计，配置与安装部分设备，进行测试，最终给出设计方案。

(4) 系统实施阶段，系统实施的目的是组装信息系统技术部件，并最终使信息系统投入运行。这个阶段包括的活动有编程、测试、用户培训、新旧系统之间的切换等，进行编程(由程序员执行)和人员培训，以及数据准备(由业务人员完成)，然后投入试运行。

(5) 系统运行与维护阶段，对系统进行维护，定期检测，使之能正常地运作。进行系统的日常运行管理、评价、监理审计、修改、维护、局部调整等常规工作。在出现不可调和的大问题时，进一步开发新系统或提出对旧系统进行二次开发的请求。

(三) 开发原则

随时与用户沟通，让用户积极参与信息系统开发过程中来，是信息系统开发能否成功的一个关键的、绝对必要的因素。

系统开发需要逐级划分阶段和任务，并且严格按照划分进行。运用系统处理方法，将整个系统的开发过程分为一系列“阶段”(phases)，然后再将阶段分为一系列的“活动”(activities)，将活动划分为更小的、更易于管理和控制的“作业”(task)。系统开发人员就可以根据划分结果做到分工合作。

在前三个阶段坚持自上而下地对系统进行结构化划分：在系统调查和系统规划时，应从最顶层的管理业务入手，逐步深入最底层；在系统分析和系统设计时，应从宏观考虑入手，先考虑系统整体的优化，再考虑局部的优化问题。

在信息开发的各个阶段设立检查点(check point)，来评估所开发系统的可行性，及时发现错误，纠正偏差，避免由系统开发的失败造成更大的损失。

为使信息迅速、有效传递，文档要标准化。文档标准化是进行良好通信的基础，是提高软件可重用性的有效手段。

(四) 特点

结构化系统开发方法有很多优点：①由于是分阶段分任务地完成系统开发，前一个阶段的完成是后一个阶段工作的前提和依据，而后一阶段的完成往往又验证了前一阶段的成果；②这个开发过程是从抽象到具体，逐步求精的过程。从时间的进程来看，每一阶段的工作，都体现出自上而下、逐步求精的结构化技术特点；③分析和设计过程完善，即首先进行系统分析，然后进行系统设计，从而大大提高了系统的正确性、可靠性和可维护性；④对每一个阶段的工作任务完成情况设立检查点，对于出现的错误或问题，及时加以解决，不允许转入下一工作阶段，也就是及时对本阶段工作成果进行评定，使错误止于该阶段，从而降低了损失，开发的质量得到保证。

结构化系统开发方法也有不足之处：①它是一种需要预先定义需求的方法，只适应于可在早期阶段就完全确定用户需求的项目，在其后的阶段很难再根据用户新的需要而增加或更改开发程序。这在实际中往往是不现实的，用户很难“一次性”准确地陈述其需求；②不能很好地完成系统分析到系统设计的过渡，即如何使物理模型如实反映出逻辑模型的要求；③该方法文档的编写工作量极大，随着开发工作的进行，这些文档需要及时更新。

(五) 适用范围

结构化系统分析与设计方法适用于一些组织相对稳定、业务处理过程相对规范、需求相对明确且在一定时期内不会发生大的变化的大型复杂系统的开发。

二、原型法

信息系统原型，就是一个可以实际运行、反复修改、不断完善的信息系统。运用结构化系统开发生命周期法的前提条件是用户在项目开始初期就非常明确地陈述其需求，而且保证需求的陈述不出现错误，否则会对信息系统开发造成无法挽回的损失。这种方法是不现实的。人们就希望找到一种方法，能够迅速发现需求错误。当图形用户界面（graphic user interface, GUI）出现后，原型法（prototyping method）逐步被接受，并成为一种流行的信息系统开发方法。

(一) 基本思想

原型法是在系统开发初期，系统开发人员根据对用户需求的深入了解和系统主要功能的要求，在强有力的软件环境支持下，迅速构造出系统的初始原型，然后与

用户一起不断对原型进行修改、完善，直到满足用户需求。

(二) 开发过程

原型法开发流程(图 4-4)如下。

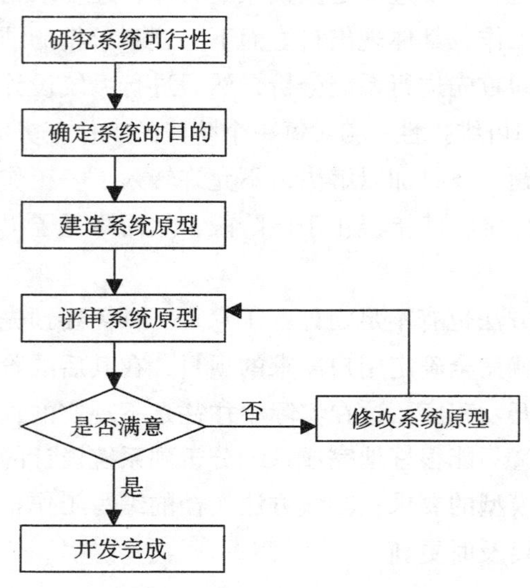

图 4-4　原型法开发流程

(1) 研究系统可行性。针对系统开发的意义、投入、时间等作出初步的决定。

(2) 确定系统的目的。系统开发人员要了解用户对信息系统的基本需求，从而确定系统应该具有的一些基本功能，人机界面的基本形式等。

(3) 建造系统原型。根据系统的基本要求和基本形式，系统开发人员应尽快地建造一个具有这些基本功能的初始系统原型。

(4) 评审系统原型。用户和开发人员一起合作对刚完成的或经过若干次修改后的系统原型进行评审，提出完善意见。

(5) 修改系统原型。开发人员要根据用户的评审意见对原始系统进行修改、扩充和完善。

(6) 再次评审系统。如果系统还不能满足要求，就要进入下一轮的循环，如此反复地进行修改、评审，直到用户满意。

(7) 开发完成。如果系统满足用户要求，则可根据开发原始系统的目的，把该系统作为初步设计的基础，或者作为最终的信息系统投入正常运行。

(三) 特点

原型法有很多长处。它突破了以往的系统，能更好地满足用户的要求；改进了用户和系统开发人员的交流方式；提高了用户的满意程度，更加贴近实际；降低了系统开发风险，一定程度上减少了开发费用。

原型法的不足之处是对开发工具要求高，对复杂系统和大型系统开发相对困难，对用户的管理水平要求高。

(四) 工具和环境

原型法用到的工具和环境如下：①灵活方便的关系数据库系统；②能够存储所有实体的与关系数据库系统相对应的数据字典；③能支持任意非过程化的（即交互定义方式）组合条件查询并与关系数据库系统相对应的快速查询系统；④用以支持结构化程序，并且允许采用交互的方式迅速地进行书写和维护，产生任意程序语言的模块(即原型)的高级软件工具(如 4GLS、信息系统开发生成环境等)；⑤允许设计人员详细定义报告或屏幕输出样本的非过程化报告或屏幕生成器。

(五) 适用范围

原型法的适用范围是比较有限的，多应用于小型、简单、处理过程比较明确、没有大量运算和逻辑处理过程的系统。不适合于大型的难以模拟的复杂系统和存在大量运算、逻辑性强的处理系统，也不适用于基础管理工作不完善、处理过程不规范的系统和大量批处理系统。

三、面向对象方法

面向对象方法把数据和过程包装成为对象，以对象为基础对系统进行分析与设计，为认识事物提供了一种全新的思路和办法，是一种综合性的开发方法。这种方法更加贴近实际，不同于以前的开发方法——只侧重反映管理功能的结构状况，或只侧重反映事物的信息特征和信息流程。

(一) 基本思想

客观世界就是各种“对象”(object)的集合，任何客观事物都是对象，对象是对原客观事物的抽象。任何复杂的事物都可以通过对象的某种组合结构构成，而对象又可由相对比较简单的对象以某种方式组成。

对象包含属性和方法。属性（attribute）反映了对象的信息特征，如特点、值、状态等。而方法（method）则是改变属性状态的各种操作。

对象之间的联系主要是通过传递消息（message）来实现的，而传递的方式是通过消息模式（message pattern）和方法所定义的操作过程来完成的。

对象可按其属性定义类（class）。类有一定的结构，类可以被继承，被继承的类被称为父类（superclass），继承类被称为子类（subclass）。对象或类之间的层次结构是靠继承关系维系的。

对象是一个被模块化了的实体，该过程称为封装（encapsulation）。这种封装了的对象满足软件工程的一切要求，而且可以直接被面向对象的程序设计语言（如Java、C++）所接受。

(二) 开发过程

面向对象方法的过程如下。

(1) 调查和分析系统需求：对系统将要面临的具体问题及用户对系统开发的需求进行调查研究，确定系统的目标。

(2) 分析问题和求解问题：在繁杂的问题域中抽象识别出对象及其行为、结构、属性、方法等。一般称之为面向对象的分析（OOA）。

(3) 整理问题和设计方案：对分析的结果作进一步的抽象、归类、整理，并最终以范式的形式将它们确定下来，提出解决问题的方案。一般称之为面向对象的设计（OOD）。

(4) 实现程序和开发软件：用面向对象的程序设计语言将上一步整理的范式直接映射（即直接用程序设计语言来取代）为应用软件。一般称之为面向对象的程序开发（OOP）。

(5) 面向对象方法的开发过程就是首先识别客观世界中的对象及行为，分别独立设计出各个对象的实体；然后是分析对象之间的联系和相互所传递的信息，由此构成信息系统的结构模型；接下来是由信息系统模型转换成软件系统模型；最终由软件系统模型转换成目标系统。

(三) 特点

面向对象方法的特点如下。

(1) 面向对象方法直接反映了人们对客观世界的认知模式。

(2) 在设计中容易与用户沟通。

(3) 抽象性。在面向对象方法中，从具有共同性质的实体中抽象出事物本质、特征、概念，定义“类”，对象是类的一个实例，使从应用设计到解决问题的方案更加抽象化，且具有极强的对应性和可拆分性。

(4) 封装性。在面向对象方法中，程序和数据封装在类中，对象作为一个实体，其操作隐藏在方法中，其状态由对象的“属性”来描述，并且只能通过对象中的“方法”来改变，外界无法直接接触对象的“属性”。封装性构成了面向对象方法的基础。

(5) 继承性。继承性是类特有的性质，类可以派生出子类，子类自动继承父类的属性与方法。这样，在定义子类时，只需要说明它不同于父类的特性，从而大大提高软件的可重用性，从而更容易改进、维护和扩充信息系统。

(四) 适用范围

面向对象方法是当今流行的开发方法，适用面很广。但是如果在大型管理信息系统开发中，不遵循由上至下的整体规划原则，而是一开始就自下向上地采用面向对象方法开发系统，会出现系统结构不合理、各部分关系失调等问题。因此面向对象方法和结构化方法在系统开发中是相互依存、不可替代的。

四、计算机辅助软件工程方法

计算机辅助软件工程方法是一种自动化或半自动化的方法，能够全面支持除系统调查外的每一个开发步骤。它使得原来由手工完成的开发过程转变为由自动化工具和支撑环境支持的自动化开发过程。

从严格的意义上说，计算机辅助软件工程只是一种开发环境而不是一种开发方法。它是 20 世纪 80 年代末从计算机辅助编程工具、第四代语言及绘图工具发展而来的。尽管 CASE 软件较多，但是并没有统一的模式和标准，只是为具体的开发方法提供了支持每一过程的专门工具。因此，采用计算机辅助软件工程工具进行系统开发，还必须结合某种具体的开发方法，如结构化系统开发方法、面向对象方法或原型化开发方法等。计算机辅助软件工程方法具有下列特点。

(1) 使客观对象到软件系统的映射问题得以解决，可支持系统开发的全过程。

(2) 使软件质量和软件重用性得到提高。

(3) 加快了软件开发速度。

(4) 使系统开发过程的管理和维护更加简单。

(5) 能够自动生成开发过程中的各种文档资料。

第三节 管理信息系统开发方法的发展趋势

面向对象方法无疑是今后发展的主要方向，先后出现了一系列的与之相适应的方法与工具。

1. 统一建模语言

统一建模语言(unified modeling language，UML)是第三代用来为面向对象的系统开发进行说明使其可视化和编制文档的建模语言。UML是软件界首次出现的统一的建模语言，也是进行面向对象分析与设计的，它取代了目前软件业众多的分析和设计方法成为一种标准。它不是一种可视化的程序设计语言，而是一种可视化的建模语言，是一种表示的标准。不是过程也不是方法，但允许任何一种过程和方法使用它。

UML的目标如下：①容易使用、表现能力强、可进行可视化建模；②跨平台，可应用于任何语言平台和工具平台；③与具体的过程无关，可应用于任何软件开发的过程；④简单并且可扩展，在保留核心概念的基础上可实现扩展；⑤为面向对象程序的设计与开发提供概念和标准；⑥结合最好的软件工程实践经验；⑦可升级换代，具有广阔的适用性和可用性；⑧能促进面对对象工具的市场成长。

2. 统一软件开发过程

统一软件开发过程(rational unified process，RUP)的优点如下：针对所有关键的开发活动提供了必要的准则、模板和工具指导，为全体成员提供相同的可共享的知识基础平台。从而提高开发团队的生产力。在迭代的开发过程、需求管理、可拆分的体系结构、可视化软件建模、验证软件质量及控制软件变更等方面有其优势。

RUP也存在一些不足之处：RUP只是一个开发过程，并没有涵盖软件过程的全部内容，如它缺少关于软件运行和支持等方面的内容；它不能支持多项目的开发，这使得其在一定程度上降低了在开发组织内大范围地重用的可能性。RUP还并不完善，在实际的应用中还需要对其进行改进，也可以用OPEN Proess和面向对象的软件过程(OOSP)等其他软件过程的相关内容对RUP进行补充和完善。

3. ROSE 工具

ROSE是美国Rational公司的面向对象建模工具。我们可以利用这个工具建立用UML描述的软件系统的模型，而且可以自动生成和维护用C++、Java、VB、Oracle等程序设计语言编写的系统代码。

第四节 本 章 小 结

管理信息系统的开发是一项面向企业管理的应用软件工程，如何使管理信息系统对企业来说更具有针对性，系统和程序更加标准化是管理信息系统开发的动力所在。

管理信息系统的开发主要采用“自下而上”和“自上而下”两种策略。

信息系统的开发方法可分为强调开发过程的组织、管理和控制的系统开发生命周期类、强调开发方法的驱动对象的方法论类、强调某种方法论技术的技术类和系统开发环境和工具研究类。

本章主要介绍了结构化系统分析与设计方法、原型法、面向对象方法和计算机辅助软件工程法，并分别对这些方法的基本思想、开发过程、特点和适用范围等方面进行了阐述。

[习 题]

一、单选题

1．管理信息系统的战略规划可以作为将来考核(　　)工作的标准。

A．系统分析　　B．系统设计

C．系统实施　　D．系统开发

2．管理信息系统战略规划的组织活动除了包括成立一个领导小组、进行人员培训外，还包括(　　)。

A．制定规划　　B．规定进度

C．研究资料　　D．明确问题

3．企业系统规划法的优点在于能保证(　　)独立于企业的组织机构。

A．信息系统　　B．数据类

C．管理功能　　D．系统规划

4．(　　)指的是企业管理中必要的、逻辑上相关的、为了完成某种管理功能的一组活动。

A．管理流程　　B．业务过程

C．系统规划　　D．开发方法

5．U/C 矩阵是用来进行(　　)的方法。

A．系统开发　　B．系统分析

C．子系统划分　D．系统规划

6．定义信息系统总体结构的目的是刻画未来信息系统的框架和相应的(　　)。

A．功能组　　B．开发方案

C．开发顺序　　D．数据类

7．结构化系统开发方法在开发策略上强调(　　)。

A．自上而下法　B．自下而上法

C．系统调查　D．系统设计

8．原型法贯彻的是(　　)的开发策略。

A．自上而下　B．自下而上

C．系统调查　D．系统设计

二、问答题

1．诺兰阶段模型把信息系统的成长过程划分为哪几个阶段?

2．诺兰阶段模型的实用意义何在?

3．“自下而上”和“自上而下”两种管理信息系统的开发策略各有何优缺点?

4．什么是企业流程重组?

5．制订管理信息系统战略规划时使用企业系统规划法主要解决什么问题?

6．结构化系统开发方法的优缺点是什么?

7．原型法优缺点是什么?

8．系统战略规划的作用和内容各是什么?

[习题解答]

一、单选题

1. D　2. B　3. A　4. B　5. C　6. D　7. A　8. B

二、问答题

(略)

HAPTER 5

第五章 管理信息系统的系统规划

[内容提要]

本章全面阐述信息系统发展的诺兰阶段模型和管理信息系统规划的内容、主要工作及管理信息系统规划的方法和技术。

[学习要点]

1. 了解诺兰阶段模型，认识组织所处的发展阶段，更好地指导系统规划工作；
2. 了解系统开发的策略及各种策略的特点和优缺点；
3. 充分认识系统规划在整个系统开发过程中的地位、作用和方法；
4. 企业系统规划法的步骤；
5. 可行性分析的理论、方法、作用及内容。

管理信息系统的系统规划通常又称为管理信息系统的战略计划，是依据企业资源状况、企业整体信息管理需求及当前技术环境，对企业总的信息系统从系统目标、系统战略、系统资源、总体功能结构、关键功能、信息需求和开发工作等方面作出的战略性安排，保证管理信息系统支持组织的长期战略，有效地开发和管理组织的各项资源，保证系统建设规范、有序、顺利地进行。系统规划是管理信息系统生命周期的第一个阶段，其主要目标是明确管理信息系统的发展方向、系统规模和开发计划。

第一节　管理信息系统规划概述

企业建设信息系统的目的是提高企业管理科学化规范化水平，最终提高其效率和竞争力，但是建设信息系统是一项投资大、周期长、风险大、复杂程度高的社会技术系统工程，这要求我们从战略高度上去考察信息系统的建设，对信息系统进行科学的总体规划和相应的可行性分析，有计划、有重点、有方法、可靠规范地开发整个系统和各子系统，最大限度地减少开发的盲目性，使系统具备良好的系统性和适应性。

一、管理信息系统规划的意义及作用

规划指全面的长远发展计划。管理信息系统规划是关于管理信息系统的长远发展计划，是企业战略规划的一个重要组成部分。系统规划是信息系统生命周期的第一阶段，其主要目标是明确组织管理信息系统建设的发展方向、系统规模和开发计划。

组织的信息系统建设具有持续性，是永不停歇的一个社会技术系统工程。科学的规划可以减少盲目性，使系统有良好的系统性、较高的适应性，使建设工作有良好的阶段性，以便以较少的投入，获得更大的产出。

现代企业用于信息系统的投资越来越多，规划不好不仅会造成管理信息系统开发工作的损失，而且会造成企业运行的间接损失。人们通常有一种认识，假如一个操作错误可能损失几万元，那么一个设计错误就能损失几十万元，一个计划的错误可能损失几百万元，而一个规划错误的损失则能达到千万元，甚至上亿元。因此必须把信息系统的规划摆到重要的战略位置上。

有的组织开发出的管理信息系统，或不适用，或适应性差、难于扩充。缺乏科学的规划是造成这种现象的原因之一。有些规模较大的项目，由于没有系统规划和科学论证，上马时轰轰烈烈，上马后困难重重、骑虎难下，不仅造成资金、人力的

巨大浪费，而且为今后的系统建设留下隐患。因此，系统规划是信息系统建设成功的关键因素之一。有数据表明，管理信息系统项目失败的原因70%左右是系统规划不当。

管理信息系统规划的作用主要体现在以下五个方面。

(1) 系统规划是系统开发工作的前提。管理信息系统开发是一项非常复杂的系统工程，涉及组织的多个管理层次和管理部门，各子系统除了完成相对独立的功能外，相互之间还需协调工作，管理信息系统规划能够从整体上把握管理信息系统的开发，使信息系统的各个组成部分之间能够相互协调。

(2) 系统规划是系统开发成功的保证。管理信息系统规划有利于集中全部资源优势，使人力、物力、时间的安排合理、有序，使其得到合理配置与使用，有利于保证系统开发的顺利进行和成功。

(3) 系统规划是系统开发的标准。系统开发、验收、评价都是以系统规划为标准的。

(4) 系统规划指明了系统开发的方向。管理信息系统规划明确规定了系统开发的目标、任务、方法和步骤，这是项目开发小组的每个成员需要遵循的内容，给系统开发指明了方向。

(5) 系统规划是管理科学化规范化的基础。管理信息系统规划过程中促使管理人员回顾过去的工作，发现可以改进的薄弱环节，有利于管理科学化、规范化的实现。

二、管理信息系统规划的任务、特点

(一) 系统规划的主要任务

系统规划是管理信息系统生命周期的第一个阶段，其主要目标是制订系统长期发展方案，主要包括以下四个方面的任务。

1. 制定信息系统的目标和发展战略

信息系统服务于企业管理，其发展战略必须与整个企业的战略目标协调一致。制定信息系统的发展战略，首先要调查分析企业的目标和发展战略，评价现行信息系统的功能、环境和应用状况。在此基础上确定信息系统的使命，制定信息系统的战略目标及相关政策。

2. 进行可行性分析

在对企业的现状，包括硬软件、人员、费用和当前系统的应用情况进行初步调查和分析的基础上，从技术、经济、管理、社会等几方面分析并论证系统开发的可行性。

3. 制订信息系统的总体方案并安排项目开发计划

在调查分析企业信息需求的基础上，提出信息系统的总体结构方案。根据发展战略和总体结构方案，确定系统和应用项目开发次序及时间安排。

4. 制定系统建设的资源分配计划

提出实现开发计划所需要的硬件、软件、技术人员、资金等资源，以及整个系统建设的概算。

(二) 系统规划的特点

系统规划阶段是概念系统形成的时期。目前系统规划的方法很多，都需要遵照系统工程的观点，采取结构化、阶段化、从上到下的管理控制。系统规划具有以下六个特点。

(1) 全局性。企业的战略目标是系统规划的出发点。系统规划从企业目标出发，分析企业管理的信息需求，逐步导出信息系统的战略目标和总体结构。因此，系统规划是面向全局、面向长远的关键问题，具有较强的不确定性，结构化程度较低。

(2) 高层次。系统规划是高层次的系统分析，高层管理人员是工作的主体，应整体上着眼于高层管理，兼顾各管理层的要求。

(3) 指导性。系统规划不宜过细。系统规划是为整个系统确定发展战略、总体结构和资源计划，而不是解决系统开发中的具体问题。它是给后续工作以指导，而不是代替后续工作。在系统规划阶段，系统结构着眼于子系统的划分，对数据的描述在于划分“数据类”，进一步的划分是后续工作的任务。

(4) 系统性。系统规划是企业规划的一部分，并随环境发展而变化。系统规划阶段是一个管理决策过程，它要应用现代信息技术有效地支持管理决策的总体方案。它又是管理与技术相结合的过程，规划人员对管理和技术发展的了解、开创精神、务实态度是系统规划成功的关键因素。

(5) 独立性。着眼于企业流程(过程)，独立于任何管理层和管理职责，以提高信息系统的应变能力。

(6) 经济性。系统规划应给后续工作提供指导，要便于实施。选择方案应追求实效，宜选择最经济、简单、易于实施的方案。技术手段强调实用，不片面追求采用最新的技术。

第二节　信息系统发展的阶段模型

管理信息系统的发展和演变过程有其内在的客观规律，信息系统发展阶段模型描述了信息系统发展的规律和特点，是信息系统规划需要遵循的基本原则。1973年，哈佛商学院的理查德·诺兰(Nolan)第一次提出了信息系统发展阶段的诺兰模型。1979年，诺兰教授修正和完善了诺兰模型，把信息系统的成长过程分为如图5-1所示的六个阶段，即初装阶段(initiation stage)、蔓延阶段(contagion stage)、控制阶段(control stage)、集成阶段(integration stage)、数据管理阶段(data administration stage)和成熟阶段(maturity stage)。

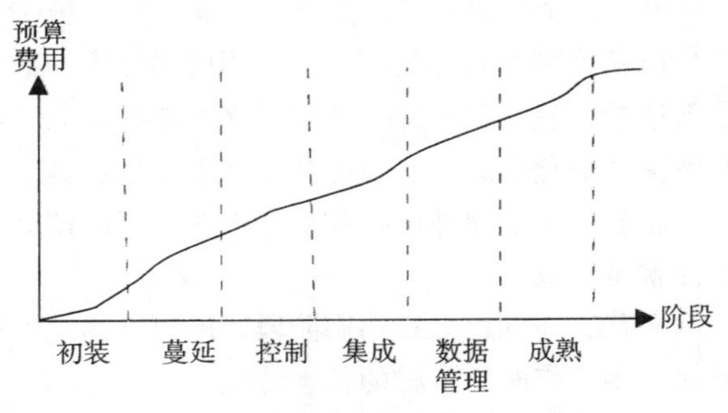

图5-1 诺兰模型阶段示意图

第一阶段——初装。初装阶段从组织购买第一台计算机并开发和使用应用程序开始。其特点如下：①经常出现在组织的工资管理、账务管理等领域；②这时，计算机在管理领域的作用被初步认识到，组织中的个别人或个别部门具有了使用计算机的能力。但是，组织对计算机的计划和控制是非常薄弱的，各应用系统之间、各部门之间基本上没有联系，整个组织缺乏信息系统规划。初装阶段的标志就是组织购买了第一台计算机，并初步开发出管理应用程序。

第二阶段——蔓延。随着个别部门或个别领域的计算机应用初见成效，信息系统应用从少数部门迅速扩散到其他部门，开发的大量的应用程序使单位的事务处理效率进一步提高。蔓延阶段的特点如下：①数据处理能力大幅度提高；②出现了许多急需解决的问题(如不同的应用程序之间的数据冗余、数据不一致性、难以有效共享等)；③组织在数据处理方面的投资急剧增长，对信息技术和信息系统人才的需要大幅度增加，但计算机使用效率不高。蔓延阶段的显著特点：在组织中，信息系统的应用一方面呈现出欣欣向荣的景象，另一方面潜伏的大量问题逐渐凸显出来。其标志是计算机的应用初见成效，管理应用程序从少数部门扩散到多数部门。

第三阶段——控制。在这一阶段，因为计算机的迅速增长超出了控制，预算费用高比重增长(每年以 30%以上的比重增长)，但投资回收却不理想。另外，人们对信息系统的认识逐渐深入，经验逐渐丰富，信息系统项目不断积累，客观上要求组织加强对信息系统的规划、协调和控制。这阶段的特点如下：①出现了由组织高层和职能部门负责人参加的信息系统规划领导小组，对整个组织的信息系统建设进行统筹规划和严格控制，信息系统应用的无序发展和膨胀得到了遏制；②诺兰认为，这个阶段是组织实现从以计算机管理为主到以数据管理为主转换的关键，发展比较缓慢，相对来说投资比较平缓；③采用了数据库技术解决数据共享问题。这个阶段的特征是组织开始以控制代替蔓延，以思考代替盲目膨胀，以规划代替无序。

第四阶段——集成。这个阶段的特点如下。①建立集中统一的数据库及其相应的信息系统。所谓集成就是在控制的基础上，采用网络技术、数据库技术等对子系统中的硬件进行重新连接，建立集中统一的数据库及能够充分利用和管理各种信息的系统，重点需要解决“信息孤岛”、数据共享、系统集成等问题。②预算费用迅速增长。由于需要重新装备大量硬件设备和软件系统，所以预算费用又一次迅速增长。这个阶段的特征就是集成。

由于 20 世纪 80 年代，美国尚处在第四阶段，所以，诺兰没能对后两个阶段进行详细的描述。但他描述了前两个阶段的基本特征。

第五阶段——数据管理。诺兰认为，集成之后组织会进入数据管理阶段。其特点如下：组织在信息系统领域的工作重点从部署信息系统向利用信息系统积累的大量业务数据转变。这个阶段需要解决的问题是：如何实现企业全方位的数据存储、检索、处理和维护等；充分共享和利用业务数据，从业务数据中发现以前未知的信息和知识以及利用这些业务数据改进业务工作等。这个阶段的显著特征就是数据管理和利用。

第六阶段——成熟。这个阶段的特点如下：①所形成的“成熟”的信息系统可以满足组织中高中低各个管理层次的信息需求；②信息系统的应用已经普及，组织可以真正实现信息资源的全面管理。这个阶段的特征就是形成了完善的信息系统。

诺兰阶段模型还指明了信息系统发展过程中的六种增长要素：①计算机硬件资源，从早期的磁带向分布式计算机发展；②应用方式，从批处理到联机方式发展；③计划控制，从短期、随机计划到长期、战略的计划；④管理信息系统在组织中的地位，从附属于别的部门发展到独立部门；⑤领导模式，从技术领导为主到高层管理者与管理信息系统部门共同制定发展战略；⑥用户意识，从作业管理级的业务用户发展到中、高层管理者用户的管理、控制和决策。

诺兰阶段模型总结了西方发达国家信息系统发展的经验和规律。无论是确定开发信息系统的策略，还是制订信息系统规划，都应首先明确组织当前处于哪一阶段，根据该阶段的特征来科学地规划和指导整个组织的信息系统建设工作。其主要启示如下：①信息系统建设是一项长期的、复杂的、投入高的社会化系统工程，其发展呈波浪式进程，它受各种综合条件的影响和制约，并不是一蹴而就的，而应遵循一定的客观规律；②信息系统是伴随着计算机技术的应用发展而实施的，其发展的各阶段是一个人类对其应用的认识逐步提高的过程，各阶段是不能逾越的，但我们可以尽可能地压缩蔓延和控制阶段的时间，对其规划和改造，使其按照正确的方向前进，并推动它从低层向高层发展；③我国是一个发展中国家，人口众多，资源还很紧缺，要在短时间内改变现有的管理信息系统的现状是不现实的，我们应该吸取别国的经验教训，避免盲从，少走弯路，根据自己国家、地区、单位的实际情况，规划出一套切实可行的信息系统建设方案来。

第三节　管理信息系统规划的步骤

管理信息系统的总体规划，可以分为以下步骤进行，如图 5-2 所示。

(1) 确定规划的基本问题，包括确定规划的年限、规划方法、规划方式(集中或分散)等。

(2) 收集信息，包括从各级主管部门、竞争者、本企业内部各职能部门，以及从各种文件、书籍和报刊中收集信息。

(3) 现状评价、识别计划约束，包括分析系统的目标、系统开发方法；对现行系统存在的设备、软件及其质量进行分析和评价；对系统的人员、资金、运行控制和采取的安全措施，以及各子系统在中期和长期开发计划中的优先顺序等进行计划和安排。

(4) 明确战略目标，由企业组织的领导和系统开发负责人，依据企业组织的整体目标来确定信息系统的目标，包括系统的服务质量和范围、人员、组织以及要采取的措施等。

(5) 准备规划矩阵，针对信息系统规划的内容，依据相互之间的关系组成矩阵。

(6) 识别各种活动，将上面列出的各项活动进行分析，分为一次性的工程项目活动和重复性的要经常进行的活动，并指出需优先进行的项目。由于受到资源的限制，各项活动和项目不可能同时进行，应该依据项目的重要性、风险的大小，以及效益的好坏等，正确选择工程类项目和日常性重复类项目的组成，并排出执行的先后次序。

(7) 确定优先权、估计项目成本人员要求。

(8) 提出实施进度计划。

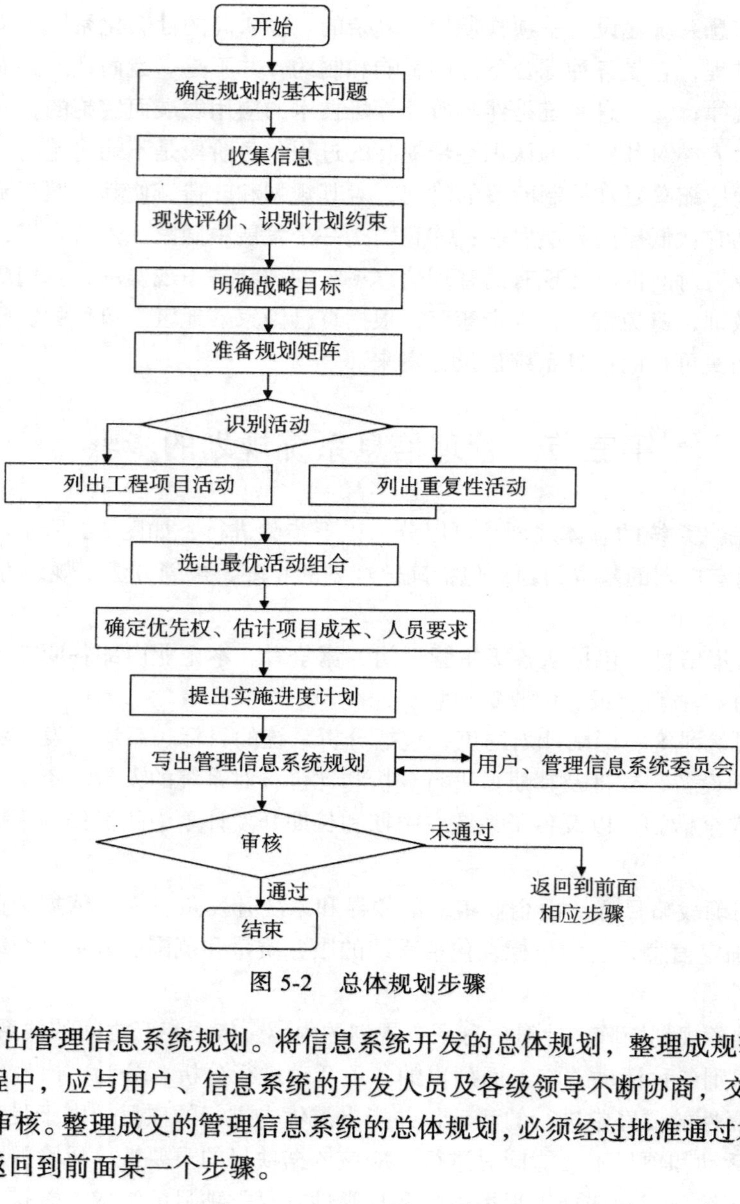

开始
确定规划的基本问题
收集信息
现状评价、识别计划约束
明确战略目标
准备规划矩阵
识别活动
列出工程项目活动
列出重复性活动
选出最优活动组合
确定优先权、估计项目成本、人员要求
提出实施进度计划
写出管理信息系统规划
用户、管理信息系统委员会
审核
未通过
返回到前面相应步骤
通过
结束

图 5-2　总体规划步骤

(9) 写出管理信息系统规划。将信息系统开发的总体规划，整理成规范的文档。在成文过程中，应与用户、信息系统的开发人员及各级领导不断协商，交换意见。

(10) 审核。整理成文的管理信息系统的总体规划，必须经过批准通过才能生效，否则只能返回到前面某一个步骤。

第四节　管理信息系统战略规划的主要方法

在管理信息系统开发中，可用于总体规划的方法很多，如关键成功因素法

(critical success factors, CSF)、战略目标集转化法(strategy set transformation, SST)、企业系统规划法、投资回收法(ROI)、征费法、企业信息分析与集成技术(BIAIT)等，本章重点介绍在实践中使用最多的前三种方法。战略规划涉及的时间长、内外因素多，不确定性问题突出。合理的战略规划更多地取决于规划人员的远见卓识，取决于他们对环境及其发展趋势的理解，方法只能起到辅助作用。

一、关键成功因素法

(一) 基本思想

关键成功因素法是一种重点问题突破法，即首先抓住影响系统成功的关键因素进行分析，确定企业组织的信息需求，这种方法于 1970 年由哈佛大学教授 Willian Zani 和麻省理工学院的 John Rockart 提出，是一种较早应用于管理信息系统开发规划的方法。

关键成功因素是指对组织的成功起关键作用的影响因素。决策信息往往就来自这些关键成功因素。关键成功因素法的基本思想：在现行系统中，总存在着多个变量影响系统目标的实现，其中若干个因素是关键的、主要的(即关键成功因素)。通过对关键成功因素的识别，找出实现目标所需的关键信息集合，从而确定系统开发的优先次序。

关键成功因素总是与那些能够确保企业生存和发展的方面和部门相关，不同组织的关键成功因素不同，在不同的业务活动和不同的时期，关键成功因素也会不同。问题的关键是，当我们制订管理信息系统规划时，都要明确弄清哪些影响因素是规划涉及期内最重要的。

如何确定关键成功因素，不同的企业方法不同。对于一个习惯于由高层人员个人决策的企业，主要由高层人员个人进行选择。对于习惯于群体决策的企业，可以用德尔斐法或其他方法把不同人设想的关键因素综合起来。关键成功因素法在高层应用，一般效果较好，因为每一个高层领导人员日常总在考虑什么是关键因素。对中层领导来说该方法一般不大适合，因为中层领导所面临的决策大多数是结构化的，其自由度较小，对他们最好应用其他方法。

关键成功因素法与企业战略规划密切相关，企业战略规划要描述企业期望的目标，关键成功因素法则提供了达到目标的关键和需要的测量标准。一个企业要想获得成功，就需要对关键成功因素进行认真和不断的选择和度量，并时刻注意这些因素之间的关系，以便进行动态的调整。

(二) 步骤

关键成功因素法的工作步骤如下。

(1) 了解企业组织的目标，需要遵循信息系统规划与组织目标的一致原则。

(2) 识别关键成功因素，包括子因素。

(3) 识别性能指标和标准。明确关键因素的性能和标准，分析信息需求，进行企业系统规划。

(4) 识别测量性能的数据，定义数据字典。关键成功因素法的起点是企业目标，通过对目标的分解和识别、关键成功因素识别、性能指标识别，最终产生数据字典。从建立数据库开始，逐步推进，直至细化到数据字典。

以上四个步骤，如图 5-3 所示。

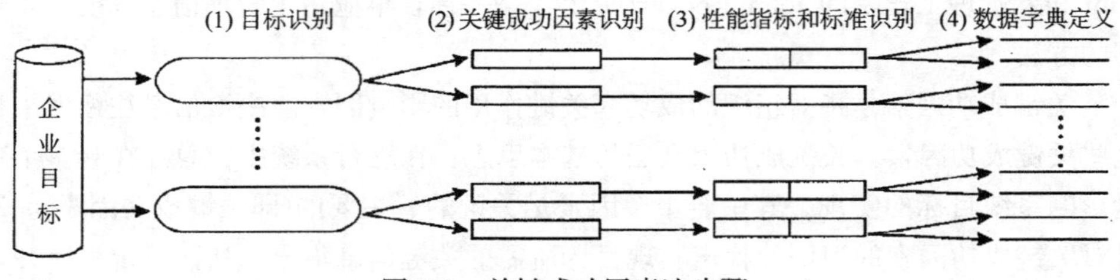

图 5-3　关键成功因素法步骤

(三) 工具

对关键成功因素的识别，是识别联系系统目标的主要数据类及其关系，常用工具为因果图(也称为鱼刺图、树枝图)。例如，某企业的目标是提高市场占有率，对于各种影响因素及子因素，可以用因果图(图 5-4)描述。

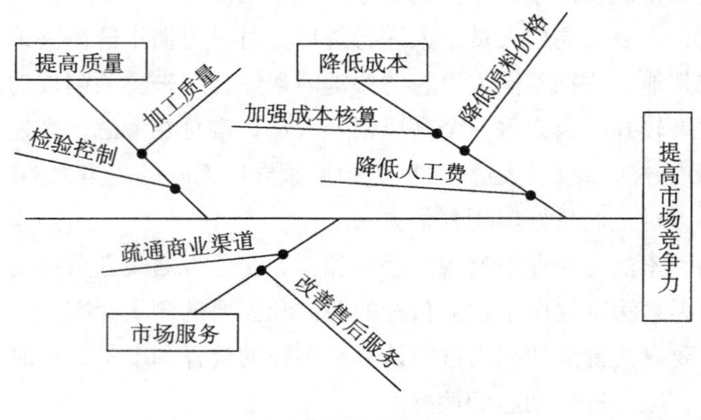

图 5-4　因果图

(四) 特点

关键成功因素法的初始目标是帮助高层管理者确定他们所需信息以进行有效的规划和控制。需要注意的是在运用关键成功因素法过程中自始至终要努力做到保持组织目标与信息系统规划的一致性。当关键成功因素解决后，又会出现新的关键成功因素，就必须再重新开发系统。

关键成功因素法的一个优点是使管理者可以决定自己的关键成功因素，并且为这些因素建立良好的衡量标准，确定需求信息及其类型，据此开发数据库，进而开发一个对管理者有意义的信息系统。所开发的系统具有很强的针对性，能够较快地取得收益。

关键成功因素法的主要局限是它只注重特定的管理者的信息需求，而不是整个组织的信息需求。

二、战略目标集转化法

战略目标集转化法是由 William King 于 1978 年提出来的，其基本思想是把整个战略目标看成是一个“信息集合”，由使命、目标、战略等组成，管理信息系统的规划过程，是把组织的战略目标转变为管理信息系统的战略目标的过程，见图 5-5。

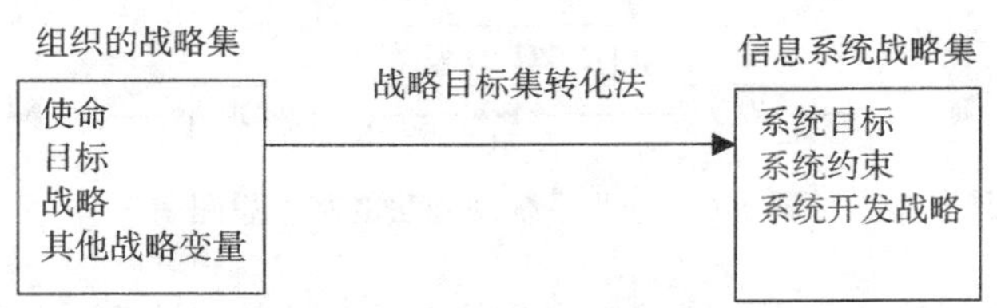

图 5-5 战略目标集转化法

战略目标集转化法分为两个工作步骤。

(1) 识别企业组织的战略集，在组织的战略集长期计划的基础上，进一步进行归纳描述。包括以下内容：描绘出企业组织中各类人员的结构，如经理、员工、供应商、客户、贷款人、政府代理人、竞争者等；识别上述每类人员的目标、使命和战略。当对企业组织的战略进行初步识别后，交给负责人进行审阅、修改。如果组织没有战略集合，就需要采取一定步骤构造战略集合。构造战略集合的步骤如下：描绘出各类人员；识别每类人员的目标；对于每类人员识别系统相应的使命及战略。

(2) 将企业组织的战略集转化为管理信息系统的战略集。①将企业组织的目标、约束、设计原则转化为管理信息系统的目标、约束；②根据信息系统目标和约束提出信息系统战略；③提出一个完整的管理信息系统结构，把这个结构交给企业负责

人审核。

三、企业系统规划法

企业系统规划法是一种全面调查法，是由 IBM 于 20 世纪 70 年代初提出来的，是一种企业组织内部系统开发的方法。企业系统规划法是从企业目标入手，逐步将企业目标转化为管理信息系统的目标和结构，从而更好地支持企业目标的实现的一种战略规划方法。企业系统规划法的基本思路是：信息支持企业运行，自上而下地识别系统目标、企业过程和数据，然后对数据进行分析，自下而上地设计管理信息系统，如图 5-6 所示。

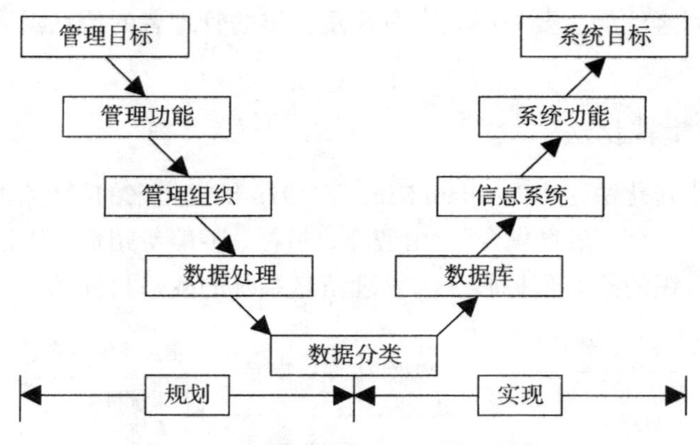

图 5-6　企业系统规划法的基本思路

企业系统规划法的作用：①确定未来信息系统的总体结构，明确系统的子系统组成和开发子系统的先后顺序；②对数据进行统一规划、管理和控制，明确各子系统之间的数据交换关系，保证信息的一致性。

企业系统规划法的主要优点是：把企业目标转为管理信息系统战略的全过程，管理信息系统支持企业目标的实现；该方法所支持的目标是企业的各层次目标，表达所有管理层次的要求；向企业提供一致性信息，保证管理信息系统独立于企业的组织机构，对组织机构的变动具有适应性。

企业系统规划法的工作过程，可以归纳为四个阶段：准备阶段、系统分析阶段、系统设计阶段、文档整理阶段，如图 5-7 所示。

(一) 准备阶段

总体规划涉及中高层管理层次，需要与多个管理部门接触，比较困难、复杂。“凡

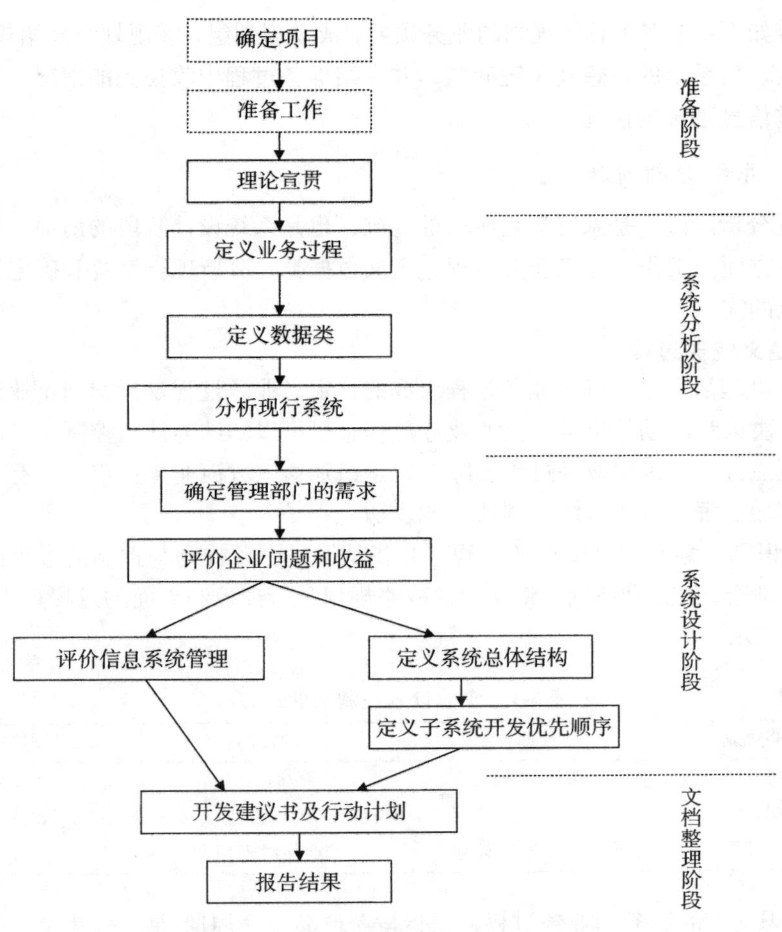

图 5-7 企业系统规划法的工作过程

事预则立不预则废”，总体规划的成功，很大程度上取决于管理部门对其的支持和对规划团队的信任。规划的准备阶段的工作至关重要。准备阶段主要进行规划的前期工作包括三个方面。①确定项目。在系统项目得到上级领导或主管部门批准后，下达任务，明确总体规划的范围及系统开发的目标，着手成立系统开发的组织。②初步调查。做好初步调查计划、调查对象、调查大纲和调查表等准备工作。③理论宣贯。开动员会，这实际上是总体规划工作的开始，是很重要的一步。总体规划所涉及的单位负责人都应出席动员会，由最高层的领导开会动员。由项目负责人介绍企业组织的现状、组织机构、决策过程、用户对现行系统的看法和对新系统的期望，统一明确对系统开发的问题和要求，向管理人员灌输总体规划的基本思想和效益。

主要内容如下：①宣布总体规划的业务领导，成立规划组；②规划组介绍规划范围、工作进度、新系统的设想及关键问题，并介绍准备过程中收集到的情况，如国内外同类先进信息系统的情况。

(二) 系统分析阶段

系统分析阶段，是系统规划阶段的基础，也是系统设计阶段的前提。主要包括以下四个方面的工作：定义业务过程、定义数据类、分析现行系统和确定管理部门对新系统的需求。

1. 定义业务过程

企业管理活动是由许多业务过程组成的，定义业务过程是指识别企业逻辑上相关的一组决策和活动的集合。企业业务过程一般可以归纳为计划控制、产品服务、支持资源三方面。识别业务过程实际上就是识别这三方面业务过程，只有对业务过程有透彻的了解，企业系统规划法才能成功。

(1) 识别计划与控制的企业过程，是指从第一个源计划与控制的过程出发，经过分析、讨论、研究和磋商，将企业的战略规划和管理控制方面的过程列成一个表，如表 5-1 所示。

表 5-1　企业计划控制的业务过程

战略规划	管理控制	战略规划	管理控制
经济预测	市场/产品控制	放弃/追求分析	运行计划
组织计划	工作资金计划	预测管理	预算
政策开发	职工素质计划	产品线模型	

(2) 识别产品服务的业务过程，是指按照产品生命周期(要求、获得、服务、退出)的每个阶段，列出产品服务过程，经过业务流程重组进一步识别、合并、调整或者优化，使之趋于合理，这些过程也列成表格的形式，如表 5-2 所示。

表 5-2　产品服务的业务过程

要　求	获　得	服　务	退　出
市场计划	工程研发	库存控制	产品销售
市场调研	产品说明	产品接受	订货服务
市场预测	工程记录	质量控制	物流
产品定价	生产调度	包装入库	物流管理
原料需求	生产运行		
能力计划	原料购买		

(3) 识别支持资源的业务过程。该过程类似于产品和服务，即按照资源的生命周期，列出企业全部资源的过程，一般来说企业资源包括资金、人力、材料和设备等，如表 5-3 所示。同样需要对识别出的过程进行合并、调整或者优化，使之趋于合理。

表 5-3 支持资源的企业过程

资 源	生命周期			
	要 求	获 得	服 务	退 出
人 力	人事计划、工资管理	招聘、转业	补充和收益	终止合同、退休
资 金	财务控制、成本控制	资金获得、接收	公文管理、银行账、会计总账	会计支付
材 料	生产需求	采购、接收	库存控制	订货控制、物流
设 备	主设备计划	设备购买、建设、管理	机器维修、家具、附属物	设备报废

业务过程的识别，是企业系统规划法的核心和关键。通过对企业过程的识别，可以对企业组织如何完成目标加深了解，为进行信息识别奠定基础。这个过程的输出有以下文件：①过程组及过程表；②过程的简要说明；③关键过程的列表；④产品服务过程的流程图；⑤系统组成员能够很好地了解整个企业的运营是如何管理和控制的。

2. 定义数据类

定义数据类是指识别能够激发企业管理工作活动所需求数据。其目的是了解企业当前的数据状况和数据要求，查明数据共享的关系，并建立数据过程矩阵，为设计信息系统的体系结构提供依据。识别企业数据的方法有两种：企业实体法和企业过程法。

(1) 企业实体法。用企业数据/实体矩阵来表示，实体有产品、客户、设备等真实存在的事物，实体列于水平方向，一般来说要列出 7~15 个实体，在垂直方向列出数据类，如表 5-4 所示。

表 5-4 企业数据/实体矩阵

数据	实体						
	产品	客户	设备	材料	供应商	资金	人力
计划	产品计划	市场计划	能力计划、设备计划	材料需求、生产调度	采购计划	预算	人员计划
统计	产品需求	销售历史	设备利用	需求	行为	财务统计	生产率
库存	产品、零件	客户	设备负荷	成本、材料单	供应商	会计总账	工资、 技术
业务	订货	物流	生产	采购、 订货	材料接收	接收、支付	工作

(2) 企业过程法。利用以前识别的企业过程，分析每一个过程的输入和输出数据，如图 5-8 所示。

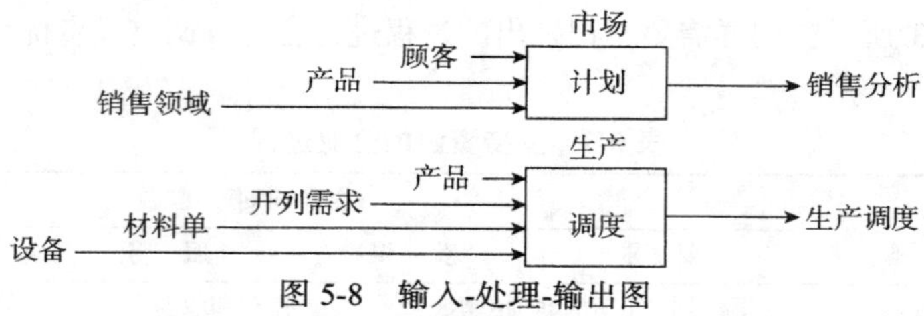

图 5-8　输入-处理-输出图

3. 分析现行系统

分析现行系统是指对现行系统在开发新系统中能够提供的支持条件进行调查分析，如领导支持程度、管理工作基础、人员技术水平、设备和资金等资源情况。这主要用几个矩阵来表示。①组织/过程矩阵。水平方向列出各种过程，垂直方向列出各种组织，在对应的矩阵元中用符号表示出组织与过程之间的各种关系；②系统过程矩阵，表示系统与过程之间的关系；③系统数据矩阵，表示系统与数据类之间的关系。分析目的是确定管理部门对新系统的需求。

4. 确定管理部门对新系统的需求

一般采用访谈法来进行，需要事先准备访谈提纲，按照规划进行访谈和分析总结，用问题/过程矩阵进行表示。

(三) 系统设计阶段

在系统设计阶段，其主要任务是定义系统的总体结构及确定子系统开发优先顺序，实际上是划分子系统。其主要方法如下：功能/数据分析法，这是 IBM 于 20 世纪 70 年代初在企业系统规划法中提出的一种系统化的基于“子系统划分应相互独立，而且内部凝聚性高”原则的一个聚类分析法，通过 U/C 矩阵实现。

U/C 矩阵是一个二维矩阵，U(Use)代表“使用”，C(Create)代表“创建”。U/C 矩阵的求解过程通过表上作业来完成，通过调换表中行或列，使得“C”元素尽量靠近对角线。运用U/C矩阵定义系统的总体结构及确定子系统开发优先顺序的步骤如下所示。

1. 建立 U/C 矩阵

要建立一个 U/C 矩阵对于一个实际的组织来说不是一件容易的事情。从理论上说要建立 U/C 矩阵首先要进行系统化、自顶向下地划分，然后逐个定义过程(功能)和数据类，最后填上功能/数据之间的关系。“功能类”主要是指逻辑相关并能够完成管理功能的活动如经营计划、库存控制、调度等；“数据类”是指支持上述活动的相关数据，通常是围绕活动的输入和输出形成的数据类，如计划、材料表等，如表 5-5 所示。

表 5-5　U/C 矩阵

功能	数据类																					
	生产计划	供应商	购买订单	材料库存	生产订单	设备	车间和场地	设备状况	产品	供应商	原材料	购买单	产品库存	产品物流	促销	客户	总账户	订单	应收账款	应付账款	员工信息	员工绩效
材料需求	U	C	C	U							U									U		
生产计划	*U*					U		U	U												U	U
材料库存			U	C	U						U											
产品库存					U				U			U	C	U								
能力计划	U			U	C	U		U	U		U										U	U
设备处理						C	C															
设备管理							U															
设备维修	U					U		C														U
批发管理									U						U	C		U				
产品研发						U			C		C											
制成品采购									U	C		C								U		
产品物流							U						U	C				U				
广告促销									U				U		C		U					
订单管理									U				U	U		U		C	U			
现金收入														U		U			C			
现金支付		*C*	U							U		U		U						C	U	U
产品利润				U	U				*C*		U			U			U				U	U
账户管理				U									U				C		U	U		U
人员基本管理																					U	C
人员录用考核																					C	U

2. 填上 U 或 C

沿着数据类寻找其产生的过程(功能)，在交叉处画“C”，在使用数据类的地方画“U”。

3. 正确性检验

建立 U/C 矩阵后一定要根据“数据守恒”原则进行正确性检验，以确保系统功能数据项划分和所建 U/C 矩阵的正确性。它可以指出我们前段工作的不足和疏漏，或是划分不合理的地方，及时地督促我们加以改正。具体说来 U/C 矩阵的正确性检验可以从如下三个方面进行(对比表 5-5 和表 5-6)。

(1) 完备性(completeness)检验。具体的数据项(或类)必须有一个产生者(即“C”)和至少一个使用者(即“U”)，功能则必须有产生或使用(“C”或“U”元素)发生。

表 5-6　U/C 矩阵的正确性检验

功能	数据类																					
	生产计划	供应商	购买订单	材料库存	生产订单	设备	车间和场地	设备状况	产品	供应商	原材料	购买单	产品库存	产品物流	促销	客户	总账户	订单	应收账款	应付账款	员工信息	员工绩效
材料需求	U	C	C	U							U									U		
生产计划	*C*					U		U	U												U	U
材料库存			U	C	U						U											
产品库存					U				U			U	C	U								
能力计划	U			U	C	U		U	U		U										U	U
设备处理						C	C															
设备管理							U															
设备维修	U					U		C														U
批发管理									U						U	C		U				
产品研发						U			C		C											
制成品采购									U	C		C								U		
产品物流							U						U	C				U				
广告促销									U				U		C		U					
订单管理									U				U	U		U		C	U			
现金收入														U		U			C			
现金支付		*U*	U							U		U		U						C	U	U
产品利润				U	U				*U*		U			U			U				U	U
账户管理				U									U				C		U	U		U
人员基本管理																					U	C
人员录用考核																					C	U

否则，这个 U/C 矩阵的建立是不完备的，可能是数据收集时有错，如生产计划数据类没有“C”。

(2) 一致性(uniformity)检验，是指对具体的数据项(或类)必有且仅有一个产生者(“C”)。如果有多个产生者的情况出现，则产生了不一致性的现象，其结果将会给后续开发工作带来混乱。这有两种可能性：其一，数据汇总有错，误将其他几处引用数据的地方认为是数据源；其二，数据栏是一大类数据的总称，如果是这样应将其细化。每一列至少有一个“U”，如果没有“U”，则一定是调查数据或建立 U/C 矩阵时有误，如产品类有两个“C”。

(3) 无冗余性(non-verbosity)检验，即表中不允许有空行空列。如果有空行或空列，则可能是下列两种情况：①数据项或业务过程的划分是多余的；②在调查或建

U/C 矩阵过程中漏掉了它们之间的数据联系。

4. U/C 矩阵的求解

U/C 矩阵的求解是对系统结构划分的优化过程。它是基于子系统划分应相互独立，而且内部凝聚性高这一原则而进行的一种聚类操作。其具体做法是使表中的“C”元素尽量地靠近 U/C 矩阵的对角线，然后再以“C”元素为标准，划分子系统以使子系统的独立性和凝聚性都是较好的。

U/C 矩阵的求解过程是通过表上作业来完成的。其具体操作方法是调换表中的行变量或列变量，使得“C”元素尽量地朝对角线靠近。注意：这里只能是尽量朝对角线靠近，但不可能全在对角线上，如表 5-7 所示。

表 5-7 表上移动作业

功能	数据类																					
	生产计划	供应商	购买订单	材料库存	生产订单	设备	车间和场地	设备状况	产品	原材料	供应商	购买单	产品库存	产品物流	促销	客户	订单	应收账款	总账户	应付账款	员工信息	员工绩效
生产计划	C					U		U	U												U	U
材料需求	U	C	C	U						U										U		
材料库存			U	C	U					U												
能力计划	U			U	C	U		U	U	U											U	U
设备处理						C	C															
设备维修	U					U		C														U
设备管理							U															
产品研发						U			C	C												
制成品采购									U		C	C								U		
产品库存					U				U			U	C	U								
产品物流							U						U	C			U					
广告促销									U				U		C				U			
批发管理									U						U	C	U					
订单管理									U				U	U		U	C	U				
现金收入														U		U		C				
产品利润				U	U				U	U				U					U		U	U
账户管理				U									U					U	C	U		U
现金支付		U	U								U	U		U						C	U	U
人员录用考核																					C	U
人员基本管理																					U	C

5. 划分逻辑功能模块

在求解后的 U/C 矩阵中沿着对角线划分模块，将“C”和与之紧密联系的“U”画在一个框中，这些框便构成了系统的功能模块。在模块划分过程中，必须把所有的“C”都包括在内，如表 5-8 所示。划分时应注意：①沿对角线一个接一个地画，既不能重叠，又不能漏掉任何一个数据和功能；②方框的划分是任意的，但必须将所有的“C”元素都包含在方框之内。划分后的方框即为今后新系统划分的基础。注意：对同一个调整出来的结果，方框的划分不是唯一的，要根据实际情况及分析者个人的工作经验和习惯来确定。

表 5-8 子系统划分

功能	数据类																					
	生产计划	供应商	购买订单	材料库存	生产订单	设备	车间和场地	设备状况	产品	原材料	供应商	购买单	产品库存	产品物流	促销	客户	订单	应收账款	总账户	应付账款	员工信息	员工绩效
生产计划	C					U		U	U												U	U
材料需求	U	C	C	U						U										U		
材料库存			U	C	U					U												
能力计划	U			U	C	U		U	U	U											U	U
设备处理						C	C															
设备维修	U					U		C														U
设备管理							U															
产品研发						U			C	C												
制成品采购									U		C	C								U		
产品库存					U				U			U	C	U								
产品物流							U						U	C			U					
广告促销									U				U		C				U			
批发管理									U						U	C	U					
订单管理									U				U	U		U	C	U				
现金收入														U		U		C				
产品利润				U	U				U	U				U					U		U	U
账户管理				U									U					U	C	U		U
现金支付		U	U								U	U		U						C	U	U
人员录用考核																					C	U
人员基本管理																					U	C

一般说来 U/C 矩阵的主要功能有如下四点：①通过对 U/C 矩阵的正确性检验，及时发现前段分析和调查工作的疏漏和错误；②通过对 U/C 矩阵的正确性检验来分析数据的正确性和完整性；③通过对 U/C 矩阵的求解过程划分子系统；④通过子系统之间的联系可以确定子系统之间的共享数据。一般来说，模块的划分不是唯一的，子系统划分之后，留在方框(子系统)外还有若干个“U”元素，这就是今后子系统之间的数据联系，即共享的数据资源。

6. 数据资源分布

在对系统进行划分并确定了子系统以后，从表 5-8 中可以看出，所有数据的使用关系都被方框分隔成了两类：一类在方框以内；一类在方框以外。在方框以内所产生和使用的数据，今后主要放在本子系统的计算机设备上处理，在方框以外的数据联系(即图中方框以外的“U”)，则表示了各子系统之间的数据联系，这些数据资源今后应考虑放在网络服务器上供各子系统共享或通过网络使各子系统相互传递数据。

(四) 文档整理阶段

文档整理阶段，主要是指将以上各阶段的工作进行总结和归纳，形成相应文档资料，主要包括信息系统开发的建议书、可行性分析报告、开发计划方面的文档，文档经过有关领导和部门审批后，就可以进行下一阶段，即系统分析阶段的工作。

四、系统规划方法的比较分析

关键成功因素法的特点是：①目标识别从重要需求引发规划，突出重点，最有利于确定企业的管理目标；②高层管理人员很熟悉，采用这种方法，管理人员乐于支持配合。其缺点是：①容易忽视次要问题；②受到成功因素分析结果的制约。

战略目标集转化法从另一个角度去识别企业组织的管理目标，清楚地反映了各类人员的要求，从组织的各类人员角度识别组织管理目标，最后将企业的战略目标转化为管理信息系统的战略目标。其特点如下：①反映各类人员的要求；②由人员需求引出信息系统目标；③目标比较全面，较少疏漏。缺点是重点不突出。

企业系统规划法通过识别企业“过程”引出了系统目标，企业目标到系统目标的转化是通过企业过程/数据类等矩阵的分析得到的。企业系统规划法也首先强调目标，但没有明显的目标导引过程。企业系统规划法最大优点是强大的数据结构规划，规范全面地展示了组织状况、系统和数据应用情况及其差距。其缺点是成本高、耗时长、数据分析复杂且难度大。比较适用于刚启动或将产生重大变化的组织。

综合法(CSB)把关键成功因素法、战略目标集转化法和企业系统规划法三种方法综合起来使用，首先用关键成功因素法确定企业目标，然后采用战略目标集转化法补充完善企业目标，并将企业目标转化为信息系统的目标，最后使用企业系统规划法对两个目标进行校正，并且确定信息系统的总体结构。综合法弥补了单个方法的不足，但过于复杂，失去了灵活性。迄今为止，管理信息系统规划尚未有十全十美的方法，这主要是由于系统规划本身是非结构性问题，也许永远也找不到唯一正确答案，所以，在系统规划时不能完全照搬这些方法，而应具体情况具体分析，汲取这些方法的思想，加以灵活运用。

第五节　管理信息系统规划的组织和管理

一、第一把手原则

管理信息系统总体规划不仅要对其各项规划内容作出回答，同时还要对规划中所提出的各种互相关联因素作出规划。为了实现规划目标，首先必须组织一支在最高层管理者的倡导、支持下的强有力的规划队伍。这个队伍要在最高层管理者的直接领导下，由负责全面规划工作的"信息资源规划者"和规划"核心小组"所组成。在这里需要着重强调的是，最高层管理者必须自始至终地参与全部的规划工作。考察自顶向下规划的历史会发现，是否有最高层管理者的参与，决定了规划工作的成败。总之，高层管理者参与规划工作是确保信息资源开发利用成功的关键。其原因综合起来有以下六个方面。

(1) 高层管理者最了解各项战略决策中的信息需求，单靠一个规划组来规划这种来自高层的信息资源是不合理的，因为他们很难理解高层管理者及各层管理人员的看法和信息需求，所以高层管理者必须亲自参与规划，了解规划的内容，把握规划方向。

(2) 规划中出现了争议和问题时，只有高层管理者出面才能得以解决。有时，规划组精心制订的规划常因高层管理者的动摇而失败，规划中会出现一些有争议的问题，严重时可能会有不同派别的反对，这些问题只有高层管理者明确地坚信未来的发展方向，签字批准规划中的各项内容才能得到解决。

(3) 规划中经常会发现，一些弊病导致管理机构的调整，其调整的最终决策权在高层管理者。采用正确的规划方法所进行的自顶向下的规划能揭示出系统内组织机构和管理方面的一些弊病，以及浪费和低效现象，在许多情况下分析规划工作会导致系统内处理过程的重新组织和管理机构的重新调整，调整工作只有得到高层管理者的认可才能付诸实施。

(4) 信息系统的开发效率是至关重要的。为了避免信息资源开发上的浪费，必须有一个自顶向下的全局范围的信息结构，这种信息结构必须得到高层管理者的确认。在分散开发阶段，冗余的、未经协调的信息系统开发，以及大量的维护和转换活动所造成的信息资源开发上的浪费是惊人的。为了减少这种浪费，必须站在整体高度，制定出全局的信息结构，并以此为基础指导总体下的各层子系统的开发工作。

(5) 总体规划需要对下一步各项子系统的开发提出优先顺序，并作出开发预算，这些内容也必须由高层管理者作出最后的决策。

(6) 总体规划往往要进行关于系统内数据项定义的标准化工作，在数据项定义过程中经常会出现一些问题必须由高层管理者负责协调解决。由此可见，总体规划必须在高层管理者的直接参与并管理下进行。规划的组织则依据不同的规划范围有着不同的形式。

二、成立规划领导小组

组织内的信息系统总体规划工作需要成立一个责权明确的工作班子。这个班子在组织的最高层管理者的直接管理下，由一名负责全面规划工作的信息资源规划者和一个核心小组组成，并通过一批用户分析员和广大的最终用户相联系。核心小组和用户分析员应该是脱产地从事总体规划工作，而广大的最终用户则是临时性或短期地参与规划工作。

在总体规划组中，首先必须由一名掌握规划技术并具有丰富的实际工作经验的人全面负责管理与组织工作，这就是信息资源规划员。外请顾问应该是信息系统开发方面的专家，他必须能提供一套成熟的、得到验证的科学方法。由于外请顾问不会受到本公司过去历史的限制和影响，所以，他们能很好地解决这类问题。当然，把全部的规划工作都交给外请顾问处理是不合适的，总体规划工作的管理者必须由本组织的人员来担任，并且要经过严格的培训，以便能自如地掌握规划工作所采用的技术和方法。

全部规划工作应由强有力的核心小组来完成。核心小组成员由高层管理人员与数据处理人员(大约四五人) 组成，具体包括组织内的业务负责人、财务培训人、数据处理负责人、系统分析负责人等。核心小组成员应由外请顾问进行培训和指导，以便正确行使他们的权力。

信息系统的最终用户是指那些直接使用计算机信息系统的各层管理人员，包括最高层、管理人员、中层管理人员和基层管理人员。要从这些人员中抽出一部分人在总体规划期间代表所在的部门参加工作，成为用户分析员。用户分析员的人数应该适合组织的规模，并能覆盖全部业务范围。用户分析员既是规划工作的具体参加者，又是核心小组与广大管理人员的联系者，因此应注意选择有经验的素质较好的人员，否则将影响所在部门的分析规划工作，也影响全局工作。用户分析员要经过培训，学会总体规划方法，并具体负责本部门的规划工作。

不论核心小组还是用户分析员，都必须保证在半年内持续参加实际工作，绝对不要任何徒有虚名的人员。另外，总体规划成功的关键在于组织内最高层管理者的全力支持和高层管理人员的亲自参加。如果高层管理班子内部意见不一致，或者没有高层管理人员参加实际工作，只由一些中低层管理人员或外请顾问来搞总体规划，是注定要失败的。

三、人员培训

系统规划以及企业信息化的理论、方法和技术，全部参加人员不一定都能掌握，因此，对各层次管理人员、用户、分析人员及系统规划领导小组的其他成员进行培训是至关重要的。

四、进度计划

系统规划工作也需要一个大体上的时间安排，需要制订一个进度计划，避免过分拖延造成其后工作的延误或被迫中止。

五、制订战略规划的具体步骤

总体规划的步骤一般如下：①确定总体规划的性质，明确管理信息系统总体规划的年限及具体的方法；②收集相关信息；③进行总体战略分析；④定义约束条件；⑤明确规划目标；⑥提出未来的战略规划略图，给出管理信息系统的初步框架；⑦选择开发方案，提出实施进度；⑧通过评审。

六、文档管理

系统规划阶段的文档一般有系统立项报告、可行性分析报告、开发计划书等。

第六节　可行性分析

系统规划之后，如果需要开发信息系统，就需要研究分析系统开发的必要性和可行性，可行性分析首先从系统初步调查开始，然后从技术、经济和管理等方面论证系统开发的可行性及其方案并提交可行性分析报告。

一、可行性分析的目的与任务

在决定开发管理信息系统应用项目之前，首先要作好系统开发的可行性分析。所谓可行性分析是指在当前组织内外的具体环境和现有条件下，分析投资项目的研制工作是否具备必要的资源及其他条件。可行性分析的目的(GB8567—88)是：说明在技术、经济和社会条件方面实现该软件开发项目的可行性；评述为了合理地达到开发目标而可能选择的各种方案；说明并论证所选定的方案。在项目规模比较小时可与“项目开发计划”合并。

可行性分析的任务是了解客户的要求及现实环境，从技术、经济和社会因素三方面研究并论证本软件项目开发的可行性，编写可行性分析报告，制定初步的项目开发计划。建设管理信息系统的必要性取决于需求的迫切性和实现的可行性。可行性并不等于可能性，它还包括必要性，如果领导或管理人员对信息的需求并不迫切，或各方面的条件不具备，就不具备可行性。

二、系统初步调查

可行性分析应当建立在初步调查的基础上，调查内容包括四个方面。

(1) 系统的基本情况，包括它的外部约束环境、规模、历史、管理目标、主要业务、当前面临的主要问题等。

(2) 系统中信息处理的概况，包括现有信息系统的组织机构、基本工作方式、工作效率、可靠性、人员素质和技术手段。

(3) 系统的资源情况，包括技术力量和能投入的人力和物力资源。

(4) 系统各类人员对信息系统的态度，包括领导和有关管理业务人员对现行信息系统的看法，对新系统建设的支持和关心程度等。

三、可行性分析的内容

(一) 可行性分析包括的内容

1. 经济可行性

经济可行性主要是对项目的经济效益进行评价。一方面是支出的费用，其中包括设备购置费、软件开发费、管理和维护费、人员工资和培训费等；另一方面是取得的收益，其中有一部分可以用钱来衡量，如加强库存管理后，加快流动资金周转，减少资金积压等，收益的另一部分难以用钱表示，如比原系统提供更多的信息，缩短取得信息的时间等。

2. 技术上的可行性

技术上的可行性分析要考虑将来采用的硬件和软件技术能否满足用户提出的要求(如计算机容量、速度等)。此外，还要考虑开发人员的水平。信息系统是一种知识密集型行业，对技术要求较高，如果没有足够的技术力量，或单纯依靠外部力量开发系统，是很难成功的。

3. 管理上的可行性

管理上的可行性主要是考察管理人员对开发信息系统的态度和管理方面的基础工作。主要领导不支持的项目肯定不可行。如果高中层管理人员抵触情绪很大，就有必要等一等，积极做工作，创造成熟的条件。管理基础工作好坏主要表现在管理制度和方法是否科学、规章制度是否齐全以及原始数据是否正确等方面。

(二) 可行性分析的步骤

可行性分析的步骤如下。

(1) 对现实系统进行初步调查。

(2) 编写用户需求书面材料。

(3) 对所开发系统进行可行性分析。

(4) 写出可行性分析报告。

(5) 评审和审批可行性分析报告。

(6) 若项目可行，则制订初步项目开发计划，并签署合同。

(三) 可行性分析结论

可行性分析要从经济、技术、管理三方面，分析在现在的资源及其他条件下，系统目标是否可以达到，是否有必要作出结论。根据以上分析，对提出的信息系统研制工作作出是否可行的结论。结论一般有五种情形：①条件具备，可立即开发；②时机不成熟，需要增加资源才能进行开发(如增加投资、增加人力、延长开发时间等)；③需要推迟，直到某些条件具备之后，才能进行开发(如管理工作的改进、组织机构的调整等)；④目标太低或太高，需要对目标进行某些修改后才能进行开发；⑤不能或没有必要进行开发(如经济上不合算、技术条件不成熟等)。

四、可行性分析报告

进行可行性调查之后，要将调查和可行性分析结果编写成可行性分析报告，交上级审核。在可行性分析报告中，要说明待开发的信息系统项目在技术上、经济上和管理上的可行性，评述为了合理地达到开发目标可供选择的各种可能实施的方案，说明并论证所选定实施方案的理由。

(一) 可行性分析报告的内容

可行性分析报告主要包括以下内容：①概述；②新系统的目标、要求和约束；③可行性分析的基本准则；④现行系统描述及现行系统存在的主要问题；⑤新系统对现行系统的影响；⑥投资和效益分析；⑦其他可选方案及与国内外同类方案的比较；⑧有关建议。

(二) 可行性分析报告模板

信息系统项目可行性分析报告的模板(GB8567—88)如下。

1 引言

1.1 编写目的：阐明编写可行性研究报告的目的，提出读者对象。

1.2 项目背景：应包括

- 所建议开发软件的名称
- 项目的任务提出者、开发者、用户及实现软件的单位
- 项目与其它软件或其它系统的关系

1.3 定义：列出文档中用到的专门术语的定义和缩写词的原文。

1.4 参考资料：列出有关资料的作者、标题、编号、发表日期、出版单位或资料来源，可包括

- 项目经核准的计划任务书、合同或上级机关的批文
- 与项目有关的已发表的资料
- 文档中所引用的资料，所采用的软件标准或规范

2 可行性研究的前提

2.1 要求：列出并说明建议开发软件的基本要求，如

- 功能
- 性能
- 输入/输出
- 基本的数据流程和处理流程
- 安全与保密要求
- 与软件相关的其他系统
- 完成日期

2.2 目标：可包括

- 人力与设备费用的节省
- 处理速度的提高
- 控制精度或生产力的提高
- 管理信息服务的改进

- 决策系统的改进
- 人员工作效率的提高

2.3 条件、假定和限制：可包括

- 建议软件运行的最短寿命
- 进行显然方案比较选择期限
- 经费来源和使用限制
- 法律和政策方面的限制
- 硬件、软件、运行环境和开发环境的条件和限制
- 可利用的信息和资源
- 建议软件投入使用的最迟时间

2.4 可行性研究方法

2.5 决定可行性的主要因素

3 对现有系统的分析

3.1 处理流程和数据流程

3.2 工作负荷

3.3 费用支出：如人力、设备、空间、支持性服务、材料等各项开支

3.4 人员：列出所需人员的专业技术类别和数量

3.5 设备

3.6 局限性：说明现有系统存在的问题以及为什么需要开发新的系统

4 所建议技术可行性分析

4.1 对系统的简要描述

4.2 与现有系统比较存在的优越性

4.3 处理流程和数据流程

4.4 采用建议系统可能带来的影响

- 对设备的影响
- 对现有软件的影响
- 对用户的影响
- 对系统运行的影响
- 对开发环境的影响
- 对经费支出的影响

4.5 技术可行性评价：包括

- 在限制条件下，功能目的是否达到
- 利用现有技术，功能目的是否达到
- 对开发人员数量和质量的要求，并说明能否满足
- 在规定的期限内，开发能否完成

5 所建议系统经济可行性分析

5.1 支出
5.2 效益
5.3 收益/投资比
5.4 投资回收周期
5.5 敏感性分析：指一些关键性因素，如：
- 系统生存周期长短
- 系统工作负荷量
- 处理速度要求
- 设备和软件配置变化对支出和效益的影响等的分析

6 社会因素可行性分析
6.1 法律因素：如
- 合同责任
- 侵犯专利权
- 侵犯版权

6.2 用户使用可行性：如
- 用户单位的行政管理
- 工作制度
- 人员素质等能否满足要求

7 其他可供选择的方案
逐个阐明其它可供选择的方案，并重点说明未被推荐的理由
8 结论意见，如：
- 可着手组织开发
- 需等待若干条件具备后才能开发
- 需对开发目标进行某些修改
- 不能进行或不必进行
- 其它

第七节 本章小结

本章首先讨论了管理信息系统规划的战略作用，管理信息系统是一个组织的战略规划的重要组成部分，是关于管理信息系统长远发展的规划，它除了具有一般战略性计划的属性外，还具有自身特殊的性质和任务。管理信息系统战略规划的内容包括对组织的战略计划和有关营运计划的概述、管理信息系统计划概述、目前的能力、可行性分析、具体规划 (至少有前两年的详细计划) 和实施的行动计划等。管理信息系统的规划过程基本上可分为 10 个基本步骤。

诺兰阶段模型把信息系统的成长过程划分为六个阶段，即初装、蔓延、控制、集成、数据管理和成熟阶段，这个阶段模型能较好地说明组织进行管理信息系统总体规划的时机。制订管理信息系统开发规划，离不开高层管理者的积极支持和参与，同时，一个强有力的核心小组以及持续不断的支持过程也是总体规划成功的必要条件。

本章重点介绍了三种国际上比较常用的规划方法：企业系统规划法、关键成功因素法和战略目标集转化法。其中，企业系统规划法要对各种要考虑的要素进行综合分析，是划分子系统的基础和依据。而关键成功因素法更多地注意满足高层管理者特殊的信息需求。最后，本章讨论了高层管理者参与的必要性与管理信息系统的组织管理问题。

[习 题]

一、单选题

1．在系统开发过程中，总体规划之后的阶段是(　　)。

A. 系统分析　B. 系统设计　C. 系统实施　D. 运行和维护

2．确定系统的主要功能和结构工作所属阶段是(　　)。

A. 可行性分析　B. 总体规划　C. 初步调查　D. 详细调查

3．系统开发计划工作所属阶段是(　　)。

A. 可行性分析　B. 总统规划　C. 初步调查　D. 详细调查

4．系统规划的特点是(　　)。

A. 结构化程度高　B. 面向最终用户

C. 主要是技术问题　D. 与企业发展战略相适应

5．管理信息系统规划的关键问题包括(　　)。

A. 应选择先进的解决方案　B. 要比组织发展战略更超前

C. 对环境变化要有应变能力　D. 要特别重视技术因素

6．管理信息系统战略集不包括(　　)。

A. 系统目标　B. 系统的约束　C. 系统开发组织　D. 系统开发的战略

7．关于管理系统规划，以下哪条叙述正确?(　　)

A. 关键成功因素法属于全面调查法

B. 企业系统规划法属于重点突破法

C. 信息系统的战略主要表达业务控制层的管理需求

D. 信息系统应能适应组织机构及管理体制的变化

8. 用于管理信息系统规划的方法很多。把企业目标转化为信息系统战略的规划方法属于(　　)。

A. U/C 矩阵法　　B. 关键成功因素法

C. 战略目标集转化法　　D. 企业系统规划法

9. 系统规划的主要任务不包括(　　)。

A. 制定管理信息系统的发展战略

B. 确定组织的信息需求、形成管理信息系统的总体结构方案

C. 制订系统建设的资源分配计划

D. 确定计算机软硬件的方案

二、填空题

1. 进行管理信息系统企业系统规划法规划识别管理功能时，常用工具是________。

2. 可行性分析主要从________、________、________三方面论证信息系统开发的可行性。

三、名词解释

1. 管理信息系统的系统规划
2. 关键成功因素法
3. 企业系统规划法
4. 诺兰阶段模型

四、简答题

1. 什么是管理信息系统的总体规划，为什么要进行总体规划？
2. 请简述诺兰阶段模型并说明其对管理信息系统的作用是什么。
3. 管理信息系统的总体规划内容有哪些？
4. 简述总体规划的工作步骤。
5. 总体规划的组织中，高层领导有何作用？
6. 关键成功因素法的主要过程和特点是什么？
7. 战略目标集转化法有什么特点？
8. 企业系统规划法的主要过程是什么？
9. 定义企业过程主要有哪些内容？
10. 进行系统可行性分析时，主要调查哪些内容？
11. 进行可行性分析，应该从哪几个角度进行？

12. 可行性分析报告包括哪些内容?

[习题解答]

一、单选题

1. A 2. B 3. B 4. D 5. D 6. C 7. D 8. C 9. D

二、填空题

1. U/C矩阵 2. 技术 经济 管理

三、名词解释

(略)

四、简答题

(略)

HAPTER 6

第六章　管理信息系统的系统分析

[内容提要]

本章全面阐述管理信息系统的系统分析的基本任务、理论方法和其包含的各方面内容，以及新系统的逻辑模型，介绍系统分析报告，重点介绍系统分析的实用方法及其分析工具。

[学习要点]

1. 掌握系统分析的概念、目的、任务、主要内容；
2. 用户需求分析与详细调查的理论与方法；
3. 结构化系统分析；
4. 常用分析工具的掌握和运用，包括数据流程图、数据字典、决策树(判断树)、决策表(判断表)、结构式语言；
5. 理解和掌握新系统逻辑方案的概念和内容；
6. 掌握系统分析报告的主要作用、内容和撰写。

系统生命周期方法将系统开发划分成几个主要的阶段，在系统规划阶段我们确定了所开发项目，下一个步骤就是系统分析。系统分析是在系统规划的指导下，在对系统进行深入详细的调查研究并充分了解用户需求基础上，确定新系统的逻辑模型的过程，系统分析的成果是系统分析报告(说明书)。系统分析作为决定管理信息系统开发成败的最重要阶段，是管理信息系统开发全过程的基石。

第一节　系统分析概述

在系统分析阶段，需要使用系统的观点和方法，把复杂的对象分解为简单的组成部分，并确定这些组成部分的基本属性和彼此之间的关系。系统分析是一个从具体到抽象的过程，系统分析人员要和用户一起细致地进行调查分析，把用户的初始要求具体化、明确化，最终解决目标系统“做什么”的问题，不涉及具体的物理实现，而是从逻辑上确定系统功能，并用图表和文字建立新系统的逻辑模型并形成文档——系统分析报告(系统分析规格说明书)，作为后续各阶段开发工作的基础和依据。

一、系统分析的目的

系统分析的目的是明确用户的需求并确定其解决方法，分析阶段需要确定下列五个问题：①开发者关于现有组织管理状况的了解；②用户对信息系统功能的需求；③数据和业务流程；④管理功能和管理数据指标体系；⑤新系统拟改动和新增的管理模型等。系统分析所确定的内容是今后系统设计、系统实现的基础。

二、系统分析的主要任务

系统分析定义或确定新的系统应该“做什么”，而不涉及“怎样做”(系统设计阶段的任务)，其基本任务是在系统规划的指导下，在系统分析员和用户一起对系统进行深入详细调查研究并充分了解用户需求基础上，确定新系统的逻辑模型并撰写系统分析报告，其关键在于开发人员对用户需求的“理解”和“表达”，即系统分析要明确表达出用户的需求，并通过逻辑模型表达出来。系统分析报告通过评审之后，将成为系统设计的基础和目标系统设计和验收的依据。

系统分析是系统开发中最基础最重要的阶段，也是困难最多的阶段。最主要的困难来自于系统分析员和用户对问题的不同理解。系统分析员往往是计算机信息处理的行家，但缺乏足够的业务知识，淹没在各种图表、数据和业务流程中，难以分析出制约现行系统的“瓶颈”问题和用户需求。用户精通业务，但缺乏足够的计算机方面的知识，不清楚计算机“能够做什么”和“不能够做什么”，不善于把业务过程明确地表达出来，特别是对某些决策问题，往往是根据个人的经验和直觉。

因此，系统分析员和用户的交流比较困难，对同一问题的描述容易出现误解和遗漏，而这些误解和遗漏往往成为系统开发的隐患。为了克服这些困难，做好系统分析工作，为信息系统的成功开发奠定基础，需要系统分析员与用户很好地配合与合作并加强双方的沟通。系统分析员要有用户的观点和友善、亲和的工作态度，并且借助规划的技术和工具，如直观的分析图表（业务流程图、数据流程图（data flow diagram, DFD）、数据字典等）来帮助双方的沟通。

系统分析员的知识水平高低和工作能力大小决定了系统的成败。一个称职的系统分析员不但应具备坚实的信息系统知识，了解计算机技术的发展，而且还必须具备管理科学的知识。缺乏必要的管理科学知识，就没有与各级管理人员打交道的“共同语言”。系统分析员应有较强的系统观点和较好的逻辑分析能力，能够从复杂的事物中抽象出系统模型。他还应具备较好的口头和书面表达能力，较强的组织能力，善于与人共事。总之，系统分析员应是具有现代科学知识、创新思想和能力的专家。

系统分析阶段，系统分析人员需要完成如下任务(图 6-1)。

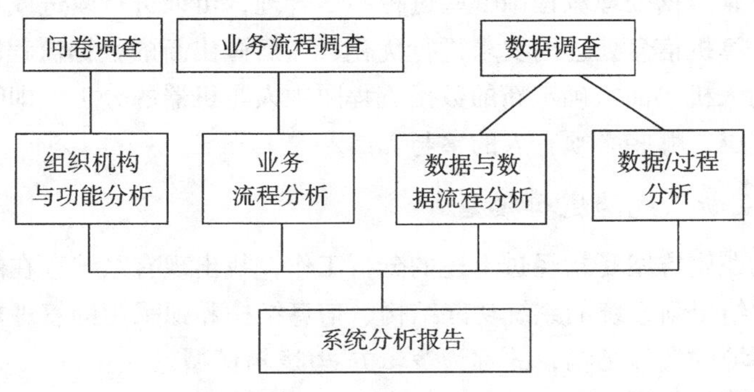

图 6-1 系统分析的任务

(一) 确定系统目标

对现行系统目标和可行性分析中确定的系统目标进行对比研究，可以判断原有目标是否过时，是否适应需要，分析现行系统的目标是否合理，新目标是否符合实际情况，并最终确定新系统目标并加以具体化。

(二) 现行系统的详细调查

现行系统详细调查的目标是在可行性研究的基础上进一步对现行系统进行全面、深入的调查和分析，大致摸清企业的组织结构、业务状况、业务关系、人员情况、管理现状、信息技术应用现状。掌握现行系统的运行状况，发现薄弱环节，找出要解决的问题实质，保证新系统较原系统更具有效性。

(三) 用户需求分析

在详细调查的基础上，对各级管理和业务人员就系统处理事务的能力和决策功能的需求进行分析。对一个信息系统的需求分析主要包括四个方面：信息需求、组织需求、控制需求和设备需求。根据信息系统的投资规模，综合分析、平衡各项需求，找出关键的、主要的需求，并制订满足这些需求的初步计划，为功能分析打下基础。需求分析的结果还要以系统需求规格说明书的形式定义并反馈给用户。

(四) 组织结构与业务流程分析

详细了解组织的职能、职责以及决策对新系统的需求，清楚组织中各项业务流程每个环节的细节和信息的来源走向。

(五) 数据流程分析

分析原有的数据流程的各处理过程是否具有存在的价值，其中哪些过程可以删除或合并，原有数据处理流程中哪些过程不尽合理，可以进行改进或优化。对原有数据流程按计算机信息处理的要求进行优化，然后画出新的数据流程图。

新系统的人机界面需确定新的数据流程图中人与机器的分工，即哪些工作可由计算机自动完成，哪些必须有人的参与。

(六) 建立新系统的逻辑模型

新系统的逻辑方案是指经过上述的分析工作，找出现有系统存在的各种问题并改正或优化后给出新系统的系统功能结构、信息结构和拟采用的管理模型，由于它不考虑硬件环境的实体结构，故称为逻辑方案(逻辑模型)。

新系统的逻辑方案主要包括分析整理后的业务流程、分析整理后的数据词典、经过各种检验并优化后的系统功能结构、每一项业务处理过程中新建立或已有的管理模型和管理方法。

(七) 撰写系统分析报告

对前面的分析结果进行总结，使用户要求成文，编制系统分析报告，这是分析阶段的成果和总结。系统分析报告经过专家评审后就进入下一个阶段，即系统设计阶段。

三、结构化系统分析的思想与工具

随着计算机技术的不断提高和信息系统的普遍应用，人们不断尝试、总结进行系统分析的方法。在信息系统开发的实践中，常用的系统分析方法有结构化分析方法(structured analysis，SA)、面向数据结构的 Jackson 系统开发方法、原型法等。结构化分析方法是在 Dijkstra 等人提出的结构化程序设计思想基础上发展而来的一种系统开发方法。它吸取了以前在系统开发中的经验教训，提出系统化、结构化和自顶向下的开发方法，对信息系统的发展起了巨大的推动作用。但随着时间的推移，它也逐步暴露出很多问题，新的开发方法也被不断提出。但纵观这些新的方法，它们中的一些基本思想还是来自于结构化思想。因此，迄今为止，结构化系统分析和设计还是系统开发中主要采用的方法。本书采用结构化分析方法。

结构化分析方法是面向数据流进行分析的方法，基本思想是用系统的思想和系统工程的方法，按照用户至上的原则，结构化、模块化、自顶向下地对信息系统进行系统分析并用结构化分析的图表作为系统逻辑模型描述的工具。结构化的含义是指用一组标准的准则和工具从事某项工作，"结构化"一词最早出自结构化程序设计。模块化是指解决一个复杂问题时自顶向下逐层把系统划分成若干模块的过程，每个模块完成一个特定的子功能，所有的模块按某种方法组装起来，成为一个整体，完成整个系统所要求的功能。

结构化分析方法能够长期被人们接受并采纳，主要是因为它具备这些特点。

(一) 强调用户自始至终的积极参与

在系统分析阶段，用户始终积极参与，一方面，使得用户可以更多地了解新系统，并随时从业务和用户角度提出新的要求；另一方面，也可使系统分析人员能更多地了解用户的要求，更深入地调查和分析管理业务，使新系统更加科学、合理。

(二) 注重整体分析、层层落实

按照系统的观点，任何事情都是相互联系的有机整体。在分析时应首先站在整体的角度，将各项具体的业务或组织融合成一个整体加以考察，首先确保全局正确，然后再层层分解进行解剖分析。

(三) 强调系统的适应性

各种事物都是运动和变化的。同理，在进行系统分析时，要充分预料到可能会发生的变化，增强系统的适应性，以应付各种各样的变化。这些变化主要来自以下三个方面。

(1) 系统外部环境的变化，如外部的组织机构发生了变化，将引起信息传递渠道变化；上级主管部门需要的信息发生变化，则引起输出和处理模块的变化。

(2) 系统内部处理模式的变化，如系统内部组织机构、管理方式和工艺流程的改变，必将引起数据的收集、输入以及处理方式的变化。

(3) 用户要求的变化。随着时间的推移、问题的深入、技术的发展，用户的要求也会随之变化。

总之，发生变化的因素是多种多样的，系统分析时要严密注意和充分考虑到这些变化，以增强系统的适应能力。

(四) 重视工作文件的标准化和文献化

在结构化系统分析中，要多采用规范化的图表和文字来记载这些分析结果。这些资料要有专人保管，要建立一套管理、查询制度。

结构化分析主要借助数据流程图、数据字典和数据处理说明进行。数据流程图是从业务处理流程图抽象出的与具体的处理环境 (计算机硬件系统、软件系统(特别是所用语言)等)无关的、抽象的处理逻辑模型，其底层图反映的内容与业务流程图几乎是一样的，因而在某种程度上可替代业务流程图。

结构化系统分析的步骤如下。首先，把当前系统的具体模型抽象成当前系统的逻辑模型；其次，对当前系统的逻辑模型进行修正、改进，产生目标系统的逻辑模型；最后，以系统说明书结束系统分析阶段的工作。其中具体模型是表达系统某一种具体功能的实现方式。逻辑模型是用于表达系统的本质。

要把用户需求转变为系统的逻辑模型，完成系统分析报告，在系统分析阶段需要借助一系列的分析工具和辅助技术。用于概要描述的有业务流程图、数据流程图；进行数据的详细描述的有数据字典；数据处理说明可用结构化语言、判断表、判断树；数据库逻辑设计需要数据存储结构规范化；数据存取分析可用数据存取分析图。

第二节　用户需求分析与详细调查

一、用户需求分析

用户需求包括功能要求、性能要求、可靠性要求、安全性要求、开发费用、开发周期及可使用资源等方面的限制。需求分析是系统开发工作中最重要的环节之一，是系统分析的基础。有些系统在投入运行后，发现与实际要求差距较大，甚至没有使用价值，这就是因为需求分析工作没有做好。需求分析工作质量的高低，不仅直接影响后续工作的质量，而且决定着所开发系统的价值。其工作量很大，所涉及的业务和人、数据、信息都非常多。因此，如何科学地组织和适当地着手展开这项工作是非常重要的。

系统需求分析采用一系列行之有效的技术、方法和工具来分析用户需求，通过特定的形式系统地描述拟开发的信息系统的功能、性能，以及行为特征和相关约束，定义所有内外部特征，最后形成既能指导系统设计，又能同用户沟通的系统需求规格说明。它覆盖了系统设计之前的各项活动。

系统需求分析可分为四大步骤。

(一) 问题定义

归纳整理用户提出的各种问题和要求，弄清用户企图通过信息系统达到的目的，并把它作为要求和条件予以明确表示。

(二) 问题分解

在需求获取的基础上，建立逻辑模型，使用自顶向下、逐层分解的方法，把用户对系统的需求分解成若干子系统或软件成分，将外部需求赋予系统的各个功能成分，定义软件成分的内部功能，并标定它们之间的接口。

(三) 制定需求规格说明

用准确、简练、无二义性的语言将用户需求规格化为系统需求规格说明，使用户和开发人员对拟开发的信息系统有共同的理解。需求规格说明同时还是系统确认、测试、验收和交付的基准。

(四) 需求评审

通过需求评审，对需求获取、需求定义等过程进行全面审查，力图发现需求分析中的错误和缺陷，最终确认系统需求规格说明。

二、系统详细调查的原则

需求分析需要获取来自于业务和管理的第一手资料。既然是调查，问题和不足一般总会存在，当然我们力求调查得详细些，在系统调查过程中应始终坚持正确的原则，以确保调查工作的客观性、正确性。系统详细调查的原则如下。

(一) 真实性

调查资料必须真实、准确、客观、全面，不能带有调查人员个人的主观观念，否则会影响系统分析设计人员的判断和分析。

(二) 系统性

系统调查工作应严格按照自顶向下的系统化观点全面展开，自顶向下的全局观点是进行系统分析的基本观点。这样有利于站在整体和全局的高度去考虑和分析系统，把调查中的问题和不足降到最低。首先，从组织管理工作的最顶层开始；其次再调查为确保最顶层工作的完成，需要下一层(第二层)的哪些管理工作支持。完成了这两层的调查后，再深入一步调查为确保第二层管理工作的完成，又需要第三层的哪些管理工作支持。依此类推，直至摸清组织各个层次的全部管理工作。

(三) 规范化

大型系统的调查一般都是多个系统分析人员共同完成的，工作中的每一步工作事先都要计划好，按照先计划、后分工实施的原则，对多个人的工作方法和调查所用的表格、图例都统一规范化处理，使群体之间都能相互沟通、协调工作。另外，规范化还强调将调查结果(如表格、问题、图、收集的报表等)都整理后归档，以便进一步工作的使用。

(四) 全面与重点

如果是开发整个组织的管理信息系统，必须开展全面的调查工作。如果我们只需要开发组织内部某一局部的信息系统，这就必须坚持全面铺开与重点调查相结合的方法，即自顶向下全面展开，但每次都只侧重于与局部相关的分支。这样可为今后其他子系统的开发保留良好的接口。

(五) 沟通性

系统调查涉及组织内部管理工作的各个方面，涉及各种不同类型的人。故调查者主动地与被调查者在业务上的沟通是十分重要的。创造出一种积极、主动、友善的合作环境和人际关系是调查工作顺利开展的基础，还需要调查人员善于逐步引导、不断启发，按照使用者能够理解的方式提出问题，打开使用者的思路。

三、详细调查的内容

要作好系统需求分析，首先要确定信息收集的方法，再根据前面系统规划(或开题立项)时提出的系统开发内容，展开调查，获取第一手资料。调查一个公司的系统需求需要的资料可以从以下几个重要的方面进行。完整收集公司的有关资料，首先需要确定公司的哪些资料与信息系统要解决的问题紧密相关。

详细调查的范围非常广泛，调查应该是围绕组织内部信息流所涉及领域的各个方面。但应该注意的是，信息流是通过物流而产生的，物流和信息流又都是在组织中流动的。故我们所调查的内容就不能仅仅局限于信息和信息流，应该包括企业的生产、经营、管理等各个方面。也就是说，我们在调查时既要调查企业内部的信息分类和信息之间的关系(为将来确定数据库和数据库间关系作准备)，而且，还要弄清楚这些信息在具体管理活动中是如何被使用和处理的。我们把需求调查内容大致归纳为如下八类。

(1) 组织机构和岗位职责。其内容包括当前企业的组织结构、各职能部门的管理功能。其目的是为今后确定系统的功能层次结构和子系统划分作基础准备。

(2) 组织目标和发展战略。其内容包括当前企业的发展计划和战略目标。其目的是为即将开发的管理信息系统在系统功能、运行环境、开发语言、功能扩充、信息扩充、企业与外部间的信息交换和功能连接以及系统的先进性、适应性等方面的设计提供参考、预留接口等。

(3) 业务流程。其主要内容包括当前企业的生产工艺流程或业务管理流程、产品构成或报表栏目格式等。其目的是为将来设计管理信息系统时子系统划分和模块处理过程设计提供可遵循的依据等。管理业务的实际处理过程、处理方法等的目的是为将来详细设计程序处理模块提供依据。

(4) 基础数据与数据流程。其主要内容包括当前企业关心和要处理的数据及分类、数据信息的流动情况等。

(5) 管理方式和具体业务的管理方法。其主要内容包括当前企业的管理制度、规范、方法，甚至企业的组织形式等。其目的是为今后开发管理信息系统提供运行管理制度的制定，为信息和功能的操作权限等提供依据。

(6) 决策方式和决策过程。其主要内容包括企业的高层人员的决策方式、程序等。其目的是为待开发的管理信息系统的决策支持系统提供设计依据。

(7) 资源和约束条件。其内容包括当前企业的管理现状条件，如人员素质、计算机及相关硬件设施状况、系统及应用软件拥有状况、信息技术普及应用水平、财力状况、企业的规模等。其目的是为将来开发管理信息系统提供技术培训计划的制订、设备硬件配置、软件引进、开发语言和运行环境、管理信息系统的规模、数据库分布、信息与功能应用扩充等方面的依据。

(8) 现行系统存在的问题和改进意见。对现行系统的运行环境及状况进行调查分析，掌握现行系统的运行效果、规模、业务处理情况，以及其外部环境和接口。要特别注意分析当前企业或现行系统在管理或应用中存在哪些处理不畅通、不规范、不一致等问题，以及哪些地方需要改进、如何改进等。其目的是为拟建的系统提供要改进的部分、改进的方法等依据。

以上这些方面只是一种大致的划分，实际工作时应视具体情况增加或修改之。围绕上述范围我们可根据具体情况设计调查问卷的问题或问卷调查表的栏目，总之，目的只有一个，就是真正弄清待处理对象现阶段工作的详细情况，为后面的分析设计工作作准备。

四、详细调查的方法

详细调查时，调查组应制订调查计划，明确调查内容和进度，选择适当的调查方法。目前常用的调查方法可以大致分为座谈法、访谈法、问卷法、现场观察法等。在具体的实践中，座谈法和问卷法是两种最为普遍采用的方法。

(一) 座谈法

座谈法就是通过集体讨论的方式获取拟建系统的各方面情况并进行分析。它多为当系统分析人员对当前企业知之不多时，为了快速地了解和熟悉企业的管理现状，进而获取开发管理信息系统必需的基础信息所采用的一种调查方法。在职能部门召开座谈会，以重点了解部门业务范围、工作内容、业务特点及对新系统的想法和建议，也可召开各类人员联合座谈会以重点听取使用单位对目前作业方式和对新系统的需求。它适用于对系统作定性调查。

(二) 访谈法

个别访谈可以重点了解不同管理层面不同职能的管理人员的真实想法、个性化要求和希望。

(三) 问卷法

将要调查的问题设置成问卷或表格，分发给企业内不同层次、不同管理岗位的人员填写。这种方法是一种广泛被采用的快速调查方法，但是，采取这种方法时要特别注意问卷和表格的设计，另外其全面性和准确性比较差。这种方法适用于需要向许多单位进行调查，而调查的信息量又不大的情况。

(四) 现场观察法

条件允许时直接参与实际工作，进行现场观察是了解当前系统的最好方法，但其成本较高，也受到限制和约束，比较适用于对事务性或流程性工作的调查。通过现场观察，可以较深入地了解现行系统中数据产生、传递、数据处理、存储、输出

等环节的工作内容。

第三节　组织结构与业务流程分析

组织结构与业务流程分析主要包括四部分内容：组织结构分析、业务功能分析、组织结构与业务功能之间的关系分析和业务流程分析。所有这些工作，都是基于管理和业务的，来自于实实在在的客观管理活动和从事管理的人的客观行为，是看得见、摸得着的。

组织结构分析通过组织结构图实现，业务功能分析通过功能结构图描述，两者都很容易分析。组织结构与业务功能之间的关系分析采用业务功能一览表进行描述，即把组织内部各项管理业务功能用一张表的方式罗列出来，它是今后进行业务功能与数据间关系分析、确定新系统拟实现的管理功能和分析建立管理数据指标体系的基础，同时也为今后划分子系统设计功能层次结构提供参考依据。业务流程分析是把具体的管理活动的处理过程以业务流程图的方式绘制出来，是基于实际管理活动的纸面描述，它为今后分析业务功能与数据间关系、设计程序模块提供主要依据。

一、组织结构分析

组织结构分析通常通过组织结构图实现，根据详细调查的结果，绘制成一张反映企业内部各组织部门之间隶属关系的树状结构图，即组织结构图(图 6-2)。据此分析企业各部门之间的内在联系，判断各部门的职能是否明确，能否真正发挥作用。进一步分析组织结构设置的合理性，找出存在的问题，根据管理信息系统计算机管理的要求，为决策者提供组织结构设置的参考意见。在绘制时需要注意，与企业生产、经营、管理环节直接相关的部门一定要反映全面、准确。为了表明企业的运行过程，我们往往也画出企业物流和组织管理关系图。

二、业务功能分析

业务功能分析通过功能结构图实现，所谓功能结构图就是按照功能的从属关系画成的图表(图 6-3)，图中的每一个方框都称为一个功能模块。功能模块可以根据具体情况分得大一点或小一点，最小功能模块可以是一个程序中的每个处理过程，而较大的功能模块则可能是完成某一个任务的一组程序。功能结构图是今后进行功能与数据间关系分析、确定新系统拟实现的管理功能和分析建立管理数据指标体系的基础，同时也为今后划分子系统设计功能层次结构提供参考依据。

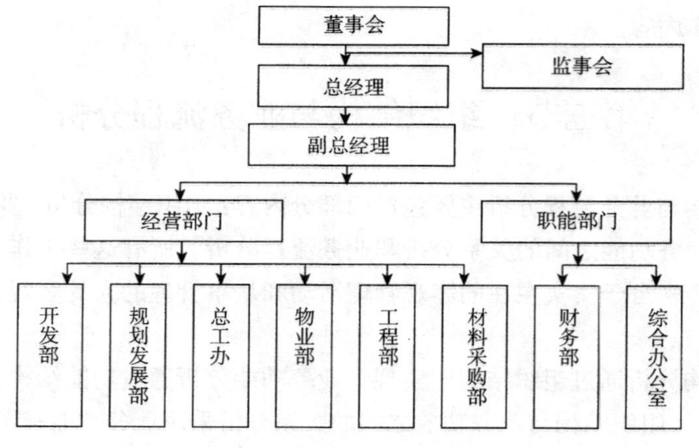

图 6-2　组织结构图

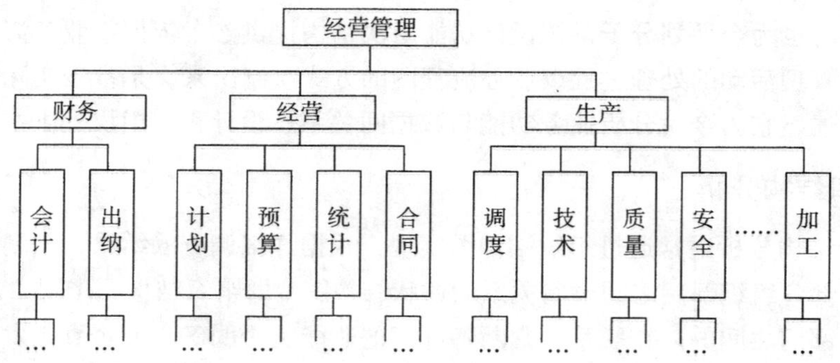

图 6-3　功能结构图

组织的各个部分往往并不能完整地反映该部分所包含的所有业务，随着生产的发展，生产规模的扩大和管理水平的提高，组织的某些部分业务范围越来越大，功能也越分越细，原来单一的业务派生出许多业务，工作性质改变，当这种变化发展到一定程度时，就会引起组织结构本身的变化。例如，企业的信息技术部原先挂靠在其他部门之下，现在大多独立出来。如果我们以功能为基础设计和考虑系统，系统对组织结构的变化有一定的独立性，就提高了系统对环境的可适应性。业务功能分析可使我们在了解组织结构的同时，对于依附组织结构的各项业务功能也有一个总体了解，便于分析各项交叉管理、交叉部分各层次的深度以及管理的不合理现象。

功能结构图中的每片树叶都必须是一项不可再分的基本业务功能，判断其是否分解到底的一个有效办法，是看是否能用一句话说明这个基本活动的内容和目的，这句话中必须有一个动词。

功能结构图的处理是系统分析阶段基础性很强的工作，但只对业务功能进行分解说明。因此，对业务的分析还需要对业务过程进行描述，从而明确过程(业务)的基本处理。一个业务过程是一个具有明确起点和终点的行为，其过程有明确的输入和输出。过程并不一定与组织结构一一对应，业务过程确定的是要“做什么”，而不是“如何做”，即关注的是了解各种职能业务做什么，而不是如何做。通常每个业务过程是以一个动词开始进行描述的(动宾结构)，如选择供应商、填写订单等。

三、组织结构与业务功能之间的关系分析

组织结构与业务功能之间的关系分析通常是通过组织与业务功能关系图来实现的。利用系统调查中所掌握的资料重点分析组织结构与业务功能之间的关系，是后续分析和设计新系统的基础，常作为划分子系统的参考依据。

组织结构图反映了组织内部和上下级关系，但是仅仅是企业内部管理活动的纵向关系的描述，却不能表示组织内部各部分之间的联系程度及组织各部分的主要业务职能和它们在业务过程中所承担的工作等。这将会给后续的业务处理过程分析、数据与数据流程分析和业务功能与数据间关系分析等带来困难。因此，还必须进行组织结构与业务功能之间的关系分析，绘制组织结构与业务功能矩阵图以描述组织各部分在承担业务时的地位及相互关系。在组织结构与业务功能关系图(图 6-4)中，横向表示组织名称，纵向表示业务功能，中间栏填写组织在执行业务过程中的地位和作用。

这里需要说明的是，矩阵是常用的工具之一，我们还可以利用一系列的矩阵来说明关于商业过程的组织实体、特殊信息系统和数据库三者之间的关联。常用的矩阵如下：①组织与商业过程；②信息系统与商业过程；③数据库与组织；④数据库与信息系统。这四个矩阵是开发信息系统支持的业务和商业模型的重要分析工具。在决定最终要求和建立发展项目的先后次序时，管理者的角色和影响力至关重要。

功能	序号	功能	组织											
			计划科	质量科	生产科	供应科	销售科	采购科	仓库	工资科	人事科	财务科	审计科	……
功能与业务	1	计划管理	⊙		○	√	○	√	√			√		
	2	销售管理		√		√	⊙		√			○		
	3	供应管理	√		○	⊙	√	√				○	√	
	4	生产管理	√	○	⊙	√	√	√	√	√				
	5	人力资源								○	⊙	√		
	6	……												

"⊙"表示该项业务是对应组织的主要业务(即主持工作的单位)；"○"表示该单位是参加协调该项业务的辅助单位；"√"表示该单位是该项业务的相关单位(或称有关单位)；"空格"表示该单位与对应业务无关。

图 6-4 组织结构与业务功能矩阵图

四、业务流程分析

企业的运作是由企业组织机构的各项业务流程实现的，业务流程是企业动态系统的组成部分。所谓业务流程分析就是在业务功能的基础上将其细化，利用系统调查的资料将业务处理过程中的每个步骤用一个完整的图形将其串起来。对现行企业组织机构业务流程的分析和描述是系统分析工作的重要内容。业务流程分析工作量大、烦琐而又细致。

(一) 业务流程分析的目的与作用

前面已经将业务功能一一理出，而业务流程分析则是在业务功能的基础上将其细化，利用系统调查的资料将业务处理过程中的每个步骤用一个完整的图形将其串起来(业务流程图)，业务流程分析和绘制业务流程图(transaction flow diagram，TFD)可以帮助我们发现和处理系统调查工作中的错误和疏漏，修改和删除原系统的不合理部分，在新系统基础上优化业务处理过程，因此说绘制业务流程图是分析业务处理过程的重要步骤。业务流程图也为今后分析业务功能与数据间关系、设计程序模块提供了主要依据。

(二) 业务流程图的概念及图例

业务流程图是一种用一些规定的符号及连线来描述系统内各单位、人员之间业务关系、作业顺序和管理信息流向的图表。利用它可以表示某个具体业务处理过程，帮助分析人员找出业务流程中的不合理流向。在绘制业务流程图的过程中发现问题，分析不足，优化业务处理过程，是分析业务流程的重要步骤。

业务流程图是一种物理模型，主要作用是描述业务走向。例如，病人看病首先要去挂号，然后看病开药，最后去药房领药。业务流程图描述的是完整的业务流程，以业务处理过程为中心，一般没有数据的概念。

业务流程图是一种用尽可能少、尽可能简单的方法来描述业务处理过程的方法。由于它的符号简单明了，所以非常易于用户阅读和理解业务流程。但对专业性较强的业务处理细节缺乏足够的表现手段，适用于描述事务处理类型的业务过程。

业务流程图的图例有六种基本图形符号，内部解释可直接用文字标于图内。符号所代表的内容与信息系统最基本的处理功能一一对应，如图 6-5 所示，圆圈表示业务处理单位；方框表示业务处理功能；报表符号表示输出信息(报表、报告、文件、图形等)；不封口的方框表示存储文件；卡片符号表示收集或统计资料；矢量连线表示信息传递过程。

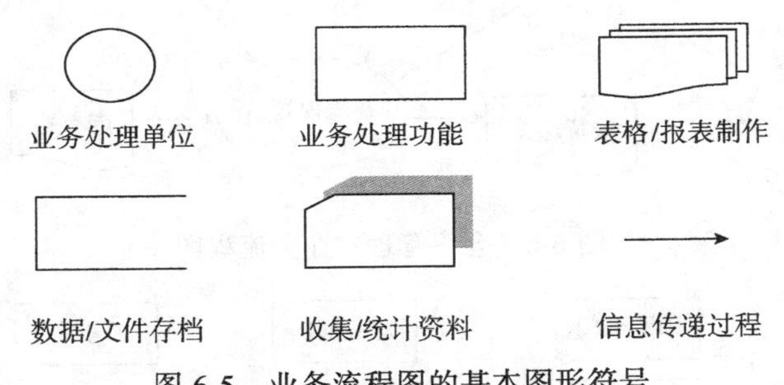

图 6-5 业务流程图的基本图形符号

(三) 业务流程图的绘制

业务流程图的绘制目前尚不统一，但大同小异，只是在一些具体的规定和所用的图形符号方面有些不同，而在准确明了地反映业务流程方面是非常一致的。基本上都是根据系统调查表中所得到的资料和问卷调查的结果，按照业务的实际处理过程绘制一本反映组织实际业务处理过程的图形“流水账”，这有利于理顺和优化业务过程。

业务流程图需要详细描述业务处理过程的各个步骤。例如，仓库管理的业务流程(图 6-6)如下：车间填写领料单给仓库要求领料，库长根据用料计划审批领料单，未批准的退回车间，已批准的领料单送到仓库保管员处，由他查阅库存账。若账上有货则通知车间前来领料，否则将缺货通知采购人员。

(四) 表格分配图

为了传递信息，管理部门经常将某种单据或报告复印多份分发到其他多个部门，

在这种情况下，可以采用表格分配图来描述有关业务。表格分配图可用于描述系统中复制多份的报告或单据的数量，以及这些报告或单据都与哪些部门发生业务联系。采购管理的表格分配图如图 6-7 所示。

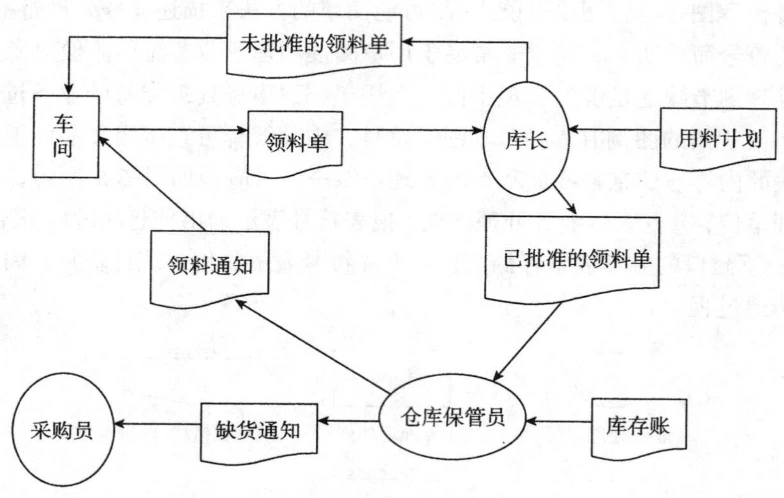

图 6-6　仓库管理的业务流程图

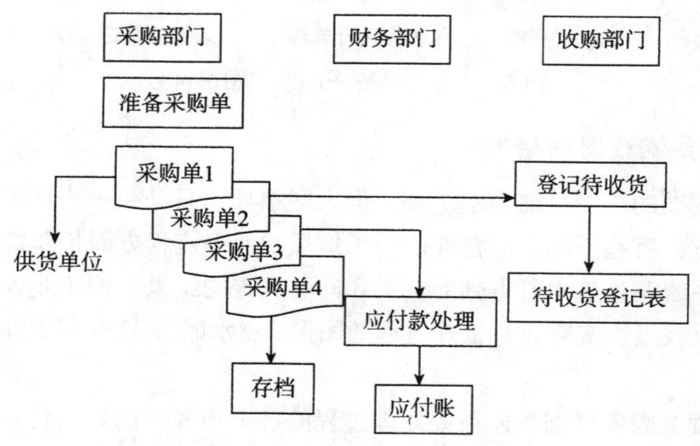

图 6-7　采购管理表格分配图

第四节　数据流程分析

数据是信息的载体，是今后系统要处理的主要对象。数据流程分析以需求调查的基础资料和第三节得到的所有业务流程图为依据，不考虑物质要素，抽象地对所收集的数据及统计和处理数据的过程进行分析和整理，绘制数据流程图。如果发现还没弄清楚的问题，应立刻返回去弄清楚它。如果发现有数据不全、采集过程不合理、处理过程不畅和数据分析不深入等问题，也应在数据流程分析过程中加以解决。

一、数据流程分析的目的与任务

数据流程与业务流程的区别是业务流程描述的是现实公司的业务处理的步骤和程序，而数据流程描述的是信息系统中的信息输入、处理、输出和数据存储，摆脱了所有的物质内容，把数据在组织内部的流动情况抽象地独立出来，舍去了具体组织机构、信息载体、处理工作、物资、材料等，单从数据流动过程来考查实际业务的数据处理模式。因此，我们说，数据流程分析是业务处理过程中的“数据处理过程”。

数据流程分析是针对信息的流动、传递、处理、存储等的分析。数据流程分析的目的是发现和解决数据流通中的问题。这些问题有数据流程不畅、前后数据不匹配、数据处理过程不合理等。问题产生的原因有的是属于原系统管理混乱、数据处理流程本身的问题，有的也可能是我们调查了解数据流程有误或作图有误。总之这些问题都应该尽量地暴露并加以解决。特定业务处理的数据流程分析将建立这个业务处理的逻辑模型，也是今后新系统中实现这个业务处理过程的系统设计的基础。

数据流程分析是系统详细分析的主要内容，是今后建立数据库系统和设计功能模块处理过程的基础，也是今后进行数据分类、确定数据结构、建立数据字典、规范数据及数据结构和进行数据之间关系分析(E-R 图)的基础。

二、数据流程图

数据流程分析主要通过分层的数据流程图(图 6-8)来实现，数据流程图用几种基本符号和图表来表示信息的流动、处理、存储过程，它是进行数据流程分析的主要工具，也是描述系统逻辑模型的主要工具。

(一) 数据流程图的特性

1. 抽象性

数据流程图完全舍去了具体的物质，只有数据的流动、处理和存储。不考虑具体的物理因素，如组织结构、工作场所、物流、存储介质、具体的处理方法和技术手段等内容，只是抽象地反映信息的流动、加工、存储和使用的情况，能抽象地总结出管理信息系统的任务，以及各项任务之间的顺序和关系，从信息处理的角度将一个复杂的实际系统抽象成一个逻辑模型。

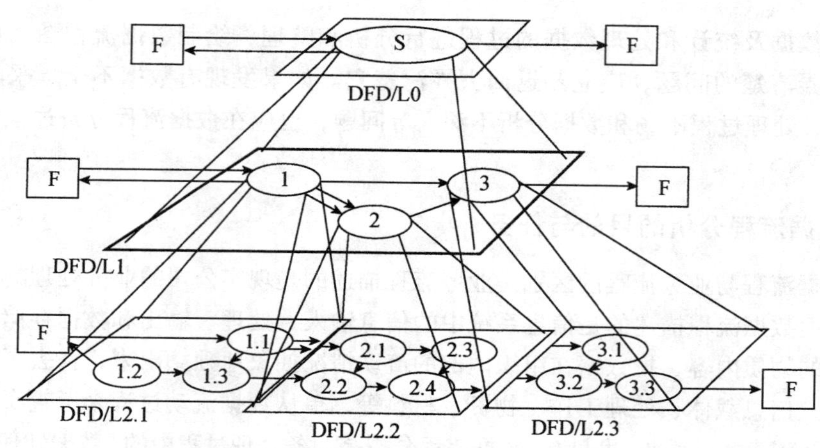

图 6-8 分层的数据流程图

2. 概括性

数据流程图把信息中的各种不同业务处理过程联系起来，形成一个整体，把系统对各种业务的处理过程联系起来，形成一个整体，从而给系统一个全貌，无论是手工操作部分还是计算机处理部分，都可以用它系统地表达出来。

(二) 数据流程图的图例

数据流程图由四种基本图例符号组成，即外部项(外部实体)、数据处理(数据加工)、数据存储、数据流(表 6-1)。

(1) 外部项(外部实体)，是在数据流程中表示所描述系统的数据来源和数据去处的各种实体或工作环节。这些实体或环节向所开发的系统发出或接收信息，系统开发不能改变这些外部项本身的结构和固有属性，它通常是个人、公司或部门。外部实体用一个小方框外加一个立体轮廓线表示。在小方框中用文字注明外部实体的编码属性和名称。如果该外部实体还出现在其他数据流程中，则可在小方框的右下角画一斜线，标出相对应的数据流程图编号。

(2) 数据处理(数据加工)，描述系统对信息进行处理的逻辑功能。在数据流程上这种逻辑功能由一个或一个以上的输入数据流转换成一个或一个以上输出数据流来表示。数据处理，也称处理，用来表示系统的状态点，在这些状态点上流入和流出的数据流将得到处理，或转换成为流出的数据流。数据处理用圆角小方框来表示。方框内必须表示清楚三方面的信息：一是综合反映数据流程、业务过程及本处理过程的编号；二是处理过程文字描述；三是该处理过程的进一步详细说明。因为处理过程一般比前几种图例所代表的内容要复杂得多，所以必须在它的下方再加上一个信息——注释，用它来进一步详细说明具体处理过程的图号。

(3) 数据存储，是逻辑意义上的数据存储环节，即系统信息处理功能需要的、不考虑存储物理介质和技术手段的数据存储环节。数据存储是对数据记录文件的读写处理，一般用一个右边不封口的长方形来表示。由于实际数据处理过程常常比较繁杂，所以需按照系统的观点，自顶向下地分层展开进行绘制，即先将比较繁杂的处理过程当成一个整体(黑箱)来看待；然后绘出周围实体与这个“黑箱”的数据联系过程；再进一步将这个过程展开。如果内部还涉及若干个比较复杂的数据处理部分，再将这些部分分别视为几个小“黑箱”，同样先不管其内部，而只分析它们之间的数据联系，这样反复下去，依此类推，直至最终搞清了所有的问题为止。这个使“黑箱”逐渐“透明”的分析过程可称为“黑箱白化法”。

(4) 数据流，表示系统中数据的流动方向。与所描述系统信息处理功能有关的各类信息的载体，是各数据处理环节进行处理和输出的数据集合。在数据流程中数据流用带文字说明的箭线表示，箭头指向表示数据流的输送处，箭尾连接处表示数据流的来源。常见的数据流程图基本图例有三种形式：方框图是以方框、连线及其变形为基本图例符号来表示数据流动过程；圆圈图是以圆圈及连接弧线作为其基本符号来表示数据流动过程。这三种方法实际表示一个数据流程的时候，大同小异，但是针对不同的数据处理流程却各有特点。

表 6-1 给出了常用的三类数据流程图基本成分的符号，本书主要采用第 1 类方框图图例。

表 6-1 数据流的基本符号

类型	外部项 (外部实体)	数据处理 (数据加工)	数据存储	数据流
1 (方框图)				
2 (圆圈图)				
3				

三、数据流程图的绘制

(一) 绘制步骤

数据流程分析和数据流程图的绘制采用“自顶向下、逐层分解”的方法。按业务流程图理出的业务流程顺序，将相应调查过程中所掌握的数据处理过程，绘制成一套完整的数据流程图，一边整理绘图，一边核对相应的数据和报表、模型等。在绘制数据流程图时，应考虑特殊的业务情况。如果有问题，则应从业务流程开始进行检讨和处理，一般可以通过以下七个步骤完成。

(1) 了解和确定公司的主要商业业务问题所涉及的商业过程和业务过程，这里主要是业务功能分析和业务流程分析。

(2) 画出数据流程图的概图，也称场景图(context diagram)，主要描述系统的外部实体及输入和输出系统的数据流，一般不显示具体的数据存储与处理。

(3) 接下来画出数据流程图的第一层图，第一层图是将概图进一步的分解，加入流入数据的处理过程，也可以显示必要的数据存储。

(4) 画出在第一层数据流程图中各个处理的子处理流程图，将第一层图进一步分解成更详细的子处理图。

(5) 检查各层次数据流程图的正确性与完整性、连贯性，尤其要注意父子处理图的平衡，即各层次处理图之间的平衡关系是否正确。

(6) 从上面得到的逻辑流程图中，加入处理的物理内容产生物理数据流程图，如区别哪些处理应由信息系统自动进行，哪些由人工操作完成，描述存储于信息系统中的文件和报告的名称与内容，并且加入一些必要的控制条件，使信息系统在出错时自动产生出错信息。

(7) 将物理数据流程图按功能或数据关联程度等进行分块或分组划分，以便于后面阶段的系统设计及实施工作。

(二) 业务数据流程图示例

下面是银行活期存取款业务数据流程图的过程示例(图 6-9、图 6-10)。

1. 绘制顶层数据流程图

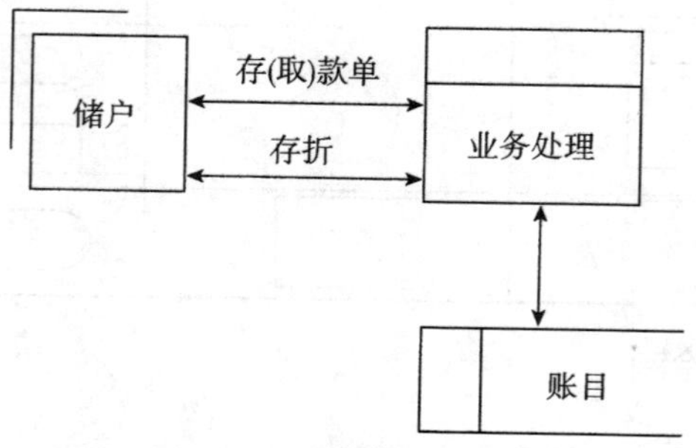

图 6-9　银行活期存取款业务(场景图)

2. 绘制第一层数据流程图

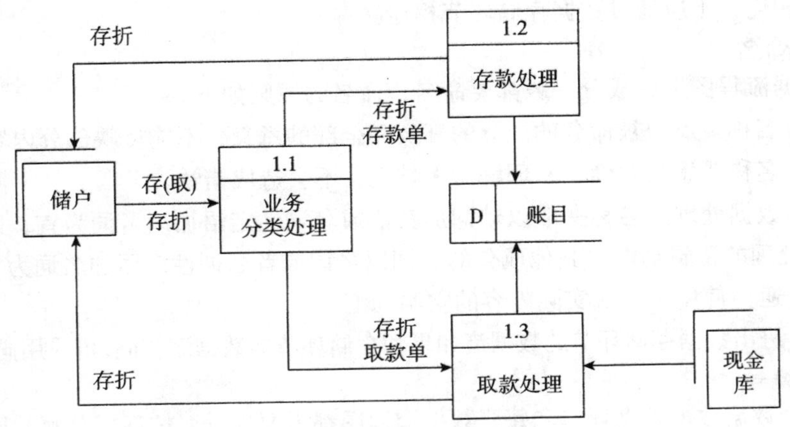

图 6-10 银行活期存取款业务(第一层图)

(三) 绘制数据流程图的几点注意事项

1. 自顶向下、逐层分解

数据流程图的绘制过程，是系统分析过程的重要组成部分，这一过程自顶向下，逐层分解，就是由系统外部至系统内部、由总体到局部、由抽象到具体的系统逻辑模型建立过程。对于一个大型管理信息系统项目，数据流程图分解的数据处理环节可以稍多一些以减少图的层次，但每张图的数据处理项目以不超过 8 个为宜。

在数据流程分解中，要保持各层成分的完整性和一致性。数据流程的逐层分解是以数据处理的分解为中心的，属于功能分解性质。我们把上层被分解的数据处理环节称为父数据处理环节，分解后的数据处理环节称为子数据处理环节。从逻辑上来讲，父数据处理环节的功能为对应的子数据处理环节功能之和。对数据流程的分解、数据存储和外部项的分解，也一定要保持父项的内容为对应各子项的内容之和，防止任意增、删、改，以保持各层数据流程图之间数据的平衡。下层数据流程图不应出现不属于上层图中的数据流子项的新数据流，但可以出现不属于上层图的数据存储环节子项的新的数据存储环节。当外部项的分解有助于更明确描述系统某些部分的功能与系统需求时，下层图要对分解后的外部项加以定义和命名。

2. 数据流必须通过送去数据处理或从数据处理环节发出

不通过数据处理环节的数据流(如外部项之间的数据交换)不在数据流程图中表示，因为这类数据流与所描述的系统无直接关系。

3. 数据存储环节一般作为两个数据处理环节的界面来安排

只与一个数据处理环节有关的数据存储，如果不是公用的或特别重要的，可不在数据流程图上画出。直接从外部项来与直接到外部项去的数据流应直接与数据处理环节相连，不应通过数据存储环节相连。

4. 命名

数据流程图上的成分一般都要命名，命名的原则如下。

(1) 名称要反映被命名的成分的真实和全部的意义，不能反映部分内容。

(2) 名称要意义明确，易理解，无歧义，不会造成错觉。

(3) 数据处理的名称一般以动词加宾语或名词性定语加动名词为宜，以明确反映信息处理的逻辑功能，其他成分的名词以名词或者名词性定语加名词为宜。

(4) 避免使用不反映实际内容的空洞词汇。

(5) 进出数据存储环节的数据流如果和存储环节的数据流相同，可采用同一名称。

5. 编号

每个数据数据处理环节和每张数据流程图都需要编号。按逐层分解的原则，父图与子图的编号要有一致性，一般子图的图号是父图上对应数据处理的编号。顶层图的图号为 0，其中各数据处理环节按 1，2，3，…顺序编号，1 号数据处理环节分解后的子数据处理按 1.1，1.2，1.3，…编号，2 号数据处理环节按 2.1，2.2，2.3，…编号，依此类推。数据处理环节 1.1 分解后的子环节为 1.1.1，1.1.2，…依此类推。

数据流与数据存储环节也要进行编号以便于编写、分析与维护。编号方法原则上与数据处理环节的编号方法相同。为避免混淆，可在数据流与数据存储编号的第一位数字前冠以“F”，数据存储的编号冠以“D”。如果外部项较多，为便于分析，维护，也可在数据流程图上进行编号。

6. 只绘制所描述的系统稳定工作情况下的数据流程

数据流程图不描述系统启动时或结束工作时，功能和数据流运动规律处于变动状态的状态。

数据流程从总体上描述系统的逻辑功能、系统内部各部分的信息联系及与系统外各有关事物的联系，反映系统中信息运动的规律，是系统逻辑模型的主要描述形式。数据流程清晰明了、容易理解，系统逻辑功能和各部分数据联系一目了然，便于交流。但数据流程图在描述系统逻辑功能和有关信息内容的细节方面仍存在较大的局限性，如难以在数据流程图上标识出数据流、数据存储、数据处理和外部项的具体内容，也不能很好地反映系统中决策与控制过程等。因此，在系统分析中，除了用数据流程图描述系统逻辑模型外，还需要辅以其他工具，如结构化语言、决策表、决策树等。

在数据流程图的绘制过程中，应特别注意父-子图的平衡，这种平衡主要有两个方面，一个是功能的平衡，另一个是数据方面的平衡。功能平衡是指子处理功能的总和应该等于父数据流程图中的同一个处理功能，而数据平衡是指流入和流出父处理的数据流的类型和数目与分解后的子处理集合的流入和流出数据流完全一致。

在数据流程图的绘制过程中，还应该注意外部实体与数据存储之间不可以用数据流直接连接在一起，而必须通过数据处理来连接，数据处理之间的连接一般通过数据存储，如果没有通过数据存储，表示交换的数据流是中间数据，而系统不必保存。一个数据处理必须至少有一个流入的数据流和一个流出的数据流。在流程图分解过程中，应注意各层次流程图中的处理数目不能太多，分解层次的数目要与系统的大小和复杂程度一致，但应该分解到所有的数据处理都是一个基本的、不可再分的功能为止。

四、数据字典

(一) 数据字典的概念

数据字典是关于数据库的数据库，是对数据流程图上各个元素给出的详细的定义和说明。数据流程图配以数据字典，就可以从图形和文件两个方面对系统的逻辑模型进行描述，从而形成一个完整的说明。一旦数据字典建立起来，并按编号排序后，就是一本可供人们查阅的字典。

数据字典是关于数据库中数据的描述，即元数据，而不是数据本身。数据本身将存放在物理数据库中，由数据库管理。数据字典有助于这些数据的进一步管理和控制，为设计人员和数据库管理员在数据库设计、实现和维护运行阶段控制有关数据时提供依据。数据字典是进行数据收集和数据分析获得的主要成果，是各类数据描述的集合。

(二) 数据字典的作用

数据字典的作用是给词汇以定义和解释。上面讨论的数据流程图只能给出系统逻辑功能的一个总框架，但缺乏详细、具体的内容。在结构化分析中，数据词典对数据流程图中的各种成分起注解、说明作用，给这些成分赋以实际内容。换句话说，数据流程图上所有成分的定义和解释的文字集合就是数据字典。除此之外，数据字典还要对系统分析中其他需要说明的问题进行定义和说明。

在系统分析中，数据字典起着重要作用，它包含关于系统的详细信息。一般来说，系统分析人员把不便于在数据流程图上注明而系统分析应该获得、对整个系统开发以至将来系统运行与维护必需的信息尽可能放入数据字典。除了上述有关成分的定义与解释之外，如关于数据流与数据处理发生频率、出现的时间、高峰期与低谷期、数据处理的优先次序、数据处理周期及安全保密等方面的信息，在数据字典中都在有关成分的基本定义与说明后面，根据系统开发、维护和运行的需要加以说明。总的来说，数据字典通过对数据流程图中有关成分的描述尽可能说明下列问题：①什么？(是什么或做什么)；②何处？(在何处或者来自何处，去向何处)；③何时？(何时出现、时间长短)。

数据字典是系统逻辑模型的详细、具体说明，是系统分析阶段的重要文件，也是内容丰富、篇幅很大的文件。

(三) 数据字典的编制

数据字典的编写方法有手工编写和计算机辅助编写。手工编写的主要工具是笔和卡片，当然可以辅以计算机文字处理手段。这时计算机只是作为手工书写工具来使用，没有对数据字典的结构、内容和格式的处理功能。由于数据字典各条目的定义、说明和分解细化主要靠人的知识、经验和判断，手工编写具有较大的灵活性与适应性，所以，可以随着系统分析工作的深入和对用户信息需求的了解的细化而不断充实、修正数据字典的内容。但是，手工编写的效率不高，编辑困难，容易出现疏漏和错误，对数据字典的检查、维护、查询、检索、统计与分析都不方便。计算机辅助编写是指在计算机辅助绘制数据流程图的同时，随着数据流程的逐层分解，计算机系统自动生成数据字典的某些条目，再由人工进行修改和补充。计算机辅助编写字典时，计算机以输入的方式接收数据字典各类成分的定义和说明的原始数据，根据规范要求提供编辑、索引以及完整性、一致性检查的功能，并具有统计、报告、查询功能，可以定义某些数据处理中有但数据流程上未注明的数据元素。这类计算机辅助工具，即计算机辅助软件工程工具，提供数据流程图和数据字典的编制功能，具有图形处理、数据管理和文字编辑的能力，有的还能在系统设计与系统实施阶段提供辅助功能。

对于计算机辅助编写数据字典来说，最重要的是建立便于输入、查询与维护的数据库，这称之为数据字典库。除了采用商品化的计算机辅助软件工程工具辅助编写数据词典外，也可采用通用的数据库管理系统来创建数据字典，开发相应的编辑、查询与检验程序。

编制和维护数据字典是一项十分重要而繁重的任务，不但工作量巨大，而且简单乏味，编写数据字典的基本要求如下。

(1) 对数据流程图上的各种成分的定义必须明确、易理解、唯一。

(2) 命名、编号与数据流程图一致，必要时(如计算机辅助编写数据字典时)可增加编码，方便查询检索、维护和统计报表。

(3) 符合一致性和完整性的要求，对数据流程图上的成分定义与说明无遗漏项。

数据字典中无内容重复或相互矛盾的条目。数据流程图中同类成分的数据字典条目中，无同名异义或异名同义者。

(4) 格式规范、风格统一、文字精炼，数字与符号正确。

(四) 数据字典的主要内容

数据字典描述的主要内容有数据元素、数据流、数据存储、数据处理、外部项，其中数据元素是组成数据流的基本成分。

数据字典的格式是根据各类条目的内容以及编写、维护、使用方便性来设计的。这里介绍的是一种图表式格式，这种格式使数据字典各条目的内容描述更清晰、明确、规范。

为了准确、规范地描述各类条目的内容，数据字典中采用以下符号。

(1) 等号(=)，意义：等于，是，由……组成，表示等式左边的项目由等式右边各项组成或等式两边内容相同。

(2) 加号(+)，意义：与，表示加号两边项目同时出现或共同组成某项内容。

(3) 方括号([])，意义：或者，表示方括号内各项目中至少出现一项。

(4) 花括号({})，意义：重复，表示花括号内项目重复出现多次或重复取值多次。重复次数注明的方式：$_n\{\}$表示重复 n 次；$_1^n\{\}$表示括号内从取第一个值到第 n 个值，{}(condition)表示在满足所注明的条件下重复。如不注明条件，表示无条件重复，如不注明次数，表示重复次数任取。

(5) 圆括号(( ))，意义：选择项，表示圆括号内所列项目为可选项目，既可能出现，也可能不出现。

在数据字典中，数值型数据元素也采用数据运算符号，如加(+)、减(−)、乘(×)、除(/)、分式、乘方、开方等符号。

1. 数据项

数据项是不可再分的数据单位，包括数据项编号、数据项名、数据项含义说明、别名、数据类型、长度、取值范围、取值含义、与其他数据项的逻辑关系。其中，取值范围、与其他数据项的逻辑关系定义了数据的完整性约束条件，是设计数据检验功能的依据。

反映数据项特征的主要方面如下：①数据的类型、精度和字长，是建库和分析处理必须要求确定的；②合理取值范围，是输入、校对和审核所必需的；③数据量，即单位时间内(如每天、每月、每年)的业务量、使用频率、存储和保留的时间周期等，是在网上分布数据资源和确定设备存储容量的基础；④所涉及业务过程。示例见表 6-2。

表 6-2　数据项

<table>
<tr><td colspan="6">数 据 项</td></tr>
<tr><td colspan="6">系统名：教务管理　　　　编号：
条目名：学号　　　　　　别名：</td></tr>
<tr><td colspan="3">属于数据流：
F1~F8</td><td colspan="3">存储处：D2　学生名册
D3　学生成绩</td></tr>
<tr><td colspan="6">数据元素结构：
代码类型　　　　取值范围　　　　意义
字符　　　　0001001-99992999　　××　××　×××
(由数字组成的字符串)　　　　编号
系别代号
学生入学年号</td></tr>
<tr><td colspan="6">简要说明：
学号是学生的代码，学生有且仅有一个唯一的学号</td></tr>
<tr><td rowspan="2">修改记录：</td><td>编写</td><td>×</td><td>日期</td><td colspan="2">×年×月×日</td></tr>
<tr><td>审核</td><td>×</td><td>日期</td><td colspan="2">×年×月×日</td></tr>
</table>

2. 数据结构

数据结构反映了数据之间的组合关系。一个数据结构可以由若干个数据项组成，也可以由若干个数据结构组成，或由若干个数据项和数据结构混合组成。对数据结构的描述通常包括以下内容：

数据结构描述={数据结构名，含义说明，组成:{数据项或数据结构}}

[例 6.1] 工资发放系统中的“员工”的数据结构描述。

数据结构：员工。

含义说明：是工资发放系统中的主要数据结构之一，定义了一个职工的有关信息。

组成：员工编号、姓名、性别、部门名称、出生年月、身份证号、职务、电话等。

3. 数据流

数据流是数据结构在系统内传输的路径。对数据流的描述通常包括以下内容：

数据流描述={数据流名，说明，数据流来源，数据流去向，组成:{数据结构}，平均流量，高峰期流量}。

其中，数据流来源是说明该数据流来自哪个过程。数据流去向是说明该数据流将到哪个过程去。平均流量是指在单位时间(每天、每周、每月等)里的传输次数。高峰期流量则是指在高峰时期的数据流量。

[例 6.2] 工资发放系统中的“工资单”的数据流描述。

数据流：工资单。

说明：公司员工的工资单。

数据流来源：基本工资数据、计时数据、公司员工、员工类别等。

数据流去向：费用分配、财务总账等

组成：……

平均流量：……

高峰期流量：……

学生成绩通知单数据流示例见表 6-3。

表 6-3 数据流

<table>
<tr><td colspan="5">数 据 流
系统名：教务管理 编号：
条目名：成绩通知 别名：成绩通知单</td></tr>
<tr><td colspan="2">来源：成绩管理</td><td colspan="3">去处：学生</td></tr>
<tr><td colspan="5">数据流结构：
学生成绩通知={学号+学生姓名+{课程名称+成绩}+(补考课程名称+补考时间+补考地点)}</td></tr>
<tr><td colspan="5">简要说明：
学生成绩通知在每学期期末考试结束后一周至下学期开学前一周期间内发给所有本期在校学生</td></tr>
<tr><td rowspan="2">修改记录：</td><td>编写</td><td>×××</td><td>日期</td><td>×年×月×日</td></tr>
<tr><td>审核</td><td>×××</td><td>日期</td><td>×年×月×日</td></tr>
</table>

4. 数据存储

数据存储是数据结构(在系统设计阶段又叫数据结构的内模式)停留或保存的地方，也是数据流的来源和去向之一。对数据存储的描述通常如下：

数据存储描述={数据存储名，说明，编号，流入的数据流，流出的数据流，组成: {数据结构}，数据量，存取方式}

其中，数据量是指每次存取多少数据，每天(或每小时、每周等)存取几次信息等。存取方法包括是批处理，还是联机处理；是检索还是更新；是顺序检索还是随机检索等。另外，流入的数据流要指出其来源，流出的数据流要指出其去向。示例见表 6-4。

5. 处理过程

数据字典中只需要描述处理过程的说明性信息，通常包括以下内容：

处理过程描述={处理过程名，说明，输入: {数据流}，输出: {数据流}，处理: {简要说明}}。

表 6-4　数据存储

<table>
<tr><td colspan="6">数 据 存 储</td></tr>
<tr><td colspan="3">系统名：教务管理
条目名：学生记录</td><td colspan="3">编号：
别名：</td></tr>
<tr><td colspan="2">存储组织：
每个学生一条记录</td><td colspan="2">记录数：约 800</td><td colspan="2">主关键字：学号</td></tr>
<tr><td colspan="6">记录组成：
项名：　学号　姓名　性别　出生年月　注册学期　选课代号 1……选课代号 7　备注
近似长度：7　10　2　4　4　6　……　6　20
(字节)</td></tr>
<tr><td colspan="6">简要说明：
学籍变动(留校、转专业)在备注中说明、重修课程在备注中说明。</td></tr>
<tr><td rowspan="2">修改记录：</td><td>编写</td><td>张××</td><td>日期</td><td colspan="2">2002 年 6 月 10 日</td></tr>
<tr><td>审核</td><td>王××</td><td>日期</td><td colspan="2">2002 年 6 月 20 日</td></tr>
</table>

其中，简要说明中主要说明该处理过程的功能及处理要求。功能是指该处理过程用来做什么(而不是怎么做)，处理要求包括处理频度要求，如单位时间内处理多少事务，多少数据量，响应时间要求等。这些处理要求是后面物理设计的输入及性能评价的参考标准。示例见表 6-5。

表 6-5　处理过程

<table>
<tr><td colspan="5">处 理 过 程</td></tr>
<tr><td colspan="3">系统名：教务管理
条目名：成绩管理</td><td colspan="2">编号：
别名：</td></tr>
<tr><td colspan="2">输入数据流：
学生修课名单；课程名称；成绩</td><td colspan="3">输出数据流：教学安排；学生成绩通知单；
学生选修课程情况与成绩统计</td></tr>
<tr><td colspan="5">数据处理逻辑：
1. 从学生记录中获取修同一课程的学生名单；
2. 统计每门课程的修课人数并报系院；
3. 从系院获取课程安排信息，包括各门课程的上课时间、地点；
4. 形成教学安排信息，其中包括各门课程的修课学生名单、上课地点，通知有关任课教师；
5. 获取任课教师的学生成绩数据，并登录在学生成绩档案中；
6. 统计成绩，计算各课程成绩优良、及格、不及格、缺考各项人数及比重，计算各课平均成绩等相关统计数据并向系统报告；
7. 发成绩通知给学生，如有补考科目另外附补考安排。</td></tr>
<tr><td colspan="5">简要说明：
课程安排由系院教学管理人员直接向学生公布。</td></tr>
<tr><td rowspan="2">修改记录：</td><td>编写</td><td>张××</td><td>日期</td><td>2002 年 6 月 10 日</td></tr>
<tr><td>审核</td><td>王××</td><td>日期</td><td>2002 年 6 月 20 日</td></tr>
</table>

6. 外部项

外部项示例见表 6-6。

表 6-6 外部项

<table>
<tr><td colspan="5">外　部　项</td></tr>
<tr><td colspan="3">系统名：教务管理
条目名：教师</td><td colspan="2">编号：
别名：任课教师</td></tr>
<tr><td colspan="3">输入数据流：教学安排</td><td colspan="2">输出数据流：成绩通知单</td></tr>
<tr><td colspan="5">主要特征：
教师，为修课学生授课的任课教师，其主要特征是教师姓名、讲授课程名称、联系地址</td></tr>
<tr><td colspan="5">简要说明：本系统仅仅根据系统课程安排通知教师有关教学安排</td></tr>
<tr><td rowspan="2">修改记录：</td><td>编写</td><td>张××</td><td>日期</td><td>2002 年 6 月 10 日</td></tr>
<tr><td>审核</td><td>王××</td><td>日期</td><td>2002 年 6 月 20 日</td></tr>
</table>

五、描述处理逻辑的工具

数据流程图中的每一个处理逻辑都必须有一个“基本说明”，用做处理逻辑的分析资料。而分析和表达一个处理逻辑的功能的方法(工具)有三种，即结构化语言(structured language)、决策树(decision tree)和决策表。它们各有长处和不同的适应范围。下面我们将分别给予介绍。

(一) 结构化语言

结构化语言是专门用来描述一个功能单元逻辑要求的。它介于自然语言和程序语言之间，受到结构化程序的设计思想的启发而产生出来。

1. 结构化语言的特点

受结构化程序设计思想的影响，由三种基本结构构成，即顺序结构、判断结构和循环结构。

2. 关键词

结构化语言借助于程序设计的基本思想，并利用其中少数几个关键词来完成对模块处理过程的描述。这几个关键词是：“if”，“then”，“else”，“and”，“or”，“not”。

3. 应用

下面我们用结构化语言来描述公司销售业务过程的折扣政策(注：例子是用英语，相应的改用汉语或其他语言效果是一致的)。若年交易额在 10 万元以上，且最近 6 个月无欠款的顾客，可享受 20%的折扣；若年交易额 10 万元以上且近 6 个月有欠款，且是本公司5年以上老顾客，可享受10%的折扣；若年交易额10万元以上但不是老顾客，只有5%的折扣；年交易额不足10万元者无折扣。具体描述如下。

IF customer does more than ￥ 100,000 business
THEN IF the customer wasn't in debt to us the last six months
    THEN discount is 20%
    ELSE (was in debt to us)
    IF customer has been with us for more 5 years
    THEN discount is 10%
    ELSE (5 year or less) SO discount is 5%
ELSE (customer does $ 100,000 OR less) SO discount is nil.

(二) 决策树

用决策树来描述一个功能模块逻辑处理过程，其基本思路与结构化语言一脉相承，是结构化语言的另一种表现形式，而且是更为直观、方便的表现形式(图6-11)。

决策树的左边为树根，从左向右依次排列各条件，左边的条件比右边的优先考虑。根据每个条件的取值不同，树可以产生很多分支，各分支的最右端(即树梢)为不同的条件取值状态下采取的决策(也称策略)。

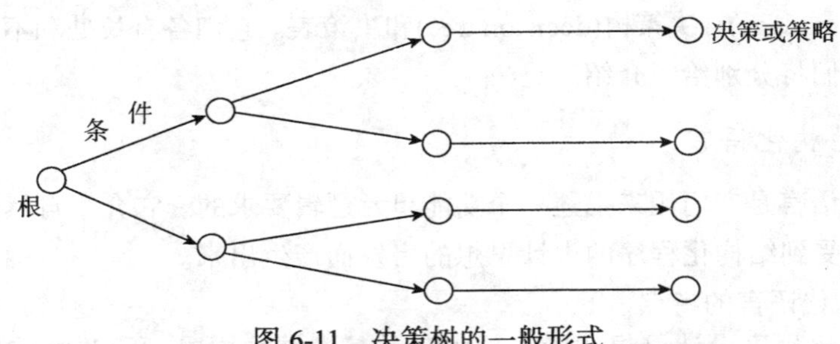

图6-11 决策树的一般形式

下面我们用决策树方法来描述上述某公司产品销售业务过程中的折扣政策(图6-12)。

(三) 决策表

决策表也称判断表，也是一种表达逻辑判断的工具，它以表格的形式给出各种条件的全部组合以及在各种组合下应采取的行动。

决策表由四部分组成，左上部分为判断条件，左下部分为行动方案，右上部分为不同条件的组合，右下部分表示不同条件组合下应采取的决策(表6-7)。

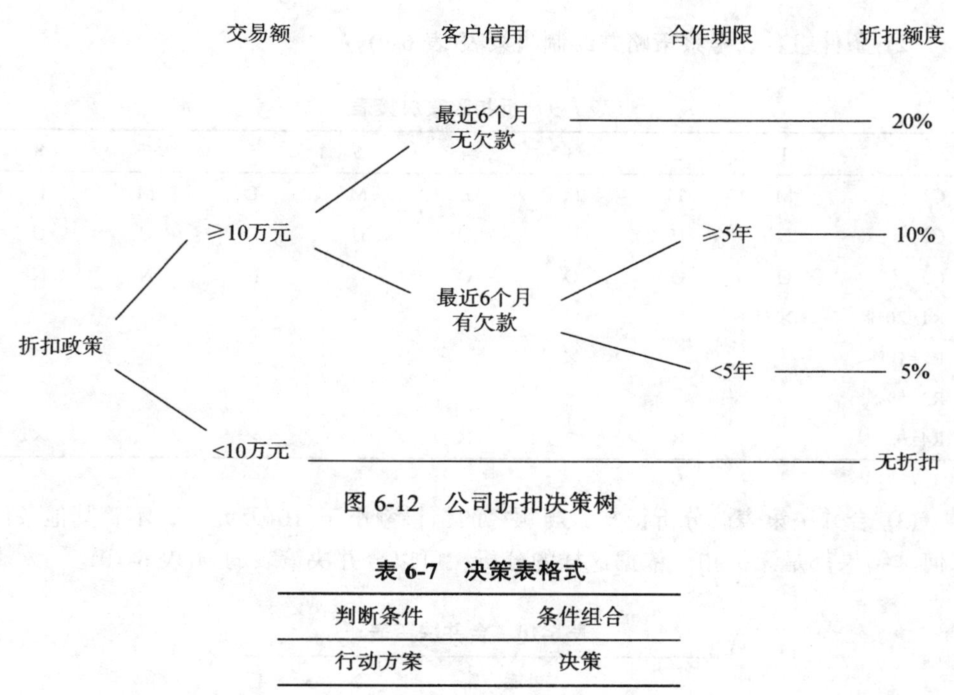

图 6-12 公司折扣决策树

表 6-7 决策表格式

判断条件	条件组合
行动方案	决策

构造决策表的方法可以分为三步：①条件分析及取值；②条件组合、考察策略并绘制决策表；③合并决策表。寻找不必存在的条件所列出的方案，并将这些方案从表中删除。下面我们用决策表来描述上述某公司产品销售业务过程中的折扣政策。

(1) 条件分析及取值(表 6-8)。

表 6-8 决策表条件分析及取值

条件名称	取值	含义
金额	M	大于等于 100 000 元
	L	其他
客户	H	最近 6 个月无欠款
信用	U	其他
合作	O	5 年以上老客户
期限	N	新客户

(2) 条件组合、考察策略并绘制决策表(表 6-9)。

表 6-9　折扣政策决策表

	1	2	3	4	5	6	7	8
C1	M	L	M	L	M	L	M	L
C2	H	H	U	U	H	H	U	U
C3	O	O	O	O	N	N	N	N
R1=20%	×				×			
R2=10%			×					
R3=5%							×	
R4=0		×		×		×		×

(3) 合并决策表。分析得知，当顾客的销售额小于 10 万元时，不管其他条件如何，结果都是无折扣，依据这样的分析，可以合并决策表的列(表 6-10)。

表 6-10　合并决策表

	可能方案	1	2	3	4
条件	额度(C1)	M	M	M	X
	信用(C2)	H	U	U	/
	期限(C3)	/	O	N	/
结果	R=20%	X			
	R=10%		X		
	R=5%			X	
	R=0				X

(四) 三种工具的比较

(1) 从工具的难易程度讲，决策树最容易，结构化语言居中，而决策表难度较高。因为决策表要把条件一个不漏地列出来，同时，利用决策表要有一定的逻辑代数知识。

(2) 决策表的优点：能把所有的条件组合一个不漏地充分地表达出来，适用于知识表达。决策表的缺点：建立过程较为繁杂，表达方式不如前两者简便，但可以避免下列情况：在某条件和取值下没有相应动作；在某条件和取值下有动作，该动作却不依赖于此条件和取值而存在。当条件的个数较多，每一条件的取值有若干个，相应的动作也很多的情况下，使用决策表比决策树更加有效和清晰。对于逻辑验证，决策表最好，它能把所有的可能性全考虑到，能澄清疑问。结构化语言居中，而决策树较差。

(3) 对于机器可读性方面，也就是利于计算机自动编制程序，结构化语言最好，决策树最差。

(4) 对于可修改性，结构化语言最好，决策树居中，而决策表的可修改性最低。因为当想要增加或减少一个条件时，都要改变条件组合。

综上所述，我们可以得出以下的结论(表 6-11)。

(1) 对于一个不太复杂、直观表达的判断逻辑，即条件只有 2~3 个，条件组合及动作在 10~15 个，使用决策树最好，决策表最差。

(2) 如果一个复杂的判断逻辑(条件多、组合多、相应的动作也多)，使用决策表最好。

(3) 如果一个处理逻辑既包含了一般的顺序执行动作，又包含了判断或循环逻辑，或作为程序设计说明，则使用结构化语言最好。

表 6-11　三种处理逻辑方法的比较分析

比较指标	结构化语言	决策树	决策表
直观性	一般	很好	一般
用户检查	不便	方便	不便
可修改性	好	一般	不好
逻辑检查	好	一般	很好
机器可读性	很好	差	好
机器可编程性	很好	不好	好

六、数据汇总分析

有了数据流程分析的基础，我们还需要更加详细地分析，即数据汇总分析。主要工作包括两方面：其一，对新开发的管理信息系统中所有数据进行分类，定义每类数据信息的属性结构，即数据的逻辑存储结构；其二，通过 E-R 图进一步分析数据类之间的关系，规范数据字典，为将来设计和处理模块或子系统间的信息传递奠定基础。我们只讨论第一方面的工作。

数据汇总分析，也称数据分析，是定义系统数据结构和处理设计前的基础工作。在系统调查中我们曾收集了大量的数据载体(如报表、统计表文件格式等)和数据调查表，这些原始资料基本上是由每个调查人员按组织结构或业务过程收集的，它们往往只是局部地反映了某项管理业务对数据的需求和现有的数据管理状况。对于这些数据资料必须加以汇总、整理和分析，使之协调一致，为以后在分布式数据库内各子系统充分的调用和共享数据资料奠定基础。

调查数据进行汇总分析的主要任务首先是将系统调查所得到的数据汇总为如下三类：①本系统输入数据类(主要指分析的报表)，即今后下级子系统或网络要传递的内容；②本系统内要存储的数据类(主要指各种台账、账单和记录文件，包括输入和输出数据类)，它们是今后本系统数据库要存储的主要内容；③本系统产生的数据类(主要指系统运行所产生的各类报表)，它们是今后本系统输出和网络传递的主要内容。数据分类的依据是前面阶段所绘制的业务处理流程图和数据流程图。

然后，再对每一类数据进行如下两项分析：①对汇总结果进行检查，是否有遗漏；②分析检查数据的匹配情况。

数据汇总分析是一项较为繁杂的工作，为使数据汇总分析能顺利进行，通常将它分为如下四步。①将系统调查中所收集到的数据资料，按业务过程进行分类编码，按处理过程的顺序排放在一起。这样，便于基于业务需求检查已得到的数据类是否存在遗漏。②按业务过程自顶向下地对数据项进行分层式整理。这样，便于针对不同的业务层次对数据的实际需求情况来检查已得到的数据类是否存在遗漏。例如，对于成本管理业务，应从最终成本报表开始，检查报表中每一栏数据的来源，然后检查该数据的来源，一直查到最终原始统计数据(如生产统计、成本消耗统计、产品统计、销售统计、库存统计等)或原始财务数据(如单据、凭证等)。③将所有原始数据和最终输出数据分类整理出来。之后，结合前面绘制的业务流程图和数据流程图，就可以比较容易地检查数据的遗漏及差错情况。例如，经过检查发现前面的某业务过程只有输出而无输入，这显然说明我们对输入数据的汇总是不全面的、有遗漏的。原始数据是以后确定关系数据库基本表的主要内容，而最终输出数据则是反映管理业务所需求的主要数据指标。这两类数据对于后续工作来说是非常重要的，所以将它们单独列出来。④确定数据的长度和精度。根据系统调查中用户对数据的满意程度并预计今后该业务可能的发展规模，统一确定数据的长度和精度。对数字型数据来说它包括数据的正、负号、小数点前后的位数、取值范围等；对字符型数据来说只需要确定它的最大长度和是否为中文。

数据的汇总只是从某项业务的角度对数据进行了分类整理，还不能确定收集数据的具体形式，以及整体数据的完备程度、一致程度和无冗余的程度。因此还需要对数据进行特性分析。①数据的静态特性分析，确定数据的类型、长度、小数位数、取值范围、发生的业务量。②数据的动态特性分析，按动态特性的数据属性分类，对于固定值属性，其值基本保持不变；固定个体变动属性，对总体来说具有相对固定的个体集，但其值是变动的；随即变动属性，其个体是随机出现的，值也是变动的。

第五节　系统逻辑方案的确定

新系统逻辑方案指的是经分析和优化后，新系统拟采用的管理模型和信息处理方法。因它不同于计算机配置方案和软件结构模型方案等实体结构方案，故称其为逻辑方案。

详细地了解情况，进行系统分析都是为最终确立新系统的逻辑方案作准备。因此说新系统逻辑方案的建立是系统分析阶段的最终成果。它对于下一步的设计和实现都是基础性的指导文件。

新系统的主要逻辑方案如下：对系统业务流程分析整理的结果；对数据及数据流程分析整理的结果；子系统划分的结果；各个具体的业务处理过程，以及根据实际情况应建立的管理模型和管理方法。新系统的逻辑方案也是系统开发者和用户共同确认的新系统处理模式及打算共同努力的方向。

一、新系统信息处理方案

在本章前面各节中已经对原有系统进行了大量的分析和优化，分析和优化的结果就是新系统拟采用的信息处理方案。它包括如下三部分。

(一) 确定合理的业务处理流程

在这里正式提出的业务流程分析结果，不仅是对企业业务的描述，也是对业务过程的再思考和再造。

(1) 删去或合并了哪些多余的或重复的业务处理过程?

(2) 对哪些业务处理过程进行了优化和改动，改动的原因是什么，改动(包括增补)后将带来哪些好处?

(3) 给出最后确定的业务流程图。

(4) 指出在业务流程图中哪些部分新系统(主要指计算机软件系统)可以完成，哪些部分需要用户完成(或是需要用户配合新系统来完成)?

(二) 确定合理的数据和数据流程

数据流程分析的结果是系统做什么的逻辑基础，其具体内容包括五个方面。

(1) 请用户确认最终的数据指标体系和数据字典。确认的内容主要是指标体系是否全面合理，数据精度是否满足要求并可以统计得到这个精度等。

(2) 删去或合并了哪些多余的或重复的数据处理过程?

(3) 对哪些数据处理过程进行了优化和改动，改动的原因是什么，改动(包括增补)后将带来哪些好处?

(4) 给出最后确定的数据流程图。

(5) 指出在数据流程图中哪些部分新系统(主要指计算机软件系统)可以完成，哪些部分需要用户完成(或是需要用户配合新系统来完成)?

(三) 确定新系统的逻辑结构和数据分布

系统划分、系统子项目和子系统的分析结果分两部分给出。

(1) 新系统逻辑划分方案(即子系统的划分)。

(2) 新系统数据资源的分布方案，如哪些在本系统设备内部，哪些在网络服务器或主机上?

上述这些内容是对系统分析阶段工作的集中和系统性的总结。由此我们也可以看出，诸如企业的基本现状、系统目标和开发可行性、现行系统的运行状况等，在新系统的逻辑方案中并没有进行体现和说明，这些将在系统分析报告中补充说明。

二、新系统可能涉及的管理模型

管理模型是系统在每个具体管理环节上所采用的管理方法，确定新系统的管理模型就是要确定今后系统在每一个具体的管理环节上的处理方法。在手工系统中，由于受信息获取、传递和处理手段的限制，只能采用一些简单的管理模型，而在计算机技术的支持下，许多复杂的计算在瞬间即可完成，这样，像企业资源计划等现代管理方法的应用就具有了现实的可能性。

在系统分析中，要根据分析结果，对每个处理过程进行认真分析，研究每个管理过程信息处理的特点，找出相适应的管理模型。我们在进行系统分析时，要细心留意、整理和积累在新系统中可能用到的算法公式等管理模型。常用的管理模型包括账务处理模型、综合计划模型、生产计划模型、库存管理模型、成本管理模型、决策模型、统计分析与预测模型等。具体管理模式详见管理学书籍，本章基于篇幅不作表述。

第六节 系统分析报告

系统分析阶段的成果就是系统分析报告，系统分析报告是系统设计的依据，是与用户交流的工具，是应用软件的重要组成部分。系统分析报告形成后必须组织各方面的人员(包括组织领导、管理人员、专业技术人员、系统分析人员等)一起对已形成的逻辑方案进行论证，尽可能地发现其中的问题、误解和疏漏。对于问题、疏漏要及时纠正，对于有争议的问题要重新核实原始调查资料或进一步地深入调查研究，对于重大的问题甚至可能需要调整或更正系统目标，重新进行系统分析。

一份好的系统分析报告不但能够充分展示前段调查的结果，而且还能全面地反映系统分析的结果——新系统的逻辑方案，这是非常重要的(特别是后者)。

一、系统分析报告的作用

系统分析报告的作用主要表现在以下两个方面：①系统分析报告是系统分析阶段的工作成果，它反映了这一阶段调查分析的全部情况；②经审议后的系统分析报告成为有约束力的指导性文件，成为用户与技术人员之间的技术合同，是系统设计阶段工作的前提和出发点，是进行系统设计的依据。

二、系统分析报告的内容

作为系统分析阶段的技术文档，系统分析报告通常包括以下三个方面的内容。

(一) 引言

(1) 目的：简述开发当前管理信息系统的目的、编写本系统分析报告的目的。

(2) 项目背景：如开发委托单位、承办单位、主管部门，系统现状等。

(3) 引用：列出本项目的相关上级批文、任务书，以及编写本说明书时的参考文件、标准、资料等参考文献。

(4) 术语：列出本说明书中的专业术语及其解释。

(二) 项目概述

1. 项目的主要工作内容

简要说明本项目在系统分析阶段所进行的各项工作的主要内容。这些是建立新系统逻辑模型的必要条件，而逻辑模型是书写系统说明书的基础。

2. 组织情况简述

组织情况简述主要是对分析对象的基本情况作概括性的描述，包括如下内容：组织的结构(即组织结构图)；组织的目标、组织的工作过程和性质；业务功能(即组织结构与业务功能之间的关系表)；对外联系、组织与外部实体间有哪些物质及信息的交换关系，研制系统工作的背景如何等。

3. 新系统目标和开发的可行性

(1) 系统的目标，即系统拟采用什么样的开发战略和开发方法；

(2) 当前参与系统开发的人员情况(包括开发组成员、技术水平、经验及能力、分工等)；

(3) 资金需求预算(包括计划投入总费用、投入费用分配情况等)；

(4) 开发计划进度安排(包括总时间、阶段划分及各阶段工作内容等)；

(5) 系统计划实现后各部分应该完成什么样的功能，某些指标预期达到什么样的程度，有哪些工作是原系统没有而计划在新系统中增补的等。

4. 现行系统调查

新系统是在现行系统基础上建立起来的。设计新系统之前，必须对现行系统调查清楚，掌握现行系统的真实情况，了解用户的要求和问题所在，包括原系统信息处理情况(即业务处理流程图、业务功能一览表)、原系统信息流动情况(即数据流程图)；各个主要环节对业务的处理量、总的数据存储量、处理速度要求、主要查询和处理方式、现有的各种技术手段等。数据字典、判定表等往往篇幅较大，可作为附件。但是由它们得到的主要结论，如主要的业务量、总的数据存储量等，应列在正文中。

5. 新系统的逻辑模型

通过对现行系统的分析，找出现行系统的主要问题所在，进行必要的改动，即得到新系统的逻辑模型。新系统的逻辑模型也通过相应的数据流程图加以说明。数据字典等如有变动也要给出相应说明。新系统逻辑方案是系统分析报告的主体，这部分主要包括分析的结果和我们今后建造新系统的设想，也包括本章各节分析的结果和主要内容。

6. 应用项目风险及影响因素

应用项目风险是指因时间延误、成本超出标准、利益损失、绩效降低、项目软/硬件不兼容等可能带来的风险。

影响项目风险的因素主要有项目规模、项目结构和技术经验。

(三) 实施计划

(1) 工作任务的分解：对开发中应完成的各项工作，按子系统(或系统功能)划分，指定专人分工负责。

(2) 进度：给出各项工作的预定开始日期和结束日期，规定任务完成的先后顺序及完成的界面。可用 PERT 图(project evaluation and review technique)或甘特图表示进度。

(3) 预算：逐项列出本项目所需要的劳务及经费的预算，包括各项工作所需人力及办公费、差旅费、资料费等。

三、系统分析报告的审议

系统分析报告是系统分析阶段的技术文档，也是这一阶段的工作报告，是提交审议的一份工作文件。系统分析报告一旦审议通过，则成为有约束力的指导性文件，成为用户与技术人员之间的技术合同，成为下阶段系统设计的依据。因此，系统分析报告的编写很重要。它应简明扼要，抓住本质，反映系统的全貌和系统分析员的设想。它的优劣是系统分析人员水平和经验的体现，也是系统分析员对任务和情况了解深度的体现。

对系统分析报告的审议是整个系统研制过程中的一个重要的里程碑。审议应由研制人员、企业领导、管理人员、局外系统分析专家共同进行。审议通过后，系统分析报告就成为系统研制人员与企业对该项目共同意志的体现，系统分析作为一个工作阶段，宣告结束。若有关人员在审议中对所提方案不满意，或者发现研制人员对系统的了解有比较重大的遗漏或误解，就需要驳回，重新进行详细调查和分析。审议时也有可能发现条件不具备、不成熟，导致项目中止或暂缓。一般来说，经过认真的可行性分析之后，不应该出现驳回情况，除非情况有重大变动。

上面提到的局外专家，指研制过类似系统而又与本企业无直接关系的人。他们一方面协助审查研制人员对系统的了解是否全面、准确，另一方面审查提出的方案，特别是对实施后会给企业的运行带来的影响做出估计，这种估计需要借助他们的经验。

第七节 本章小结

系统分析是管理信息系统开发过程中最基础、最重要的一环，该阶段同时也是工作量最大、涉及人员和部门最多、持续时间最长的阶段。因为系统分析的结果是系统设计与实施的基础，所以系统分析的准确与否、全面与否，将决定着后面系统设计和实施的成败。

系统分析的切入点是对企业现状的调查。系统分析的主要任务就是通过对企业现状的调查，收集有关系统现状的资料和信息，先大致摸清企业的组织结构、业务

状况、业务关系、人员情况、管理现状、信息技术应用现状等；然后，再通过对获得的文档信息资料进行分析、汇总、处理，弄清企业的管理现状和新功能需求、数据信息的分类和信息间关系，即对组织内部整体管理状况和信息处理过程进行分析；最后确定子系统的划分情况和信息资源的分布情况。系统分析的主要内容是：业务和数据的流程是否通畅，是否合理；数据、业务过程和实现管理功能之间的关系；老系统管理模式改革和新系统管理方法的实现是否具有可行性等。具体内容包括：需求分析、系统功能分析、数据流程分析、数据字典和E-R图、子系统的确定与资源分布、建立新系统的逻辑方案、编写系统分析报告。系统分析的目的是将用户的需求及其解决方法确定下来，需要确定的结果如下：开发者关于现有组织管理状况的了解；用户对信息系统功能的需求；数据和业务流程；管理功能和管理数据指标体系；新系统拟改动和新增的管理模型等。系统分析所确定的内容是今后系统设计、系统实现的基础。

系统分析过程分三步进行。

第一步，概要分析，即对企业管理现状、组织结构现状、信息和应用现状进行概要分析和调查，获得第一手资料。同时，产生三个图表：组织结构图、组织结构与业务功能关系图(表)、业务功能结构图。

第二步，详细分析，即将调查获得的文档资料进行分析、汇总和处理，弄清组织结构与管理功能间的关系、数据字典和数据间关系(E-R图)、功能与数据间的关系(U/C矩阵)、子系统划分和数据资源分布、计算机软硬件环境支持需求或网络方案等。其中，对调查资料的分析、汇总后，利用U/C矩阵确定新系统的子系统划分和资源分配方案。

第三步， 系统分析成果总结，即对前两步得到的分析结果进行总结，确定新系统拟采用的逻辑方案，编制系统分析阶段的成果文档——系统分析报告。

[习 题]

一、单选题

1. 表格分配图是(　　)。

A. 数据流程调查使用的工具　　B. 编程工具

C. 系统设计工具　　D. 管理业务调查使用的工具

2. 建立数据字典应从(　　)阶段开始。

A. 系统设计　　B. 系统分析

C. 系统实施　　D. 系统规划

3. 表格分配图是系统分析阶段用来描述( )的。

A. 管理业务流程的图表　　B. 数据流程的图表

C. 功能结构的图表　　D. 数据处理方式的图表

4. 数据流程图是描述信息系统的( )。

A. 物理模型的主要工具　　B. 优化模型的主要工具

C. 逻辑模型的主要工具　　D. 决策模型的主要工具

5. 描述数据流程图的基本元素包括( )。

A. 数据流、内部实体、处理功能、数据存储

B. 数据流、内部实体、外部实体、信息流

C. 数据流、信息流、物流、资金流

D. 数据流、处理功能、外部实体、数据存储

6. 数据的静态特性分析指的是分析数据的( )。

A. 类型、记录的属性、取值范围、小数点后位数

B. 类型、长度、取值范围、单位时间内发生的业务量

C. 类型、发生的频率、密集度、结构化程度

D. 类型、相对固定属性、结构化程度、处理性质

7. 对系统分析人员的要求是( )。

A. 熟悉计算机硬件和软件

B. 精通本行业管理业务

C. 精通本行业管理业务，并熟悉计算机

D. 精通计算机，并略知管理知识

8. 成批处理方式适用于( ) 。

A. 负荷易产生波动的数据处理

B. 需要反应迅速，但数据收集费用较高的数据处理

C. 固定周期的数据处理

D. 有通信设备情况的数据处理

9. 系统分析的首要任务是 ( ) 。

A. 尽量使用户接受分析人员的观点　　B. 正确评价当前系统

C. 彻底了解管理方法　　D. 弄清用户要求

10. 系统分析调查组的成员( ) 。

A. 不应包括本单位的领导人员

B. 不应包括系统设计员

C. 应包括本单位的领导人员

D. 必须包括程序设计人员

二、填空题

1. 系统分析阶段主要完成新系统的________设计，系统设计阶段主要完成新系统的______设计。

2. 描述处理逻辑的常用工具有______和_______。

3. 建立数据字典是为了对_______图上的各个________作出详细的定义和说明。

4. 系统分析报告是系统_______的依据，是与________交流的工具。

5. 数据按动态特性可分为固定值属性、______属性和________属性三类。

6. 可行性分析的内容包括技术可行性、______可行性和______可行性。

7. 子系统划分的工具是________。

8. 定义处理逻辑时，只要对数据流程图中最______层的________加以说明就可，不必对其上各层数据流程图中都加以详细说明。

9. 数据流程图的四种基本元素是：数据流、数据处理、________和______。

三、简答题

1. 系统分析的主要任务、内容和目的是什么?为什么说系统分析是管理信息系统开发过程中最重要的一环?

2. 系统分析阶段为什么要进行业务流程分析?

3. 说明“数据流程分析”的依据和意义?

4. 如何检查U/C矩阵的正确性？试分析你熟悉的一个管理信息系统，建立相应的U/C矩阵、验证并求解之。最后解释求解的实际意义。

5. 如何理解数据字典的作用？为什么要对数据字典进行三个范式的规范化处理？举例说明三个范式的含义。

6. 什么叫E-R图？建立E-R图的依据是什么？为什么要绘制E-R图？

7. 按照本章所介绍的内容从头到尾分析你所在单位(或学校、系)的情况，绘出所有的图表，并写出系统分析报告和新系统逻辑方案。

8. “系统分析实质上就是分析、了解待开发系统的实际状况和进一步的管理需求”这句话的含义。

9. 通过实际例子领会加强基础管理工作对于系统开发的重要性。用所给出的例子，设计出一套简单、全面、能尽快了解用户需求的调查问卷。

10. 系统分析的最终成果是建立新系统的逻辑方案，那么，为什么还要编写系统分析报告?

[习题解答]

一、单选题

1. A 2. D 3. D 4. C 5. D 6. B 7. D 8. C 9. D 10. C

二、填空题

1. 逻辑 物理 2. 决策表 决策树 3. 数据流程图 数据 4. 设计 用户 5. 固定个体变动属性 随即变动属性 6. 经济 管理 7. U/C 矩阵 8. 底层 数据处理 9. 数据存储 外部项

三、简答题

(略)

HAPTER 7

第七章　管理信息系统的系统设计

[内容提要]

本章全面阐述管理信息系统的系统设计的理论、方法和其包含的各方面内容，重点介绍管理信息系统的系统设计的方法。

[学习要点]

1. 掌握和理解系统设计的概念、目的(任务)、原则、主要内容；
2. 掌握和理解结构化系统设计的概念、思想、步骤、内容、工具；
3. 掌握和理解模块和模块化的概念、模块分解设计的基本原则；
4. 掌握和理解总体设计的内容及详细设计的内容和方法；
5. 掌握和理解详细设计各部分的主要内容和方法；
6. 掌握和理解系统设计说明书的主要内容。

第一节 系统设计概述

管理信息系统设计阶段遵循自顶向下的设计原则，首先进行总体设计，逐层深入，直至完成系统每一模块的详细设计和描述工作，系统设计阶段的工作分为两部分，即系统的总体设计(或概要设计)和详细设计。

在系统分析阶段，我们明确了新系统的逻辑模型，回答了新系统“做什么”的问题。在系统设计阶段主要是依据系统分析阶段生成的系统分析报告和开发者的知识与经验，将分析阶段得出的逻辑模型(即需求模型)转化为物理模型(即解决方案)，解决“怎么做”的问题，即通过给出新系统物理模型的方式描述如何实现在系统分析中规定的系统功能。

一、系统设计的目标

系统设计的基本目标就是使所设计的系统满足系统逻辑模型的各项功能要求，同时尽可能地提高系统的性能。这是评价和衡量系统设计方案优劣的基本标准，也是选择系统设计方案的主要依据。评价与衡量系统设计目标的指标主要有以下六个方面。

(一) 系统的工作效率

系统的工作效率主要反映在系统对请求的处理能力和处理速度响应时间等方面。影响系统工作效率的因素很多，主要有硬件平台的选择、系统软件的性能、系统的工作方式(系统结构)等。

(二) 系统的工作质量

系统的工作质量是指系统处理数据的正确性、友好的人机界面，即操作的方便性与输出信息的易读易懂性，主要与系统的硬件设备和软件设计的质量有关。

(三) 系统的灵活性

系统的灵活性是指系统的可维护或可修改性。系统投入运行以后，系统的环境和条件会不断变化，系统在设计上的缺陷和功能上的不完善，以及在使用过程中出现的硬、软件故障等都会影响系统的正常运行。灵活性强的系统应便于维护、便于扩充完善。软件的设计水平是影响系统可变更性的主要因素。结构化模块设计、数据存储结构的优化、系统功能设计的前瞻性都是提高系统灵活性的重要措施。

(四) 系统的可靠性

系统的可靠性是指系统在正常运行时对外界各种干扰的抵抗能力。这是对系统的基本要求。对系统的外界干扰来自很多方面，大致可分为对硬件的干扰，对软件的干扰及对数据的干扰。这些干扰既有自然灾害导致的事故，又有人为的不经意的或恶意的软件侵入与数据篡改。一个成功的管理信息系统必须具有较高的可靠性，如安全保密性、检错及纠错能力、抗病毒能力等。提高系统可靠性需要从立法、硬件、软件、数据及运行规程多方面综合考虑。

(五) 系统的通用性

系统的通用性是指同一软件系统在不同使用单位的可应用程度。这一指标对商品化软件尤为重要。提高系统通用性的措施主要是进行充分的系统分析，保证业务处理的规范化、标准化、功能与数据结构设计的模块化以及系统参数的较大包容性等。

(六) 系统的经济性

在满足系统需求的前提下，尽可能地减少系统的开销。一方面，在硬件投资上不能盲目追求技术上的先进，而应以满足应用需要为前提；另一方面，系统设计中应尽量避免不必要的复杂化，各模块应尽量简洁，以便缩短处理流程，减少处理费用。

这六个指标既相互联系又互相制约，设计时需要根据实际需要和可能性，优先保证最重要的指标。

二、系统设计的步骤与任务

系统设计阶段的任务是在现行系统分析的基础上进行的，根据新系统的逻辑模型建立新系统的物理模型，解决“怎么做”的问题。其主要任务就是在各种技术和实施方法中权衡利弊，合理地使用各种资源，最终确定新系统具体的实施方案。一般来说，系统设计阶段可以分为两大阶段：总体设计和详细设计阶段。最后把设计方案编制为系统设计报告，通过专家评审即进入系统实施阶段。

(一) 总体设计阶段

总体设计阶段也称概要设计阶段，根据系统分析的成果进行系统总体结构设计，主要完成下面五项工作。

(1) 系统平台设计，根据要求和资源条件，为新系统选择适当的计算机系统(包括应用软件)，包括设备配置、硬件结构设计、软件结构设计、网络结构设计及数据库管理系统的选择等。

(2) 划分子系统，把整个系统按功能划分若干个子系统，明确各子系统的目标和功能。该部分的主要工作已经在系统分析阶段完成，根据需要，可以进一步优化和调整。

(3) 功能结构图设计，按层次结构划分功能模块，画出功能结构图。

(4) 处理流程图设计。

(5) 数据文件结构设计和数据库设计，主要是根据系统分析阶段所得到的数据流程图和数据字典，再结合系统处理流程图，进行数据文件结构设计和数据库设计。

(二) 详细设计阶段

详细设计阶段又称为物理模型设计阶段,真正回答新系统如何做的问题，具体考虑每一模块内部采用什么算法，其主要工作如下。

1. 代码设计

为了便于整个系统的信息交换和系统数据资源共享，也为了便于计算机处理，要对被处理的事物进行统一的分类编码，确定代码对象和编码方式。

2. 数据库设计

确定存储内容、存储容量，根据存取要求和设备条件，设计文件系统的结构或数据库的模式、子模式并保证数据库的完整性和安全性。

3. 用户界面设计

根据数据处理的要求以及用户的使用习惯，设计输入输出方式和数据输入输出的格式。

4. 编写程序模块设计说明书

(三) 编写系统说明书

应记载上述各项设计的全部成果，全面描述出新系统的基本结构，从总体上回答新系统该如何做的问题。同时还要指导下—步详细设计，订购系统所需各类设备，安排人员培训等各项工作。

三、系统设计的方法

系统设计比较成熟的方法包括结构化的系统设计方法和面向对象的系统设计方法。

(一) 结构化的系统设计方法

结构化程序设计由迪克斯特拉(E.W.dijkstra)在 1969 年提出，是以模块化设计为中心，将待开发的软件系统划分为若干个相互独立的模块，这样使完成每一个模块的工作变得单纯而明确，为设计一些较大的软件打下了良好的基础。

由于模块相互独立，所以在设计其中一个模块时，不会受到其他模块的牵连，可将原来较为复杂的问题简化为一系列简单模块的设计。模块的独立性还为扩充已有的系统、建立新系统带来了不少的方便，因为我们可以充分利用现有的模块作积木式的扩展。

按照结构化程序设计的观点，任何算法功能都可以通过由程序模块组成的三种基本程序结构——顺序结构、选择结构和循环结构的组合来实现。

结构化程序设计的基本思想是采用“自顶向下、逐步求精”的程序设计方法和“单入口单出口”的控制结构。“自顶向下、逐步求精”的程序设计方法从问题本身开始，经过逐步细化，将解决问题的步骤分解为由基本程序结构模块组成的结构化程序框图；“单入口单出口”的思想认为如果一个复杂的程序仅由顺序、选择和循环三种基本程序结构通过组合、嵌套构成，那么这个新构造的程序一定是一个“单入口单出口”的程序。据此就很容易编写出结构良好、易于调试的程序来。

(二) 面向对象的系统设计方法

1967年挪威计算中心的Kisten Nygaard和Ole Johan Dahl开发了Simula67语言，它提供了比子程序更高一级的抽象和封装，引入了数据抽象和类的概念，它被认为是第一个面向对象语言。1990年以来，面向对象分析、测试、度量和管理等研究都得到了长足发展。

面向对象方法出现以前，结构化程序设计是程序设计的主流，结构化程序设计又称为面向过程的程序设计。在面向过程的程序设计中，问题被看做一系列需要完成的任务，函数(在此泛指例程、函数、过程)用于完成这些任务，解决问题的焦点集中于函数。其中函数是面向过程的，即它关注如何根据规定的条件完成指定的任务。

比较面向对象程序设计和面向过程程序设计，面向对象程序设计的优点主要表现在以下六个方面。

(1) 数据抽象的概念可以在保持外部接口不变的情况下改变内部实现，从而减少甚至避免对外界的干扰。

(2) 通过继承大幅减少冗余的代码，并可以方便地扩展现有代码，提高编码效率，也减低了出错概率，降低软件维护的难度。

(3) 结合面向对象分析、面向对象设计，允许将问题域中的对象直接映射到程序中，减少软件开发过程中中间环节的转换过程。

(4) 通过对对象的辨别、划分可以将软件系统分割为若干个相对独立的部分，在一定程度上更便于控制软件复杂度。

(5) 以对象为中心的设计可以帮助开发人员从静态(属性)和动态(方法)两个方面把握问题，从而更好地实现系统。

(6) 通过对象的聚合、组合可以在保证封装与抽象的原则下实现对象在内在结构及外在功能上的扩充，从而实现对象由低级到高级的升级。

系统设计方法主要有结构化设计方法(以数据流程图为基础构成系统的模块结构)、Jackson 方法(以数据结构为基础建立系统模块结构)和面向对象的系统设计方法(以对象行为封装、继承性、多形性为基础建立系统模块结构)。本章主要介绍以数据流程图为基础构成系统模块结构的结构化设计方法。

第二节 系统总体设计

管理信息系统的总体结构设计是在系统分析工作的基础上，主要完成以下工作：① 系统平台设计；② 系统功能模块设计；③ 系统处理流程设计。

一、系统平台设计

管理信息系统平台是系统应用开发的基础，平台设计包括系统体系结构设计、处理方式的选择与设计、硬件平台选择与设计和软件平台选择与设计、网络结构设计。

(一) 系统体系结构设计

系统体系结构决定了系统的框架，网络环境中常用系统体系结构有客户机/服务器(client/server，C/S)结构、浏览器/服务器 (browser/server，B/S)结构。

1. C/S 结构

C/S，服务器负责管理数据库的访问，为多个客户程序管理数据，并对数据库进行检索和排序，此外还要对 C/S 网络结构中的数据库安全层加锁，进行保护。客户机负责与用户的交互，收集用户信息，通过网络向服务器请求对诸如数据库、电子表格或文档等信息的处理工作，是一种“胖客户机(fat client)”或“瘦服务器(thin server)”结构，如图 7-1 所示。

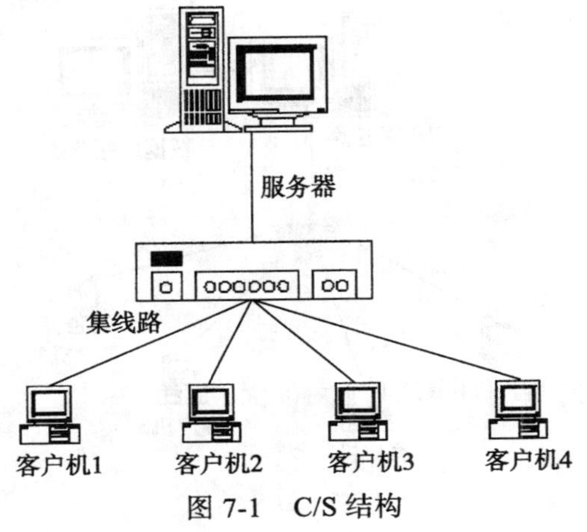

图 7-1 C/S 结构

最简单的 C/S 结构数据库应用由两部分组成，即客户应用程序和数据库服务器程序。两者可分别称为前台程序与后台程序。客户端软件一般由应用程序及相应的数据库连接程序组成。

服务器端软件一般是数据库系统,多数服务器就是一台数据库服务器(如 DB2、Oracle 数据库)，而客户端就是用开发工具编写的客户软件，通过 ODBC(open database connectivity，开放数据库互联)或 ADO(Activex data object，Activex 数据对象)同数据库服务器通信，组成一个应用系统。ODBC 建立了一组规范，并提供了一组对数据库访问的标准 API(应用程序编程接口)；ADO 是 Microsoft 提出的应用 API 用以实现访问关系或非关系数据库中的数据。作为最新的数据库访问模式，其使用简单易用，已经成为当前数据库开发和访问的主流。

C/S 的缺点是客户方软件安装维护困难,数据库系统无法满足成百上千的终端同时联机的需求。由于客户与服务器间的大量数据通信不适合远程连接，其只适合于局域网应用。现在有多层 C/S 结构。

2. B/S 结构

B/S 结构，所谓三层体系结构，是在客户端与服务器之间加入了一个中间层(WebServer) (图 7-2)。应用程序将业务规则、数据访问、合法性校验等工作放到了中间层进行处理；表示层(browser)位于客户端，一般没有应用程序，它负责由 Web 浏览器向网络上的 Web 服务器(即中间层)发出服务请求，把接受传来的运行结果显示在 Web 浏览器上；中间层负责接受远程或本地的用户请求，借助于中间层把请求发送到数据库服务器(即数据层)，把数据库服务器返回的数据经过逻辑处理并转换成 HTML 及各种脚本传回客户端，数据计算与业务处理集中在中间层，只有中间层实现正式的进程和逻辑规则；数据层(DBServer)负责管理数据库，接受 Web 服务器对数据库操纵的请求，实现对数据库查询、修改、更新等功能及相关服务，并把结果数据提交给 Web 服务器。

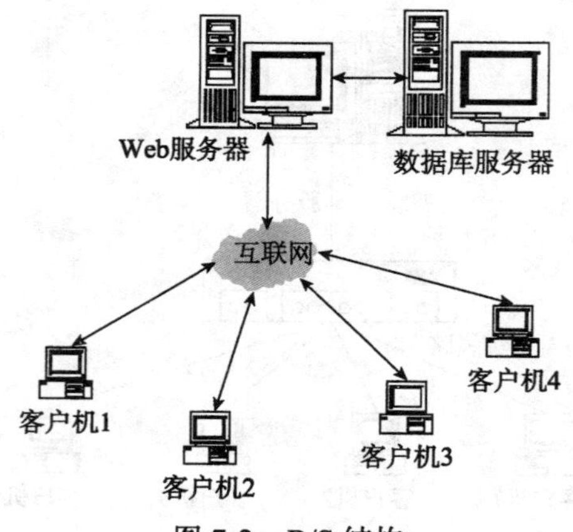

图 7-2　B/S 结构

目前常见的三层体系结构应用开发技术主要有 HTML、CGI(通用网关接口)、ISAPI、NSAPI、JavaScript、VBScript、ASP(活动服务器页面)、Java、DCOM 等几种。

B/S 结构是基于万维网的数据库信息服务系统，它将传统的数据库技术与 Internet/Intranet 技术相结合，通过统一的浏览器界面，利用 Internet/Intranet 访问位于不同地点、不同类型的数据库资源，为数据库的资源共享、数据库的本地化服务及数据库的分布奠定了基础。

B/S 结构主要优点：① 具有较高的灵活性和易用性，主要的开发和维护集中在服务器；② 客户端只需安装浏览器，操作简单，可发布动态和静态信息；③ 通过公共接口(ODBC 或 ADO)能很好地与数据库结合，提供大量的动态数据，并可通过代理服务器技术发布内外信息；④ 特别适合发布信息，是辅助决策、综合信息查询系统的首选应用，可满足各类、各层人员对信息的需求；⑤ 系统升级方便，由于客户端仅仅需要一个通用的浏览器，因此对软件的升级主要集中在服务器端，只需要更新应用服务器和数据服务器的相应软件即可；⑥ 维护成本低，同样由于客户端浏览器，客户端的维护几乎变为了零，我们只要保证服务器正常工作就行了。

但 B/S 结构也具有自己的局限性主要体现在如下五个方面。① 客户端数据处理能力差，服务器的负担重，不利于大量数据的处理。② 稳定性不好。由于在客户端把控制权交给了浏览器，所以有许多错误不可预知。③ 有一些数据的传输是明码的，没有真正的完全编译，所以速度与效率上都有所欠缺。④ 网络数据交换频繁，数据流量大，通信的可靠性相对来说比较差。因此效率较低。⑤ 存在网络数据安全问题。

应该说，B/S 和 C/S 各有千秋，他们都是当前非常重要的系统体系结构。在适用 Internet、维护工作量等方面，B/S 比 C/S 要强得多；但在运行速度、数据安全、人机交互等方面，B/S 远不如 C/S。综合起来可以发现，凡是 C/S 的强项，便是 B/S 的弱项，反之亦然。

在实际管理信息系统应用中，可以把 B/S 和 C/S 综合起来应用，对不同模块采用不同的体系结构。

除了系统体系结构的选择，我们一般还可以根据管理信息系统的目标对集成管理系统(如企业资源计划、办公自动化、计算机辅助设计、决策支持系统等)和各类单项和综合业务管理系统进行选择。这里不再赘述。

(二) 数据处理方式的选择和设计

处理方式可以依据系统功能、业务处理和性/价比，选择集中式、协作式和分布式等。

1. 集中式数据处理

集中式计算机网络有一个大型的中央系统，其终端是客户机。数据全部存储在中央系统，由数据库管理系统进行管理，所有的处理都由该大型系统完成，终端只用来输入和输出。终端自己不作任何处理，所有任务都在主机上进行处理。

主要特点是能把所有数据保存在一个地方，保证了每个终端使用的都是同一信息。备份数据容易，因为他们都存储在服务器上，而服务器是唯一需要备份的系统。这意味着服务器是唯一需要安全保护的系统，终端没有任何数据，所以网络感染病毒的可能性很低。网络总费用比较低，因为主机拥有大量存储空间、功能强大的系统，终端可以使用功能简单而便宜的微机和其它终端设备。

缺点是来自所有终端的计算都由主机完成，主机处理速度较慢。此外，如果用户有各种不同的需要，在集中式计算机网络上满足这些需要可能是十分困难的，因为每个用户的应用程序和资源都必须单独设置，而让这些应用程序和资源都在同一台集中式计算机上操作运行，使得系统效率不高。不仅如此，因为所有用户都必须连接到一台中央计算机，集中连接可能成为集中式网络的一个大问题。由于这些限制，如今的大多数网络都采用了分布式和协作式网络计算模型。

2. 分布式数据处理

分布式计算是和集中式计算相对立的概念，分布式计算的数据可以分布在很大的区域。个人计算机的性能极大提高及其使用的普及，使处理能力分布到网络上的所有计算机成为可能。

分布式网络中，数据的存储和处理都是在本地工作站上进行的。数据输出可以打印，也可保存在软盘上。通过网络主要是可得到更快、更便捷的数据访问。因为每台计算机都能够存储和处理数据，所以不要求服务器功能十分强大，其价格也就不必过于昂贵。这种类型的网络可以适应用户的各种需要，同时允许他们共享网络的数据、资源和服务。在分布式网络中使用的计算机既能够作为独立的系统使用，也可以把它们连接在一起得到更强的网络功能。

分布式计算的优点是可以快速访问、多用户使用。每台计算机可以访问系统内其他计算机的信息文件；系统设计上具有更大的灵活性，既可为独立的计算机的地区用户的特殊需求服务，也可为联网的企业需求服务，实现系统内不同计算机之间的通信；每台计算机都可以拥有和保持所需要的最大数据和文件；减少了数据传输的成本和风险。它为分散地区和中心办公室双方提供更迅速的信息通信和处理方式，为每个分散的数据库提供作用域，数据存储于许多存储单元中，但任何用户都可以进行全局访问，使故障的不利影响最小化，以较低的成本来满足企业的特定要求。

分布式计算的缺点是对病毒比较敏感，任何用户都可能引入被病毒感染的文件，并将病毒扩散到整个网络；备份困难，如果用户将数据存储在各自的系统上，而不是将他们存储在中央系统中，难于制订一项有效的备份计划；这种情况还可能导致用户使用同一文件的不同版本；为了运行程序要求性能更好的PC；要求使用适当的程序；不同计算机的文件数据需要复制；对某些PC要求有足够的存储容量，形成不必要的存储成本；管理和维护比较复杂；设备必须要互相兼容。

3. 协作式数据处理

协作式数据处理系统内的计算机能够联合处理数据，处理既可集中实施，也可分区实施。协作式计算允许各个客户计算机合作处理一项共同的任务，采用这种方法，任务完成的速度要快于仅在一个客户计算机运行。协作式计算允许计算机在整个网络内共享处理能力，可以使用其他计算机上的处理能力完成任务。除了具有在多个计算机系统上处理任务的能力，该类型的网络在共享资源方面类似于分布式计算。

协作式计算和分布式计算具有相似的优缺点。例如，协作式网络上可以容纳各种不同的客户。协作式计算的优点是处理能力强，允许多用户使用。缺点是病毒可迅速扩散到整个网络。因为数据能够在整个网络内存储，形成多个副本，文件同步困难，并且也使得备份所有的重要数据比较困难。

(三) 硬件平台的选择与设计

硬件平台的选择与设计在很大程度上决定了整个系统的成本,也决定了整个系统的性能指标。各项技术参数的选择可依据系统要处理的数据量及数据处理的功能要求来决定。

1. 根据数据处理方式进行硬件平台的选择与设计

一般来说，如果系统的数据处理是集中式的，则可采用主机-终端模式，要求以大型机或性能较高的小型机作为主机。对于具有一定规模的企业管理应用，其计算模式通常也是分布式的，可以用微机网络形式，服务器一般选用小型机或性能高的微机，客户端一般就是微机。可以选用名牌机、品牌机和兼容机。目前名牌机和品牌机只有较高档次的品种，基本都在P586/166以上，根据实用和经济的原则，也可以选用较低档次的兼容机，还可以选用无盘和有盘工作站，并考虑是否配备打印机等。总之，做到适当考虑长远发展而又经济实用。

2. 计算机网络系统的选择与设计

系统体系结构选择设计之后，就可以确定系统的网络拓扑结构，并根据系统的逻辑功能划分(如有多少子系统)确定网络的逻辑结构(子网或网段的划分)，这实

际上也就决定了网络的主要连接设备及服务器等重要部分的构成，此时应遵循的重要原则就是应尽量使信息交换量大的应用放在同一网段内。

目前的结构基本上都是总线结构与星形结构结合起来的典型结构，它具有结构简单、可靠性高、系统稳定性好的特点。而且建网以后整个网络的性能基本上归到服务器身上，所以在以后的网络升级中，增加服务器处理能力即可(包括服务器升级或增加服务器数量)。

中心网络设备方案，实际上就是网络集线器(HUB)、机柜、机架和配线架的选用，根据工作站的数量和速度的要求来确定 HUB 的档次和数量。

3. 计算机硬件选择的原则

硬件选择的一般原则如下：① 选择成熟可靠的标准系列机型；② 处理速度快，存储容量大；③ 具有良好的兼容性、可扩张性，性价比高；④ 售后服务好；⑤ 操作方便；⑥ 具备一定先进性。

管理信息系统要求计算机速度快、容量大、通道能力强、操作灵活方便，其性能越高，价格越昂贵，硬件选择上应全面考虑。确定了数据处理方式后，在计算机机型的选择上则主要考虑应用软件对计算机处理能力的需求：① 主存；② CPU 时钟；③ 输入、输出和通信的通道数目；④ 显示方式；⑤ 外接转储设备及其类型。

对于硬件设备的选择，应列出硬件设备明细表并绘制硬件配置图。并且，最好准备几种设备配置方案及几种不同类型功能、容量的机器选择方案，请各方面有关人员和专家参加分析讨论，提出意见。

(四) 软件平台的选择与设计

软件平台的设计实际上是对确定的硬件结构中的每台计算机指定相应的计算机系统软件和应用软件，包括网络操作系统、数据库管理系统、应用软件和开发工具软件等。

1. 网络操作系统的选择

网络操作系统的选用应该能够满足计算机网络系统的功能要求、性能要求，即选择：网络维护简单、具有高级容错功能、容易扩充和可靠、具有广泛的第三方厂商的产品支持、保密性好、费用低的网络操作系统；服务器端一般选择多用户网络操作系统，如 Unix、Netware、Windows NT 等；客户机上的操作系统一般是采用易于操作的图形界面操作系统，现在多数选择 Windows 系列，如 Windows 2007 等。

2. 数据库管理系统的选择

管理信息系统以数据库系统为基础，数据库服务器是必不可少的网络组成部分，一个好的数据库管理系统对管理信息系统的应用有着举足轻重的作用。

在数据库管理系统的选择上，主要考虑：① 数据库的性能；② 数据库管理系统的系统平台；③ 数据库管理系统的安全保密性能；④ 数据的类型；⑤ 数据库软件的行业占有率。对于UNIX操作系统，在数据库的稳定性、可靠性、维护方便性、对系统资源的要求等方面，Informix 数据库总体性能比其他数据库系统更好；而在Windows NT平台上，SQL Server与系统的结合比较完美。如一行业中企业采用Oracle的比例很高，那么同一行业中的其他企业建设管理信息系统时一般也应采用相应的数据库系统软件，这样有利于相互的数据交换。

目前市场上流行的数据库管理系统有 Sybase、SQL Server、Informix、FoxPro等。Oracle、Sybase 均是大型数据库管理系统，运行于 C/S 结构，是开发大型管理信息系统的首选，Visual Foxpro、Microsoft Office Access 在小型管理信息系统建设中选用较多，其性价比也最优。而 Informix 则适用于中型管理信息系统的开发。

在建立数据库时，应尽量做到布局合理、数据层次性好，能分别满足不同层次的管理者的要求。同时数据存储应尽可能减少冗余度，理顺信息收集和处理的关系，不断完善管理，符合规范化、标准化和保密原则。

3. 应用软件的选择

系统软件结构中的另一个方面是应用服务器软件及系统开发工具的选择。

系统开发工具的选取首先依据的是系统体系和网络操作系统，若系统应用为B/S 模式就应选择支持 B/S 模式的应用服务器软件及开发工具。如果网络操作系统选择的是 Windows NT，则微软公司的 IIS(internet information server)是建立支持Web 应用的首选应用服务器软件。

C/S 模式的开发工具及运行环境一般安装在客户端计算机上，常用于 C/S 模式应用开发的系统工具软件有 PowerBuilder、Delphi、Visual Basic 、VC++等。

随着计算机产业的发展，出现了许多商品化应用软件，这些软件技术成熟、设计规范、管理思想先进。直接应用商品化软件既可以节省投资，又能够规范管理过程，加快系统应用的进度。

最后，大型管理信息系统的计算机系统平台的选择应尽量采取招标形式进行，还应尽量避免先买设备再进行设计，因为随着技术的发展，计算机硬软件更新升级速度非常快。

二、系统功能模块设计

功能模块设计主要采用结构化设计思想，结构化设计(structured design，SD)方法是使用最广的一种设计方法，由美国 IBM 的 W.Stevens、G.Myers 和 L.Constantine

等人提出。该方法适用于软件系统的总体设计和详细设计，特别是将一个复杂的系统转换成模块化结构系统，该方法具有它的优势。在使用过程中可将结构化设计方法与结构化分析(SA)方法及编程阶段的结构化程序设计方法(SP)前后衔接起来。

结构化设计的基本思想是采用自顶向下的原则将系统划分成层次化的程序模块(module)，这些模块相对独立，功能单一，接口简单。

(一) 模块与模块化

在软件系统设计中，模块是指这样的一组程序语句(子程序或函数)，它包括输入与输出、逻辑处理功能、内部数据及其运行环境。

(1) 输入与输出，在正常的情况下都是同一个调用者，即模块。从调用者处获得输入信息，经过模块本身的处理后，再把输出返送给调用者。

(2) 逻辑处理功能，描述该模块能够做什么样的事情，具备什么样功能，即对于输入信息能够加工成什么样的输出信息。

(3) 内部数据，模块执行的指令和在模块运行时所需要的属于该模块自己的数据。

(4) 运行环境，说明模块的调用与被调用的关系。

在系统设计中，只关心模块的外部信息，即研究模块能完成什么样的功能，具体的实现将在系统实施阶段完成。模块通常还有其他一些附加属性，如模块的名称、编号等。

模块化就是将系统划分为若干个模块，每个模块完成一个特定的功能，然后将这些模块汇集起来组成一个整体(即系统)，用以完成指定功能的一种方法。采用模块化设计思想可以使整个系统设计简易、结构清晰，可读性、可维护性强，提高系统的可行性，同时也有助于信息系统开发与组织管理。

(二) 模块结构图

描述模块的层次结构和它们之间的控制通信联系工具是模块结构图(图 7-3(b))。系统设计中，为了保证系统的可行性、可读性、可修改性，要求各模块之间的耦合(即数据联系)尽可能小，尽量减少不必要的数据在模块之间的流动，尽量防止和减少因一个模块的问题对其他模块工作的影响，这就要求对模块之间的控制和通信关系给以系统明确的描述。

模块结构图用方块表示模块。模块间用箭线联结，箭头指示方向为被调用的模块。调用关系分为直接调用(无条件调用)、选择调用(判断调用)和重复调用(循环调用)三种。带圆圈的小箭头表示从一个模块传给另外一个模块的数据。带涂黑圆圈的小箭头表示一个模块传递给另一个模块的控制信息 (图 7-3(a))。

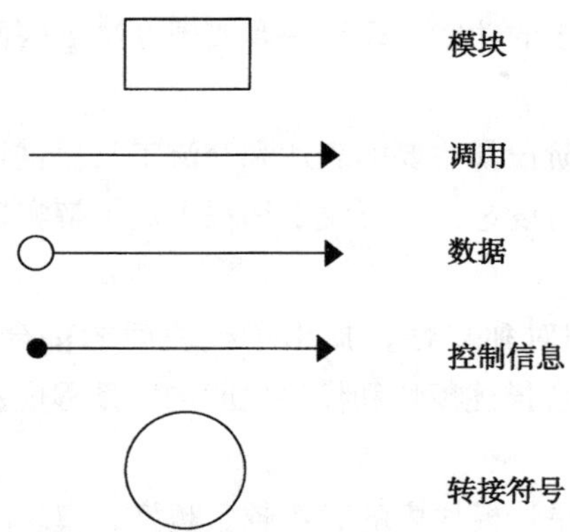

(a) 模块结构图的五种基本符号

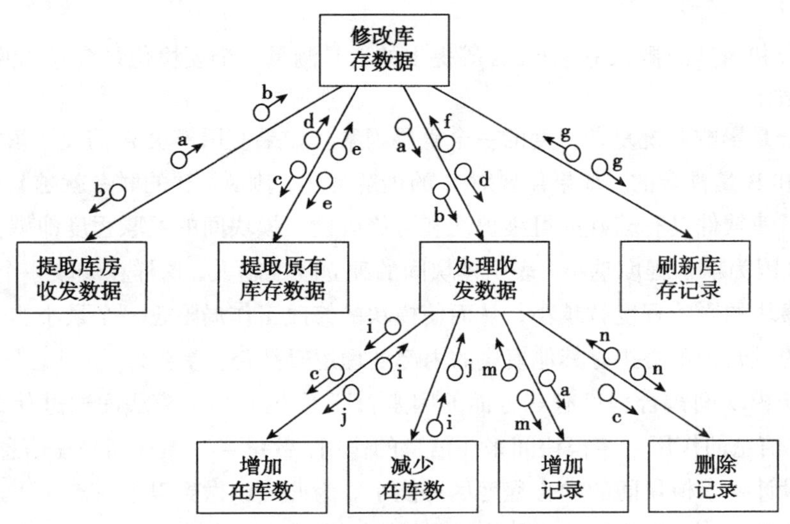

(a) 模块结构图的五种基本符号

a. 收发数据 b. 收发处理错误标志 c. 零件号 d. 库存数据
e. 主文件错误标志 f. 修改错误标志 g. 重写错误标志 i. 在库数
j. 收发数 k. 临界库存水平 m. 增加记录标志 n. 删除记录标志

图 7-3 模块结构图及基本符号

结构图可以由数据流图转换而来，但与数据流图有着本质的差别。数据流图着眼于数据流，反映系统的逻辑功能，即系统能够“做什么”；结构图着眼于控制层次，反映系统的物理模型，即怎样逐步实现系统的总功能。从时间上来说，数据流图在前，控制结构图在后。数据流图是绘制结构图的依据。总体设计阶段的任务，就是要针对数据流程规定的功能，设计一套实现办法。因此，绘制结构图的过程就是完成这个任务的过程。

结构图是系统设计阶段最主要的表达和交流工具。这种图应当简明易懂，既要便于设计人员表达自己的设想，又要便于编程人员了解实现要求，还要便于同管理人员商讨。

为了衡量模块的相对独立性，提出了模块间的耦合(coupling)与模块的内聚(cohesion)两个标准。耦合描述模块和模块之间的联系程度；内聚描述模块内部各元素之间的联系程度。

软件设计的目标就是让模块内的联系越紧越好，模块间的联系越少越好。也就是要提高内聚，降低耦合。

(三) 耦合与内聚

耦合和内聚的概念是 Stevens 等提出的，是测量一个模块化系统好坏的标志。

1. 耦合

耦合是影响系统复杂程度的一个重要因素。如果使用模块 A 需要了解模块 B，那么 A 和 B 是耦合的。如果需要对 B 的理解越多，则 A、B 的联系就越紧密。很显然，为了使软件具有较好的可维护性和可修改性，模块间的关联程度即耦合程度越小越好。因为耦合程度越小，表明模块间的独立程度越大，这样在修改一个模块时，对其他模块的影响程度就越小，从而使模块的修改工作局限于一个最小的范围内，在维护的时候，不必担心其他模块的内部处理逻辑是否会受到影响。

影响模块间耦合程度有三方面的因素：联系方式—— 模块间通过什么方式联系；来往信息的作用——模块间来往信息的作用；数量——模块间来往信息的多少。结构化设计要求模块间的耦合程度尽可能小。为此应该做到以下三点：用过程语句调用其他模块；将模块间的参数作为数据用；模块间的参数尽可能少。

模块的耦合反映模块间联系的紧密程度。常见的耦合类型有以下五种。

(1) 数据耦合：采用子程序调用，调用模块将需要进行处理的数据传递给被调模块。数据耦合是不可避免的。

(2) 标记耦合：如果调用模块将整个数据记录传递给被调模块，而被调模块只使用了部分数据项，则称为标记耦合或特征耦合。

(3) 控制耦合：一个模块将控制信息传递给另一个模块，以控制被调模块的内部处理逻辑(可以分解)。

(4) 公共环境耦合：如果两个模块共享同一全局数据，称为公共耦合。

(5) 内容耦合：两个模块之间的内部属性有直接关联，也称病态耦合(某些 GOTO 语句)。

2. 内聚

模块的内聚反映模块内部联系的紧密程度。一个模块只需要做好一件事情，不要过分关心其它任务。高内聚性的好处是可以提高程序的可靠性。模块的内聚可以分为以下七类。

(1) 偶然内聚：如果一个模块所要完成的动作之间没有任何关系，或者即使有某种关系，也是非常松散的，就称之为偶然内聚。偶然内聚可理解性差，难于修改，设计中应尽力避免。

(2) 逻辑内聚：如果一个模块内部的各个组成部分在逻辑上具有相似的处理动作，但功能上、用途上却彼此无关，则称之为逻辑内聚。逻辑内聚的模块与其他模块之间有相当复杂的块间联系，其可修改性差，维护困难。

(3) 时间内聚：时间内聚也称为瞬时内聚，模块内各组成部分所包含的处理动作必须在同一时间内完成。时间内聚模块的联系程度较低，不易于修改，维护较难，但它在一定程度上反映了系统的某些实质，因此比逻辑内聚要强一些。

(4) 过程内聚：如果一个模块内部的各个组成部分所要完成的动作彼此间没什么关系，但必须以特定的次序(控制流)执行，则称之为过程内聚，其内聚方式较强，可修改性高。

(5) 通信内聚：如果一个模块内部的各个组成部分所完成的动作都使用了同一个输入数据或产生同一个输出数据，则称之为通信内聚。通信内聚的模块与其他模块间的联系较简单，其内部紧凑性比过程内聚强，但它各部分执行次序可以是任意的，容易产生重复动作。

(6) 顺序内聚：对于一个模块内部的各个组成部分，如果前一部分处理动作的输出是后一部分处理动作的输入，则称之为顺序内聚。其块内联系程度较高，与其他模块的联系也较低。

(7) 功能内聚：如果一个模块内部包括且仅包括为完成某一功能所必需的组成部分，则称之为功能内聚。功能内聚方式有一个目的，有单一的功能，因而界面清楚，与其他模块的联系低，可读性、可修改性、可维护性、可测试性均很好，是最高级程序块内联系，在进行模块设计时，应尽可能追求功能内聚。

对模块内聚的比较分析如表 7-1 所示。

表 7-1　模块七种内聚方式的比较

模块内聚	联结形式	可修改性	可读性	通用性	联系程度
功能内聚	好	好	好	好	高
顺序内聚	好	好	好	中	
通信内聚	中	中	中	不好	
过程内聚	中	中	中	不好	
时间内聚	不好	不好	中	最差	
逻辑内聚	最差	最差	不好	最差	
偶然内聚	最差	最差	最差	最差	低

(四) 系统的深度和广度

系统的深度表示系统结构中的控制层数，宽度则表示控制的总分布，即同一层次的模块总数的最大值。一般情况下，深度和宽度标志着一个系统的复杂程度，它们之间应有一定的比例关系，深度过大，可能说明系统分割得不细；宽度过大，则有可能带来系统管理上的困难。

系统的深度和宽度可以用模块的扇入和扇出来衡量。一般来说，一个较好的系统结构，高层模块扇出数较高，中间层扇出数较少，低层模块有很高的扇入数。

1. 模块的扇出

模块的扇出是指模块的直接下层模块的个数，如图 7-4 所示，平均扇出是 3，其中，C 的扇出是 2。

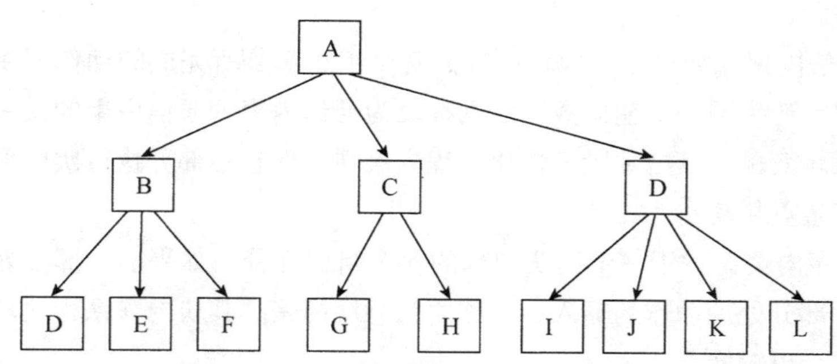

图 7-4　模块的扇出

模块的扇出数直接影响系统的宽度，模块的扇出数必须适当，扇出过大则意味着该模块的直接下属模块多，控制与协调较困难，也意味着模块的块内联系可能较低。这时一般需要增加中间层次的控制模块。扇出数小，说明上、下级模块或其本身可能过大，应考虑是否采用分解的方法，使结构变得合理。经验表明，一个设计较好的系统的平均扇出数通常是 3 或 4，一般不应超过 7，否则会引起出错概率的增大。

2. 模块的扇入

模块的扇入是指有多少个上级模块调用它。模块的扇入数通常说明系统的通用性情况，扇入数越大，表明共享该模块的上级模块数越多，因而通用性强，维护也较方便，但是片面追求高扇入数可能使得模块的独立性降低。

(五) 模块的作用范围与控制范围

模块的作用范围是指受该模块内部的一个判定影响的所有模块的集合，只要某一模块中含有一些信赖于这个判定的操作，那么该模块就在这个判定的作用范围之中。

模块的控制范围包括该模块本身及所有的下属模块的集合。控制范围完全取决于系统的结构，它与模块本身的功能并无太大关系。

系统设计中，依据两条规则：① 所有受模块 M 的一个判定影响的模块应从属于模块 M，即对任何一个内部存在判定调用逻辑模块，其作用范围应是其控制范围的子集；② 受模块 M 判定影响的模块，最好局限在模块 M 本身或其直属下级模块，即作出判定调用的模块与属于该判定作用范围的模块在系统的层次上不能相隔过远，否则会增大模块间联系。

结构化方法认为，当作用范围为控制范围的子集时，才能获得较低的块间联系。在图 7-5(a)中，模块 A 的控制范围是：模块 A、B、C、D、G、E、F。

如果模块 F 的判定涉及模块 B、E、F，则模块 F 的作用范围是：模块 B、E、F，模块 F 的控制范围是：模块 F。模块 F 不满足模块的作用范围与控制范围的原则，块间联系大，设计不良。

在图 7-5(b)中模块 TOP 的控制范围是模块 TOP、X、T、B、A、B1、B2；模块 B 的控制范围与作用范围相同，均为模块 B、A、B1、B2；满足控制范围与作用范围的原则，而且，判定的作用范围恰好在判定所在模块的下。因此，合理的模块设计，不仅要满足作用范围与控制范围的原则，而且作用范围所涉及的模块应该是直接下属模块。

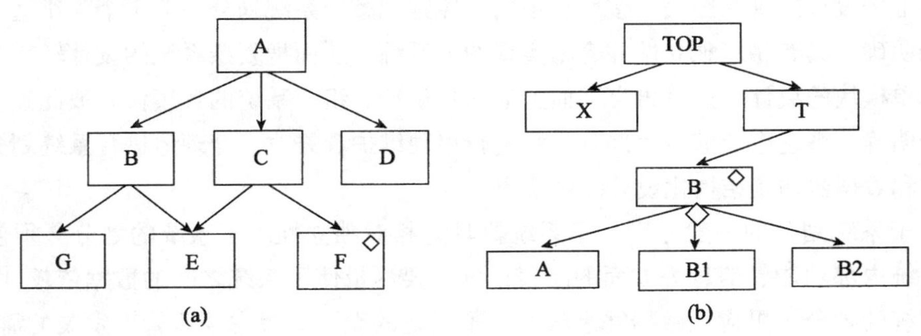

图 7-5 判断图

系统的功能分解的过程就是一个从抽象到具体、由复杂到简单的过程。所谓功能结构图就是按功能从属关系画成的图表，图中每一个框成为一个功能模块。

从管理职能的角度，把管理信息系统看做是由不同职能的一系列子系统构成的，这些子系统可以再分解成更小的子系统和模块，整个信息系统就是由这些功能模块构成的。整个企业管理信息系统是相应的子系统的有机结合，每个子系统都有为完成各种相关信息处理工作的专用或公用的计算机程序。在每个职能子系统内部都包含用于事务处理、作业控制、管理控制和战略计划的具体应用。

功能模块设计的流程是先完成处理流程图(分析过程)，再生成功能模块结构图(设计过程)，再根据功能模块结构图细化功能模块。一般企业管理信息系统的系统功能模块如图 7-6 所示。

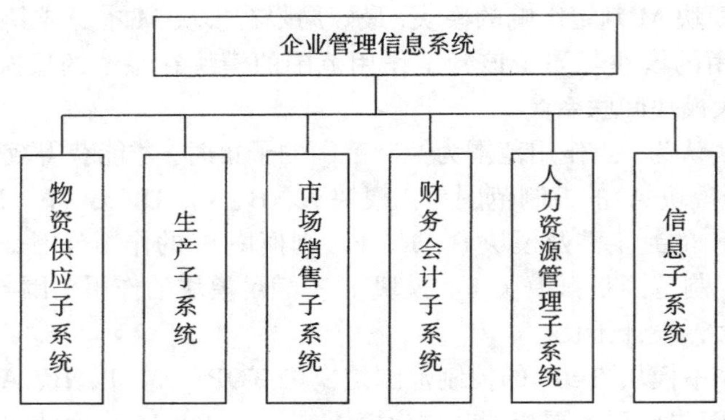

图 7-6　企业管理信息系统功能模块图

按照结构化系统分析与设计的基本思想，根据数据流程图和数据字典，借助一套标准的设计准则和图表，按照自顶向下原则把整个系统划分为若干个大小适当、功能明确、具有相对独立性并容易实现的子系统，从而把复杂系统的设计转变为多个简单模块的设计，然后再自下而上地逐步设计。组成系统的各模块间彼此独立、功能明确，系统应能够对大部分模块进行单独维护和修改。合理地进行系统划分、定义和数据协调是结构化设计的主要内容。

子系统划分的一般原则：子系统要具有相对独立性，子系统的划分必须使得子系统内部功能、信息等方面的凝聚性好；要尽量使子系统之间的数据依赖性小；子系统的划分结果应使数据冗余较小；子系统的设置应考虑今后管理发展的需要；子系统的划分应便于系统分阶段实现；子系统的划分应考虑到各类资源的充分利用。

根据系统的划分原则，系统的划分方法可以分为按业务处理功能划分、按业务先后顺序划分、按数据拟合的程度划分、按业务处理过程划分、按业务处理时间划分、按实际环境和网络分布划分，常用的工具是 U/C 矩阵(详见系统规划相关章节)。

三、系统处理流程设计

系统流程图(system flow chart)是用来描述系统物理模型的一种传统工具。一个系统可以包含人员、硬件、软件等多个子系统。系统流程图的作用就是在抽象等级的黑盒级上描述系统内部的主要成分(如硬设备、程序、文字及各类人工过程等)，表达信息在各个成分之间流动的情况。系统流程图可用于描述现行系统的工作流程、新系统的工作流程以及处理功能的工作流程。

(一) 系统流程图的符号

前面已经介绍了几个系统流程图的基本符号，现在再给出一些其他常用的符号，如图 7-7 所示。

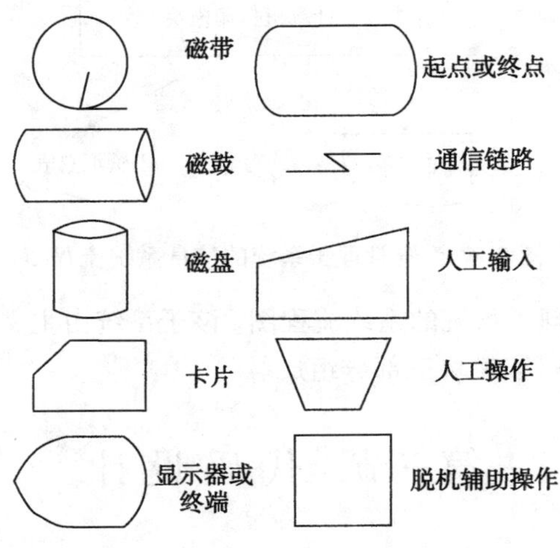

图 7-7　系统流程图的常用符号

(二) 系统流程图的功能阐述及示例

模块结构图主要从功能的角度描述了系统的结构，但在实际工作中许多业务和功能都是通过数据存储文件联系起来的，而这个情况在模块结构图中未能反映出来，系统流程图可以反映各个处理功能与数据存储之间的关系。系统流程图以新系统的数据流图和模块结构图为基础，首先找出数据之间的关系，即由什么输入数据，产生什么中间输出数据(可建立一个临时中间文件)，最后又得到什么输出信息。然后，把各个处理功能与数据关系结合起来，形成整个系统的信息系统流程图。

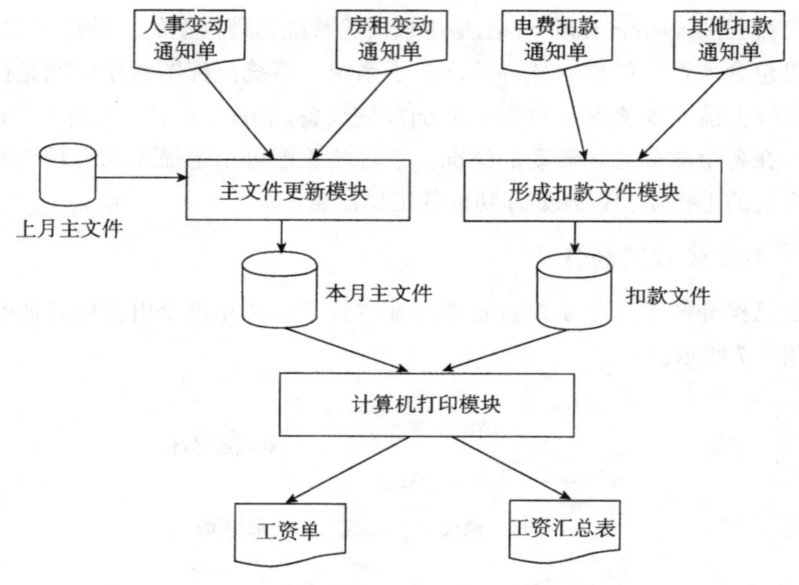

图 7-8　工资管理子系统的信息系统流程图

图 7-8 是工资管理子系统的系统流程图。该子系统由主文件更新模块、形成扣款文件模块和计算机打印模块三部分组成。

第三节　代码设计

代码是代表客观实体、属性和状态等的表示符号，代码的符号可以是数字、字母或者由数字和字母混合组成。在管理信息系统中，它是人与计算机的共同语言，负责人与计算机的沟通。采用代码，可以使数据表达标准化，简化程序设计，加快输入，减少出错，节省存储空间，提高处理速度。

代码设计属于系统详细设计的一项重要基础工作，是未来系统数据规范化管理的基础，使机器处理，如统计、查询，变得十分方便，也能把计算机很难处理的工作简单化。

代码设计的主要工作是完成对共享数据类中的关键字段的码结构设计并形成代码库。共享代码的设计质量直接影响到未来系统的效率。所谓共享数据类是指多个子系统都要用到的数据类，在设计时必须进行统筹规划、长远考虑，充分征求使用人员的意见。

一、代码设计的原则

合理的编码结构是信息处理系统是否具有生命力的一个重要因素，在代码设计时，应遵循以下八个基本原则。

(1) 系统性：有规律，有逻辑，便于识别及记忆。

(2) 唯一性：每个代码唯一地确定编码对象，这是代码在数据管理中最基本的作用。

(3) 标准化：尽可能利用国际、国内、部门的标准代码。

(4) 规范性：代码的结构、类型、编码格式必须严格统一，以便于计算机处理。

(5) 扩展性：是保证系统对企业管理业务变化的灵活性，当系统需要发展变化时，不需要全部重新变动代码系统，只需要对原代码修改扩充即可,这需要对已有编码对象留有足够的余量。

(6) 有效性：通过代码能够比较容易地识别被编码对象。

(7) 可维护性：系统发生变化时，代码易于修改。

(8) 简明性：代码尽可能简短、统一，代码的长度会影响输入输出的速度和出错的概率。

二、代码的类别

代码可按照功能、符号等不同角度划分其类别，如图 7-9 所示，在实际应用中，常常根据需要采用两种或两种以上基本代码的组合。

1. 数字码

数字码可分为顺序码和分组顺序码。顺序码是最简单的代码形式，一般适用于编码对象数目较少的情况。例如，某企业管理信息系统中，对 5 个产品仓库的代码可采用如下的数字顺序码。当编码对象具有两层(或以上)分类时，可采用数字分组(段)顺序码(表 7-2)。前 2 位表示账本的所属仓库，后 3 位表示该仓库中账本的序号。

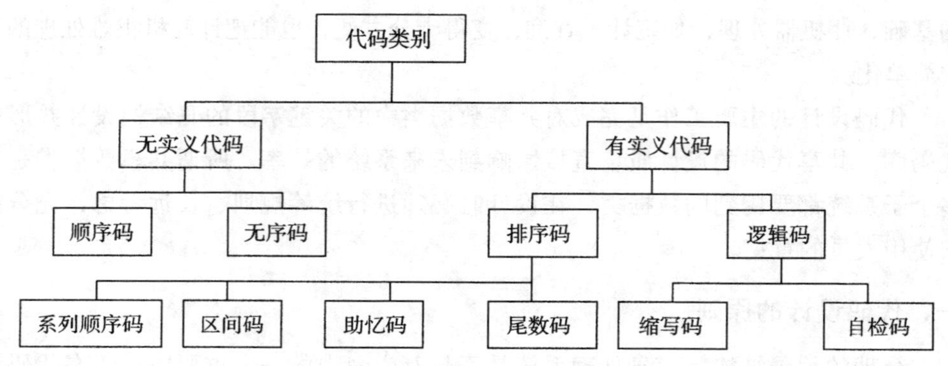

图 7-9　代码的类别

表 7-2　数字分组顺序代码举例

编码对象	仓库 1 的第 1 本账	仓库 1 的第 2 本账	…	仓库 2 的第 1 本账	仓库 2 的第 2 本账
代码	01001	01002	…	02001	02002

2. 字符码

数字码虽然结构简单，但也存在不容易识别和记忆的缺点。为了容易识别和记忆，可采用字符码，如我们可对企业的仓库采用字符码如表 7-3。使用仓库汉语名称的拼音字头形成了相应仓库的字符码，即容易识别，也容易记忆。

表 7-3　字符码举例

编码对象	成品库	配件库	原料库
代码	CP	PJ	YL

3. 混合码

当编码对象具有两层(或以上)的分类时，我们可采用数字和字符的混合代码方式，使代码对某层分类的记忆和识别更直观和容易。如前述仓库管理中的帐本的代码可采用如表 7-4 的混合码。

表 7-4　混合码举例

编码对象	成品库的第 1 本账	成品库的第 2 本账	…	原料库的第 1 本账	原料库的第 2 本账	…
代码	CP001	CP002	…	YL001	YL002	…

三、代码校验

代码作为数据的一个组成部分，是系统的重要输入内容之一，它的正确与否直接影响到整个处理工作的质量。特别是人们需要重复抄写代码和通过手工将它输入计算机时，发生错误的可能性就比较大。为了保证正确输入，在代码设计结构中原有代码的基础上，另外加上一个校验位，使它成为代码的一个组成部分。校验位通过事先规定的数学方法计算出来，输出时计算机用同样的方法按代码数字计算出校验位，与输入的校验位进行比较，以确保输入正确。

(一) 校验位可以检测出的错误类型

利用代码校验位可以检测出以下错误：

(1) 抄写错误，如 1 写成 7；

(2) 易位错误，如 12345 写成 12534；

(3) 双易位错误，如 36819 写成 31869；

(4) 随机错误，由以上两种或三种错误综合形成的错误。

(二) 校验码的设计

校验码的设计过程可以分为三个步骤。

(1) 对原代码的每一位乘以一个权数，然后求它们的乘积之和。

设原代码有 n 位：C_1，C_2，$C_3 \cdots C_n$

对应的权数因子：P_1，P_2，$P_3 \cdots P_n$

它们的乘积之和：$S= C_1P_1+ C_2P_2+ C_3P_3+\cdots+ C_nP_n$

其中，权数因子可以取自然数列 1，2，3，…，N；几何级数 2，4，8，…，$2N$；质数 3，5，7，…等其他数列。

(2) 对乘积之和取模：

$$R=S_{\text{mod}}(M)$$

式中，R 表示余数，S 为乘积之和，M 为模数，可选用 11 或 12 等数。

(3) 用模减去余数即得校验码：

$$C_{n+1}=M-R$$

式中，C_{n+1} 表示校验位，M 表示模，R 表示余数。

(4) 对输入的代码进行校验。利用校验码对输入的代码进行校验的过程是上述校验码设计的逆过程。因此可利用下面的公式对输入的代码进行检验，若(原代码与权数乘积之和+校验码) ÷ 模=整数，则认为输入是正确的，否则认为输入有错。

(三) 校验码设计实例

设原代码：12345

对应的权数：32，16，8，4，2 (取几何级数)

求乘积之和：$S=1\times32+2\times16+3\times8+4\times4+5\times2=114$

取模(设模为 11)：$R=S_{\mathrm{mod}}(11)=4$

得校验码：$C_6=11-4=7$

最后得到带校验位的代码 123457，其中 7 是校验码。

计算校验码时，由于权与模的取值不同，检测效率也不同。一般来说，校验码是对数字代码进行检查。但是，对于字母或字母数字组成的代码，也可以用校验码进行检查，但这时校验位必须是两位，在计算时要将 A~Z 跟随着 0~9 的顺序变为：A=10，B=11，…，Z=35。

四、代码设计的步骤

代码对象主要是数据字典中的数据项，因此，严格说来，代码设计从编制数据字典开始，代码设计可按照以下步骤进行。

(1) 确定代码对象。从整体出发，在充分调查分析的基础上，确定对象所属的子系统，需要编码的项目，确定编码的名称。

(2) 寻找标准代码。如果已有国家标准、部门标准代码，就必须遵循标准；如果没有标准代码，也应该参照国际标准化组织、其他国家、其他部门或其他单位的编码标准，以便将来标准化的需要。

(3) 确定代码使用范围和期限。代码的设计不应该局限于某一企业或某一部门，它应该具有广泛的适用性。不仅能在本单位使用，还能在外单位使用。无特殊情况，代码系统设计好之后应具备一定稳定性，最好可永久使用。

(4) 确定编码方法。根据编码的对象、目的、使用范围、使用期限等特性，选定合适的代码种类和代码系统的内容。

(5) 编写代码表。对代码作详细的说明并组织有关部门学习，以正确使用代码。

(6) 设计代码使用管理制度，保证代码的正确使用。

代码使用时应尽量减少传抄以避免人为造成的错误，在输入代码时，建议用缩写形式输入，然后由系统自动生成相应正确的代码。

第四节　数据库设计

管理信息系统必须建立在数据库管理系统之上。信息系统能否紧密地结合在一起，以及如何结合，关键在于数据库设计的好坏，这是衡量系统开发工作好坏的主要指标之一。管理信息系统任务是通过大量的数据获得管理所需要的信息，这就必须存储和管理大量的数据，建立一个良好的数据库，整个系统都可以迅速、方便、准确地调用和管理所需的数据。

数据库设计是指根据业务需求、信息需求和处理需求，确定信息系统中数据的整体组织形式、表或文件的形式，以及决定数据的结构、类别、载体、组织方式、保密等级等一系列的问题。数据库设计分为概念设计和模型设计。

数据库设计应在充分满足组织的各级管理要求的基础上使得后继系统开发工作方便、快捷，且系统开销小(空间、网络传输速度、磁盘或光盘读写次数等)，易于管理和维护。

一、文件设计

文件设计就是根据文件的使用要求、处理方式、存储量、数据的活动性及硬件设备的条件等，合理地确定文件类别，选择文件介质，决定文件的组织方式和存取方法。

(一) 文件的分类

根据文件的使用情况,可将文件分为如下六种类型。

(1) 主文件。主文件是长期保存的主要文件，用以存储重要的数据。在业务处理中，要经常对文件进行调用和更新。主文件可分为静态文件和动态文件两种，静态文件包含的是相对来说变化不大的数据记录；动态文件包含的记录将随着业务的发生而不断修改和更新。为了减少不同文件的数据冗余和文件处理工作量，常将两者结合在一起。

(2) 业务文件。业务文件是在业务处理过程中，临时存储数据用的文件。这种文件实时记载业务过程中的数据发生的变化，是流水账形式的顺序文件。此种文件用于统一更新主文件或转换成其他文件，保存期较短。

(3) 输入文件。输入文件将需要输入的大量数据建立数据文件，经校验后一次输入，进行处理，这种文件多用于批处理。

(4) 输出文件。输出文件是在处理过程中输出的结果文件，它可以是打印文件或其他形式的文件。

(5) 工作文件。工作文件是在处理过程中暂时使用的中间文件，如排序过程中建立的排序中间文件等，处理结束后文件即可删除。

(6) 转存文件。转存文件是用于存储在一定恢复点上的系统部分状态的拷贝文件。它可能是一个正在更新过程中的文件，一组正在处理的业务或一个运行错误的程序。转存文件主要是为了安全。

(二) 文件设计的步骤

1. 了解已有的或可提供的计算机系统功能

外存配置：磁盘、磁带等，光盘，设备数量、功能、容量和有关文件的专储条件等。终端和其他外设的配置：涉及文件可能使用的范围，多终端操作的可能性及文件输入、输出和更新的条件，系统所能提供的文件组织方式和存取方式等。

2. 确定文件设计的基本指标

通常，一个新系统的文件有以下七种指标。

(1) 与其他文件的接口：搞清有关文件之间的相互关系及数据项的协调。

(2) 文件的数据量：根据文件用途和记录长度，且从将来的需要考虑，估算文件的数据量(记录数)。

(3) 文件的逻辑结构：根据需要确定文件记录的长度、逻辑结构的组成以及各数据项的描述。

(4) 文件的处理方式：由用途决定文件的处理方式，可以是批处理、实时处理或混合方式等。

(5) 文件的使用率：估算文件记录的实际使用频率。

(6) 文件的存取时间：根据业务处理的需要，对文件存取时间提出不同要求。

(7) 文件的保密：用户对文件机密程度的要求。

3. 确定合适的文件组织方式、存取方式和介质

文件的组织方式、存取方法和机制的确定，应该考虑文件用途和使用频率等情况。通过以上各种因素的综合考虑和分析研究后，确定较为合适的文件组织及存取方式，且对介质的需要作初步计算。

4. 编写文件设计说明书

文件设计说明书是实施阶段建立文件的根据，具体包括以下七项内容。

(1) 文件的组织方式、存取方法和存储介质等的选择和确定根据。

(2) 文件用途、适用范围、处理方式、使用要求、存取时间和更新要求等。

(3) 文件数据量和存储介质需要量的初步估算。

(4) 文件保密要求及有关安全措施。

(5) 对于文件数据的收集、整理和格式要求的说明。

(6) 对建立和更新文件所需要的程序进行说明及提出要求。

(7) 对于建立文件的注意事项及其他需要说明的内容。

二、数据库设计的步骤

规范的数据库设计分为六个阶段，即需求分析、概念结构设计、逻辑结构设计、物理结构设计、数据库实施和数据库运行与维护。其中数据库实施在信息系统实施这个阶段进行，而数据库运行与维护在信息系统的运行与维护阶段进行。数据库设计的前四大步骤与信息系统开发的各阶段相互对应关系如图 7-10 所示。

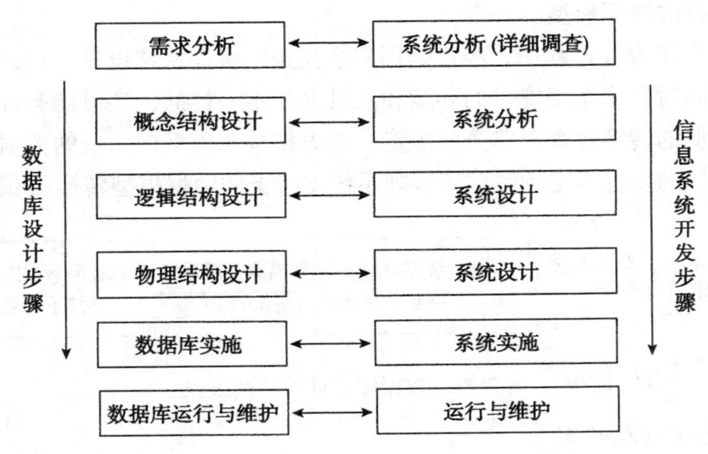

图 7-10　数据库设计的步骤

(一) 需求分析

需求分析指对收集的用户要求进行分析的过程。需求分析是数据库设计的重要步骤之一，它也是整个设计步骤的基础，其目的是根据用户要求决定管理信息系统的目标、范围及应用性质。

(二) 概念结构设计

概念结构设计的主要工作是设计概念性数据模型。它与数据库的逻辑结构无关，与特定的数据库管理系统无关，仅仅用来明确表达用户的数据要求。

概念性数据模型是一个面向问题的模型，它与将来数据库如何实现无关，要使概念性模型既能反映用户的需求，又能作为设计数据库结构的基础模型。概念结构设计是数据库设计的关键。

概念模型设计一般采用实体-联系方法(entity—relationship approach，E-R 方法)，这是 P.P.Chen 于 1976 年提出的，E-R 方法使用 E-R 图描述现实世界。其中，实体(entity)是信息世界的主要对象，是人所关心的事物，它可以是人、物或概念性的东西，或者是事物与事物之间的联系；属性(attribute)是事物的某一方面的特性。因此，我们可以用若干属性值来表示一个实体。

通过 E-R 图可以把各部门对信息的要求全部汇总到组织模式中。

(三) 逻辑结构设计

逻辑结构设计的任务是设计数据的结构，把概念结构转换成为选用的数据库管理系统所支持的数据模型。

由于在系统设计过程中，经常是用户事先选定机器系统设备，设计人员没有选择的余地，同时各个系统提供的环境和工具又是不一样的，还可能有各种不同的限制，所以模型的转换过程只能分两步走。首先把概念模型向一般的数据模型转换，然后再向具体的系统给定的数据库管理系统支持下的数据模型转换。如图 7-11 所示。

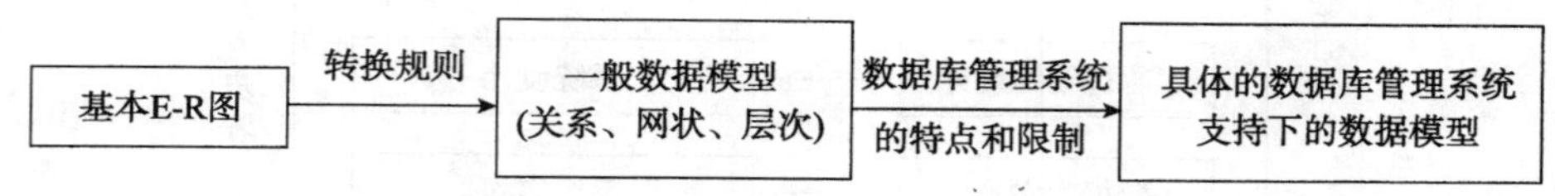

图 7-11　数据库设计的转换过程

(四) 物理结构设计

数据库的物理设计，首先对给定的逻辑数据模型选取一个适合于应用环境的物理结构，如存储结构和读取方法等。然后对物理结构进行评价，如果设计结果在时间和空间效率上满足设计要求则转向物理实施，否则重新设计或修改物理结构。如有必要则重新回到逻辑结构设计阶段，对数据模型进行修改。

物理设计的主要内容有以下四个方面。

(1) 存储结构的确定。根据处理的需要及系统提供的方法选择存储结构。确定时考虑的因素为存取时间、存储空间利用率和维护代价三个方面。

(2) 确定数据存放位置。根据数据的应用情况将数据划分为不同的组，如把数据的易变部分和稳定部分分开，经常存取与不经常存取部分分开，可以把经常存取或存取要求快的数据存放在高速存储器上，把互相有联系、常常同时存取的记录存放在同一磁盘的同一柱面或相邻柱面上等。

(3) 存取路径的确定。数据库支持多用户数据共享，应提供对数据库的多个存取入口，也就是提供多条存取路径。设计者要根据实际需要进行定量分析，然后根据计算结果确定存取路径。

(4) 确定存储分配。数据库管理系统大多提供一些存储分配的参数，供设计者进行优化处理用，如溢出空间的大小和分布参数、块的长度及缓冲区大小和个数等。这些参数的选择合适与否会影响存取时间和存储空间的利用好坏，需要综合考虑后确定。

以上四个方面的选择确定都需要从时间、空间的效率、用户的要求和维护代价诸方面权衡后决定。可能会产生多种方案，可以进行综合评价后择优实施。

(五) 数据库实现

根据物理设计的结果产生一个具体的数据库和它的应用程序，并把原始数据装入数据库。实施阶段主要有三项工作：① 建立实际数据库结构；② 装入试验数据对应用程序进行调试；③ 装入实据数据。

在数据库实施阶段，设计人员运用数据库管理系统提供的数据语言及其宿主语言，根据逻辑设计和物理设计的结果建立数据库，编制与调试应用程序，组织数据入库，并进行试运行。

(六) 运行维护

数据库系统的正式运行，标志着数据库设计与应用开发工作的结束和维护阶段的开始。运行和维护阶段的主要任务有四项：① 维护数据库的安全性与完整性；② 监测并改善数据库运行性能；③ 根据用户要求对数据库现有功能进行扩充；④ 及时改正运行中发现的系统错误。管理信息系统的系统设计主要完成数据库设计的前四个步骤。

三、数据存储结构规划

数据是企业最重要的资源之一，开发数据资源既是企业信息化的出发点，又是企业信息化的目标。企业管理信息系统建立的关键在于落实信息资源管理基础标准，科学规划与设计共享数据库，建立稳定的全域数据模型，重组原有的信息资源，改造杂乱无序的数据环境，用全域数据模型来控制与协调整个企业信息系统建设。

标准化、规范化地组织好数据信息，就是开发数据资源的基本工作。经过有效的分析设计，就可以得到相对稳定的数据结构，不论组织机构如何变动或信息系统环境如何变动，都可以做到基础层的数据结构稳定不变，这就是数据稳定性原理。按这种结构来建立新的全域数据视图，可以实现各种应用模块通过共享数据库交换数据，实现数据共享，提高了数据开发使用的效率。

在数据库管理系统中，采用数据模型(data model)来对现实世界进行抽象，反

映数据本身及其数据之间的联系。数据模型按照计算机系统的观点来组织数据。为了将现实世界中的事物抽象为数据库管理系统支持的数据模型，通常需要一个不依赖于计算机系统的中间层次，即首先将现实世界中的事物及其联系抽象为概念模型，再由概念模型转化为数据模型，最常用的是关系数据模型。

(一) 数据组织的规范化形式

关系模型的好坏对数据的存储、操作有很大影响。因此，一般基于规范化理论进行关系模型的设计。规范化理论是 E.F.Codd 在 1971 年提出的，旨在研究关系模型中各属性之间的关系，探讨关系模型应具备的性质和设计方法。

在数据的规范化表达中，一般将一组相互关联的数据称为一个关系,这种关系落实到具体数据库上就是基本表,在规范化理论中表是二维的,它具有以下性质:① 列是同质的,即每一列中的分量是同一类型的数据，即属于同一个域；② 列的顺序无所谓,即列的次序可以任意交换；③ 任意两个元组不能完全相同,即行不能重复；④ 行的顺序无所谓,即行的次序可以任意交换。

例如，描述学校的数据库应包括学生的学号(Sno)、所在系(Sdept)、系主任姓名(Mname)、课程名(Cname)、成绩(Grade)。学校数据库的语义：① 一个系有若干学生，一个学生只属于一个系；② 一个系只有一名主任；③ 一个学生可以选修多门课程，每门课程有若干学生选修；④ 每个学生所学的每门课程都有一个成绩。这个关系模式存在以下四个问题。

(1) 数据冗余严重。浪费大量的存储空间，如每一个系主任的姓名重复出现。

(2) 更新异常(update anomalies)。数据冗余，更新数据时，维护数据完整性代价大。例如，某系更换系主任后，系统必须修改与该系学生有关的每一个元组。

(3) 插入异常(insertion anomalies)。该插的数据插不进去。例如，如果一个系刚成立，尚无学生，我们就无法把这个系及其系主任的信息存入数据库。

(4) 删除异常(deletion anomalies)。不该删除的数据不得不删。例如，如果某个系的学生全部毕业了，我们在删除该系学生信息的同时，把这个系及其系主任的信息也丢掉了。

规范化理论正是用来改造关系模式，通过分解关系模式来消除其中不合适的数据依赖，以解决插入异常、删除异常、更新异常和数据冗余问题。范式是经过规范的，符合某一种级别的关系模式的集合，规范化体系中通过多层范式(normal form)结构表示关系模型的规范化程度。其结构见图 7-12。在规范化体系中，如果满足最低要求，则称为第一范式，在第一范式的基础上进一步满足一定的条件则为第二范式，依次类推。

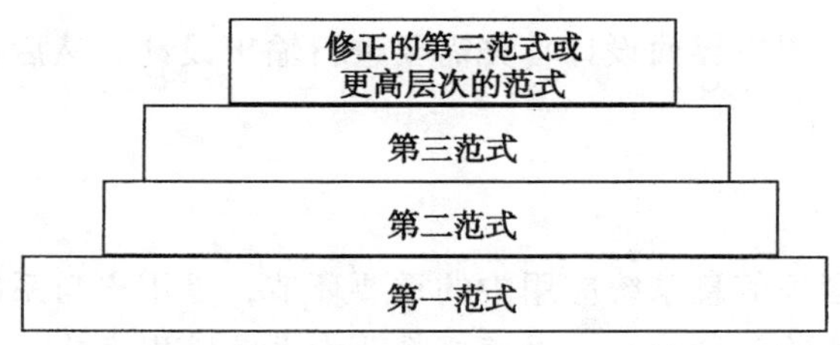

图 7-12 各种范式之间的关系

(二) 第一范式

第一范式的关系应满足的基本条件是元组中每个分量都必须是不可分割的数据项。第一范式是对关系模式的最起码的要求。不满足第一范式的数据库模式不能称为关系数据库。但是满足第一范式的关系模式并不一定是一个好的关系模式。

(三) 第二范式

在第一范式条件的基础上，进一步要求所有非主属性完全依赖于码。采用投影分解法将一个第一范式的关系分解为多个第二范式的关系，可以在一定程度上减轻原第一范式关系中存在的插入异常、删除异常、数据冗余度大、修改复杂等问题。将一个第一范式关系分解为多个第二范式的关系，并不能完全消除关系模式中的各种异常情况和数据冗余。

(四) 第三范式

一个关系满足第三范式的条件是其在满足第二范式条件的基础上，进一步要求其任何一个非主属性都不传递依赖于任何主属性。

并不是范式级别越高越好，数据库是关系模式的集合，关系可以分为静态关系和动态关系。静态关系是指一旦数据已加载，用户只能在这个关系上进行查询操作，不再进行插入、删除、更新操作，静态关系一般规范到第一范式就可以满足需要。动态关系是指要对该关系中的数据经常进行更新、插入、删除操作，一般要规范到第三范式或修正的第三范式(boyce codd normal form，BCNF)。

第五节 用户界面设计

用户界面是用户与系统交互的接口，很容易被忽视，但涉及用户对系统的满意度以及使用的方便、安全、可靠，所以是一个非常重要的环节。好的用户界面设计为用户和系统双方带来友好的工作环境，为管理者提供简捷、有效、实用的

管理和控制信息。用户界面设计首先需要进行输出设计，然后再根据要求输出的数据进行输入设计。

一、输出设计

输出设计是管理信息系统应用中的重要环节，是用户与系统的重要的、直接的接口，用户所需的各种信息、报表，都要由系统输出完成。输出设计的要求是界面美观、功能齐备、数据准确、格式多样。输出设计工作主要包括确定输出的类型与内容，确定输出方式，进行屏幕格式和报表格式的设计等工作。在输出设计中，必须充分考虑和满足用户的需求，要以“用户第一”的态度完成输出设计工作。

(一) 输出类型设计

输出有外部输出与内部输出之分。内部输出是指一个处理过程(或子系统)向另一个处理过程(或子系统)的输出。外部输出是指向计算机系统外的输出，如有关报表、报盘等。

(二) 输出设备与介质的选择

输出的介质有打印纸、磁盘、磁带、光盘等。有关的设备有打印机、绘图仪、磁带机、磁盘机、光盘机等。需要根据需求、信息的用途和资源约束进行输出设备与介质的选择。

需要送给其他有关人员或者需要长期存档的材料，必须使用打印机打印输出；若是需要作为以后处理用的数据，可以输出到磁带或者磁盘上；如果只是需要临时查询的信息，则可以通过屏幕显示。输出设备主要是指打印机和显示器。表 7-5 为输出设备和介质一览表。

表 7-5　输出设备和介质一览表

输出设备	介质	特点及用途
行式打印机	打印纸	便于保存，费用低
卡片或纸带输出机	卡片或纸带	可代其他系统输入之用
磁带机	磁带	容量大，适于顺序存取
磁盘机	磁盘	容量大，存取更新方便
终端	屏幕	响应灵活的人机对话
绘图仪	图纸	精度高，功能全
缩微胶卷输出机	缩微胶卷	体积小，易保存

(三) 输出内容的设计

输出内容的设计包括输出方式、输出内容的项目、数据结构、类型、长度、精度、取值范围、表格设计等。输出信息的格式包括报表、凭证、单据、公文等的格式。输出信息使用方面的内容包括使用者、使用目的、报表量、使用周期、有效期、保管方法、密级和复写份数等。

(四) 输出格式的设计

从系统的角度来说输入和输出都是相对的，各级子系统的输出就是上级主系统输入。从这个意义上来说，前面所介绍的几种数据传输方式，如网络传递、软磁盘传递、通过电话线传递等，对于数据传出方来说也就是输出方式设计的内容。为了区别起见，将输出粗分为中间输出和最终输出两类。中间输出是指子系统对主系统或另一个子系统之间的数据传送，而最终输出则是指通过终端设备(如显示器屏幕、打印机等)向管理者输出的一类信息。

最终输出格式常用的有报表、图形、图标。究竟采用哪种输出形式为宜，应根据系统分析和管理业务的需要，以及使用者的习惯和要求而定。一般来说，对于基层或具体事物的管理者，应用报表方式给出详细的记录数据为宜，而对于高层领导或宏观、综合管理部门则应该使用图形方式给出比例或综合发展趋势的信息。

(五) 输出设计的原则

输出设计主要有以下五个原则。

(1) 可读性。为用户提供及时、准确、全面的信息服务，输出的图形或表格，符合用户的习惯，便于用户阅读和理解。

(2) 适应性。要充分考虑和利用输出设备的功能，输出的格式和大小要根据硬件能力，认真设计，并试制输出样品，经用户同意后才能正式使用。

(3) 扩展性。为今后的发展预留一定的余地，为新增项目留有相应的位置。

(4) 兼容性。尽量利用原系统的输出格式，如需修改，应与有关部门协商，征得用户同意。

(5) 一致性。尽量保持输出流内容和格式的同一性，也就是说，同一内容的输出，对于显示器、打印机、文本文件和数据库文件应具有一致的形式。在打印输出时，报告纸有专用纸和通用白纸两种。专用纸上事先已印有表头和文字说明等格式，使用时可直接套打，通用白纸则需打印表头、格式及说明信息。

二、输入设计

输入设计是整个系统设计的关键环节之一，对系统的质量起着决定性的影响。输入数据的正确性直接决定处理结果的正确性，如果输入数据有误，即使计算和处理十分正确，也无法获得可靠的输出信息。输入设计要解决的问题是数据的收集和录入，在保证输入信息正确性的前提下，输入方法要简单、方便、迅速。

(一) 输入方式设计

输入方式的设计主要是根据总体设计和数据库设计的要求来确定数据输入的具体形式。常用的输入方式有键盘输入，模/数(A/D) ，数/模(D/A)输入，网络数据传送，磁/光盘读入等几种形式。通常在设计新系统的输入方式时，应尽量利用已有的设备和资源，避免大批量的数据重复多次地通过键盘输入，这样不但工作量大，速度慢，而且出错率较高。

模数/数模转换方式的输入是目前比较流行的基础数据输入方式。这是一种直接通过光电设备对实际数据进行采集并将其转换成数字信息的方法，是一种既省事，又安全可靠的数据输入方式。这种方法最常见的有如下三种。

(1) 条码(棒码)输入，即利用标准的商品分类和统一规范化的条码贴(或印)于商品的包装上，然后通过光学符号阅读器(optical character reader，OCR)(亦称扫描仪)来采集和统计商品的流通信息。这种数据采集和输入方式现已普遍地被用于商业企业、工商、质检、海关等的信息系统中。

(2) 用扫描仪输入，这种方式实际上与条码输入是同一类型的。它被大量地使用在图形/图像的输入，文件，报纸的输入，标准考试试卷的自动阅卷，投票和公决的统计等。

(3) 传感器输入，即利用各类传感器和电子衡器接收和采集物理信息，然后再通过模/数/模板将其转换为数字信息。这也是一种用来采集和输入生产过程数据的方法。

在计算机系统中还有磁性字体阅读机、光学读字机、语音输入设备、光笔、图形数字化仪、黑白和彩色扫描仪等输入设备，根据系统的需要选择相应输入装置。

网络传送数据对下级子系统是输出数据，对上级主系统则是输入数据。使用网络传送数据既可安全、可靠、快捷地传输数据，又可避免下级忙于设计输入界面，上级忙于设计输入界面的盲目重复开发工作。

数据输出方和接收方按照事先约定好的待传送数据文件的标准格式，通过软盘/光盘传送数据文件。这种方式不需要增加任何设备和投入，常用于主系统与子系统之间的数据连接上。目前正向着大容量、小体积的方向发展，并且新的技术和材料也不断出现，如激光磁盘机也开始广泛投入使用。

(二) 输入格式设计

在我们实际设计数据输入时(特别是大批量的数据统计报表输入时)，常常遇到统计报表(或文件)结构与数据库文件结构不完全一致的情况。应尽量改变统计报表或数据库关系表二者之一的结构，并使其一致，以减少输入格式设计的难度。现在还可采用智能输入方式，由计算机自动将输入送至不同表格。

(三) 输入设计项目

输入设计的目的是使输入的数据，经处理后能满足系统输出的需要。输入设计包含下面四个方面：① 输入信息源的设计；② 收集输入信息设计；③ 输入媒介选择设计；④ 输入信息内容设计。

(四) 输入校验设计

对于输入数据的过程中可能出现的错误，要采取相应的检验措施，以保证输入数据的正确性。

1. 输入错误的种类

在输入设计时，必须要充分考虑可能会出现的各种错误，并采取有效的防范和补救措施。常见的输入错误有下面三类。

(1) 数据本身的错误，主要是指原始单据的填写错误或者在输入数据时产生的错误。

(2) 数据不足或多余，是在数据收集过程中产生的差错。例如，数据(单据、卡片等)的散失、遗漏或重复等引起的数据差错。

(3) 数据的延误，是指在数据收集过程中，提供数据的时间延误所产生的错误。虽然它在数据量和内容上都可能是正确的，但是数据在时间上延误，可能会使输出的信息变得毫无价值。

2. 输入数据校验方法

数据的校验方法有人工直接检查、计算机程序校验以及人与计算机两者分别处理后再相互查对校验等多种方法。常用的方法有以下 11 种，可单独地使用，也可组合使用。

(1) 重复输入检验：将同一数据由两个人先后输入一次，由计算机比较两次输入的结果，以判断输入的数据是否正确。如两次输入的不一致，计算机显示或打印机打印出错信息。

(2) 人工检验。输入的同时，由打印机打印或屏幕显示输入的数据，并由人工逐一核对，以检查输入的数据是否正确。

(3) 控制总数检验：先由人工计算出输入数据的某数据项总值，然后在输入过程中由计算机统计出该数据项的总值，比较两次计算结果以验证输入是否正确。

(4) 记录数点计检验：通过计算输入数据的记录个数来检验输入的数据是否有遗漏和重复。

(5) 格式校验：校验数据记录中各数据项的位数和位置是否符合预先规定的格式。例如，姓名栏规定为 18 位，而姓名的最大位数是 17 位，则该栏的最后一位一定是空白。该位若不是空白，就认为该数据项错误。

(6) 逻辑校验：根据业务上各种数据的逻辑性，检查有无矛盾。例如，月份最大不会超过 12，否则出错。

(7) 界限校验：检查某项输入数据的内容是否位于规定范围之内。例如，商品的单价，若规定在 100~500 元，则检查是否有比 100 元小及比 500 元大的数目即可，凡在此范围之外的数据均属出错。

(8) 顺序校验：检查记录的顺序。例如，要求输入数据无缺号时，通过顺序校验，可以发现被遗漏的记录。又如，要求记录的序号不得重复时，即可查出有无重复的记录。

(9) 平衡校验：目的在于检查相反项目间是否平衡。例如，会计工作中检查借方会计科目合计与贷方会计科目合计是否一致。又如，银行业务中检查普通存款、定期存款等各种数据的合计，是否与日报表各种存款的分类合计相等。

(10) 对照校验：将输入的数据与基本文件的数据相核对，检查两者是否一致。例如，为了检查销售数据中的用户代码是否正确，可以将输入的用户代码与用户代码总表相核对。当两者的代码不一致时，就说明出错。

(11) 程序校验：为了保证输入数据正确，数据输入过程中通过程序对输入数据进行校验，如果发现数据有错，程序应当自动地打印出错信息内容(即出错表)。

3. 输入数据的改正

出错的改正方法应根据出错的类型和原因而异。发现原始数据有错时，应由产生错误的单位进行改正，不应由操作员想当然地予以修改。当由机器自动检错时，出错的恢复方法：① 将错误改正后再进行处理；② 将错误数据剔出，只处理正确的数据，这种方法适用于作趋势调查分析的情况，这时不需要太精确的输出数据，如预测求百分比等；③ 只处理正确的数据，出错数据待修正后再进行处理。

输入设计一定要考虑适当的校验措施，以减少出错的可能性。但应指出的是绝对保证不出错的校验方式是没有的。

(五) 输入设计的原则

输入设计包括数据规范和数据准备的过程，在输入设计中，提高速度和减少错误是两个最根本的原则。以下是指导输入设计的五个原则。

(1) 设计好原始单据的格式。原始单据的格式设计，必须按照便于填写、便于归档保存和便于操作的基本原则进行。输入的单据，可以是专门为输入数据设计的记录单，但这样要经过一次抄转和编码；也可以直接从原始单据上输入数据，这样可以减少填写输入记录单的工作量和抄写错误。不管采用哪一种形式，作为输入的数据其内容要和屏幕上显示的内容一致，格式也要尽量一致，以便提高输入速度和减少输入差错。

(2) 控制输入量。在输入设计中，应尽量控制输入数据总量。在输入时，只需输入基本的信息，而其他可通过计算、统计、检索得到的信息则由系统自动产生。

(3) 减少输入延迟。输入数据的速度往往成为提高信息系统运行效率的瓶颈，为减少延迟，可采用周转文件、批量输入等方式。

(4) 输入过程应尽量简化。输入设计在为用户提供纠错和输入检验的同时，要保证输入过程简单易用，不能因为查错、纠错而使输入复杂化，增加用户负担。

(5) 减少输入错误。输入设计中应采用多种输入校验方法和有效性验证技术，减少输入错误。

三、人机界面设计

界面设计是人与机器之间传递和交换信息的媒介，包括硬件界面和软件界面，是计算机科学与心理学、设计艺术学、认知科学和人机工程学的交叉研究领域。近年来，随着信息技术与计算机技术的迅速发展、网络技术的突飞猛进，人机界面设计和开发已成为国际计算机界和设计界最为活跃的研究方向。相关研究包括：人机界面的定义、起源、发展、研究内容及发展趋势；人机界面设计中认知心理学、人机工程学、人机界面的艺术设计、色彩设计等；人机界面设计，硬件人机界面的设计风格、人文关怀等；软件人机界面的形式与标准、软件人机界面设计、Internet 网页界面设计、图标设计等；人机界面设计评价与可用性测试；新交互技术及展望，介绍了多通道用户界面、下一代人机界面展望及附录。

(一) 人机界面类型

系统设计中常用的菜单设计方式主要有菜单式、填表式、问答式及提示方式与权限管理等。

1. 菜单式

菜单(menu)是信息系统功能选择操作的最常用方式。按目前软件所提出的菜单设计工具，菜单的形式可以是下拉式、弹出式的，也可以是按钮(button)选择方式的(如 Windows 下所设计的菜单多属这种方式)。菜单选择的方式也可以是移动光标、选择数字(或字母)、鼠标驱动或直接用手在屏幕上选择等多种方式(甚至还可以是声音系统加电话键盘驱动的菜单选择方式)。

菜单设计时一般应将操作安排在同一层菜单选择中，功能尽可能多，而进入最终操作层次尽可能少(最好是二级左右)。一般功能选择性操作最好让用户一次就进入系统，只有在少数重要执行性操作时，才设计让用户选择后再确定一次的形式。例如，选择执行删除操作，系统尚未执行完毕前执行退出操作等。

菜单设计时在两个邻近的功能(或子系统)选择之间，可以考虑交替使用深浅不同的对比色调，使它们之间的变化更加醒目。

2. 填表式

填表式屏幕设计通常用于通过终端向系统中输入数据。系统将要输入的项目显示在屏幕上，然后由用户逐项填入有关的数据。另外，填表式屏幕设计也可以用于系统的输出。如果要查询系统中的某些数据，可以将数据的名称按一定的方式排列在屏幕上，然后由计算机将数据的内容自动填写在相应的位置上。由于这种方法设计的画面简单易读，并且不容易出错，所以它是通过屏幕进行输入输出的主要形式。

3. 问答式

问答式屏幕设计是指当系统运行到某阶段时，通过屏幕向用户提问，系统根据用户回答的结果决定下一步执行什么操作。这种方法通常用在提示操作人员确认输入数据的正确性，或者询问用户是否继续某项处理等方面。这类会话通常的处理方式是让系统开发人员根据实际系统操作过程将会话语句写在程序中。

还有一类形式的问答式是用于决策支持系统之中的特殊的问答式。

4. 提示方式与权限管理

为了操作使用方便，在系统设计时，常常把操作提示和要点同时显示在屏幕的旁边，以使用户操作方便，这是当前比较流行的用户界面设计方式。另一种操作提示设计方式则是将整个系统操作说明书全送入系统文件之中，并设置系统运行状态指针。当系统运行操作时，指针随着系统运行状态来改变，当用户按“求助”键时，系统则立刻根据当前指针调出相应的操作说明。调出说明后还请求进一步详细说明的方式，可以通过标题(如本书的章节标志所示)来索引具体内容，也可以通过选择关键字方式，如 Windows 和 3W(World Wide Web)等的 help 方式来索引具体的内容。

另外与操作方式有关的另一个内容就是对数据操作权限的管理。权限管理一般都是通过入网口令和建网时定义该节点级别相结合来实现的。对于单机系统的用户来说只需简单规定系统的上机口令(password)即可。

(二) 软件用户界面设计的原则

软件用户界面(software user interface)是指软件用于和用户交流的外观、部件和程序等。软件界面的设计，既要从外观上进行创意以达到吸引眼球的目的，还要结合图形和版面设计的相关原理，从而使软件设计变成了一门独特的艺术。通常来讲，企业软件用户界面的设计应遵循以下四个基本原则。

(1) 用户导向(user oriented)原则。信息系统首先要明确到底谁是使用者，要站在用户的观点和立场上来考虑设计软件。要做到这一点，必须要和用户来沟通，了解他们的需求、目标、期望和偏好等。

(2) KISS(keep it simple and stupid)原则。简洁和易于操作是网页设计的最重要的原则。

(3) 视觉平衡。设计时，各种元素(如图形、文字、空白)都会有视觉作用。根据视觉原理，图形与一块文字相比较，图形的视觉作用要大一些。另外，中国人的阅读习惯是从左到右，从上到下的，因此视觉平衡也要遵循这个这个道理。

(4) 和谐与一致性 。通过对软件的各种元素(颜色、字体、图形、空白等)使用一定的规格，设计良好的页面看起来应该是和谐的。或者说，软件的众多单独页面应该看起来像一个整体。软件设计上要保持一致性，这又是很重要的一点。一致的结构设计，可以让浏览者对软件的形象有深刻的记忆；一致的导航设计，可以让浏览者迅速而又有效地进入软件中自己所需要的部分；一致的操作设计，可以让浏览者快速学会整个软件的各种功能操作。

第六节 模块功能与处理过程设计

模块功能与处理过程设计是下一步编程实现系统的基础，涉及具体业务处理过程。此阶段不但要设计出一个个模块和它们之间的连接方式，而且还要具体地设计出每个模块内部的功能和处理过程。其工具是 HIPO 图(hierarchy plus input-process-output)。程序员拿到设计结果和 HIPO 图就能编制出系统所需要的程序模块。

一、HIPO 图

HIPO 图是 IBM 公司于 20 世纪 70 年代中期在层次结构图(structure chart)的基础上推出的一种描述系统结构和模块内部处理功能的工具(技术)。HIPO 图一般由一张总的层次模块结构图和若干张具体模块内部展开的 IPO 图(图 7-13)组成，前者描述了整个系统的设计结构及各类模块之间的关系，后者描述了某个特定模块内部的处理过程和输入输出关系。

IPO 图主要是配合层次模块结构图详细说明每个模块内部功能的一种工具，IPO 图的设计必须包括输入(I)、处理(P)、输出(O)，以及与之相应的数据库/文件、在总体结构中的位置等信息。IPO 图中的处理过程描述部分较为复杂，如果这个环节处理不好，将会给后继编程工作造成混乱。

目前用于描述模块内部处理过程的方法主要有如下几种：程序流程图(程序框图)、盒图(N-S 图)、问题分析图(problem analysis diagram，PAD)、结构化英语、决策树、决策表和算法描述语言方法。几种方法各有其长处和不同的适用范围，在实际工作中究竟用哪一种方法，需视具体的情况和设计者的习惯而定。

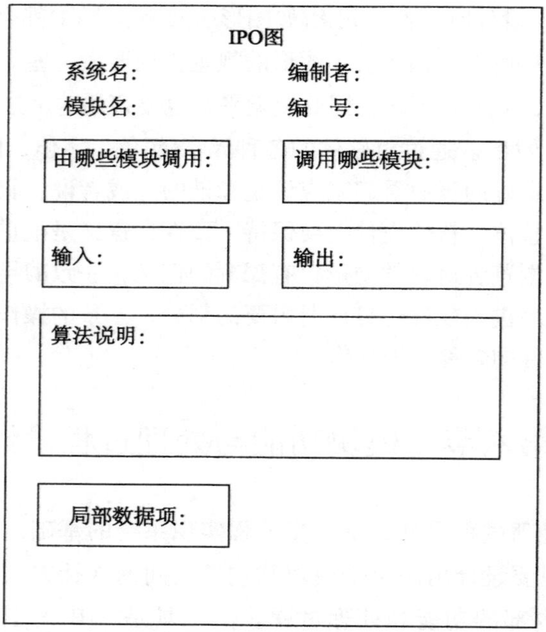

IPO图

系统名:　　　　编制者:

模块名:　　　　编　号:

由哪些模块调用:　　　　调用哪些模块:

输入:　　　　输出:

算法说明:

局部数据项:

图 7-13　IPO 图

二、层次模块结构图

层次模块结构图(或称结构图)是 1974 年由 W.Steven 等人从结构化设计的角度提出的一种工具。它的基本做法是将系统划分为若干子系统，子系统下再划分为若干的模块，大模块内再分小模块，而模块是指具备输入输出、逻辑功能、运行程序和内部数据四种属性的一组程序。

层次模块结构图主要关心的是模块的外部属性，即上下级模块、同级模块之间的数据传递和调用关系，而不关心模块的内部。也就是说只关心它是什么，它能够做什么的问题，而不关心它是如何去做的(这一部分内容由下面的 IPO 图解决)。

(一) 模块结构的图形表示

结构图给出了五个图例(图 7-14)和 4 种基本关系(图 7-15)，来表达模块和模块之间的联系。

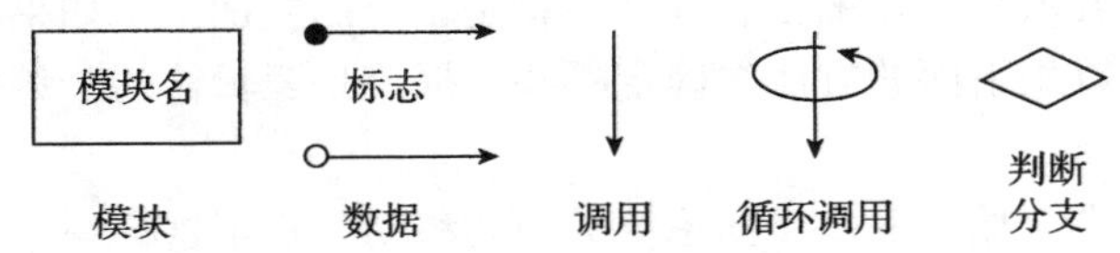

图 7-14 模块结构图的 5 个图例

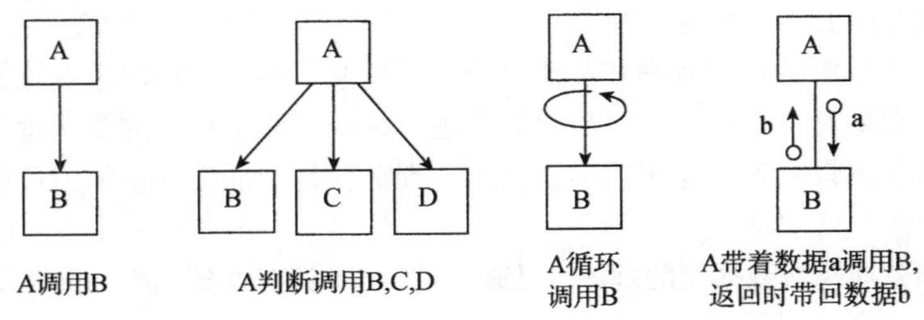

图 7-15 模块结构图的 4 种基本关系

(二) 模块结构图设计的步骤

系统模块结构图的设计，可以分两步进行。

1. 从新系统数据流程图出发导出初始结构图

首先把整个系统看做一个模块，然后对其逐层分解。分解时，要遵守划分模块的基本原则和完成数据流程图所规定的各项任务及其处理顺序。每分解出一层模块，都要标明信息传递情况并考虑每一模块的实现方法，同时还要考虑系统结构的层数。

2. 对系统结构图进行改进

从提高模块的独立性目标出发，检查每一个模块，是否还可以降低关联度，提高聚合度，如果可以，就要对其改进，直到理想为止。

(三) 功能结构图设计的方法

对于任何一个系统，都可以根据新系统的数据流程图，画出新系统的模块结构图，模块结构图设计的方法有三种。

1. 变换分析

变换分析是从变换型结构数据流程图中导出模块的结构图的一种方法，变换型结构的数据流程图是一种线状结构，变换分析过程可以分为三步：① 找出逻辑输入、主加工和逻辑输出；② 设计顶层模块和第一层模块；③ 设计中、下层模块。下面分别讨论。

1) 找出系统的逻辑输入、主加工和逻辑输出

一般来说，几股数据流的汇合处往往就是系统的主加工。如果，一时不能确定哪是主加工，可以用下面的方法先确定哪些数据流是逻辑输入，哪些数据流是逻辑输出。

从物理输入端开始，一步步向系统的中间移动，直至这样一个数据流，它已不能再被看做系统的输入，则它的前一个数据流就是系统的逻辑输入。同理，从物理输出端开始，逆数据流方向向中间移动，可以确定系统的逻辑输出。介于逻辑输入和逻辑输出之间的加工就是主加工。

当然，实际的数据流程图往往比这个例子复杂，输入、输出数据流都可能有多个。这时，需要对每个输入、输出数据流进行分析，确定相应的逻辑输入、逻辑输出。处于这些逻辑输入、逻辑输出之间的处理框就是主加工。主加工可能包括数据流程图中的多个处理框。

具体划分涉及对数据流的理解。理解不同，结果就有差异，但一般出入不会太大。

2) 设计顶层模块和第一层模块

找到主加工之后，遵照“自顶向下，逐步加细”的原则，设计各层的模块。每创建一个模块，必须确定该模块的外部特征：模块的功能、与其他模块的界面(调用时传送的信息)。为每个模块起一个名字，这个名字应当恰如其分地反映出这个模块的功能。

系统的主加工就是系统的顶层模块，其功能就是整个系统的功能。

第一层模块按输入、变换、输出等分支来处理：为每一个逻辑输入设计一个输入模块，其功能是为顶层模块提供相应的数据；为每一个逻辑输出设计一个输出模块，它的功能即是输出顶层模块的输出信息；为主加工设计一个变换模块，它的功能就是将逻辑输入变换成逻辑输出。第一层模块与顶层模块之间传送的数据应该同数据流程

图相对应。

3) 设计中、下层模块

对输入、变换、输出模块逐个分解，便可得到初始结构图。输入模块要为系统提供逻辑输入，一般要进行变换，先确定实现最后变换的变换模块。这个变换模块显然又需要某些输入，对每个这样的输入，对应一个新的输入模块。用类似方法依次分解下去，直到最终的物理输入为止。对输出模块的分解与上面的办法相似。

对变换模块的分解，目前还没有与上面类似的方法。些时，需要研究数据流程图中相应加工的组成情况。应用模块耦合、内聚等概念，有助于更好地分解。由数据流程图出发，采用变换分析的办法比直观理解得到初始结构图要好得多。

2. 事务分析

事务分析是根据事务型结构的数据流程图导出结构图的一种方法。事务分析也按“自顶向下，逐步细化”的原则进行。在事务型结构的数据流程中，通过某一个主处理将它的输入分隔成一串平行的数据流，然后选择地执行后面的某个处理。在应用事务分析方法设计结构图时，也是从上向下逐步细化的过程，即首先分析事务型结构的数据流程图，找出事务处理中心，并据此设计主模块和第一层模块。主模块的功能就是整个系统的功能。第一层模块一般包括输入检查和选择处理两部分，前者分析事务的类型，后者根据不同的类型调用相应的下层模块。然后为每一种类型的事务处理设计一个事务处理模块，再为每个事务处理模块设计下面的操作模块，再继续分解，直到每项事务处理都有一个具体的操作模块为止，这就形成了一个完整的系统功能结构图。

3. 混合结构分析

规模较大的数据处理系统，数据流程图常常是变换型和事务型的混合结构。在这种情况下，通常以变换分析为主、事务分析为辅进行设计，先找出系统的输入、主加工的输出，用变换分析法设计系统模块结构图的上层，然后，根据数据流程图各部分的特点，适当进行变换分析或事务分析，就可以导出初始模块结构图。

因为数据流程图并没有完全反映出用户的要求(如查询要求、控制要求)，所以，按数据流程图导出的结构图还要参照小说明、查询分析等文档进行调整。这里得出的为初始结构图。另外，数据流程图是分层次的，当我们对某一层数据流程图进行变换分析或事务分析得出相应的模块仿构图之后，还必须转换它下一层的数据流程图。

数据流程图如图 7-16 所示。

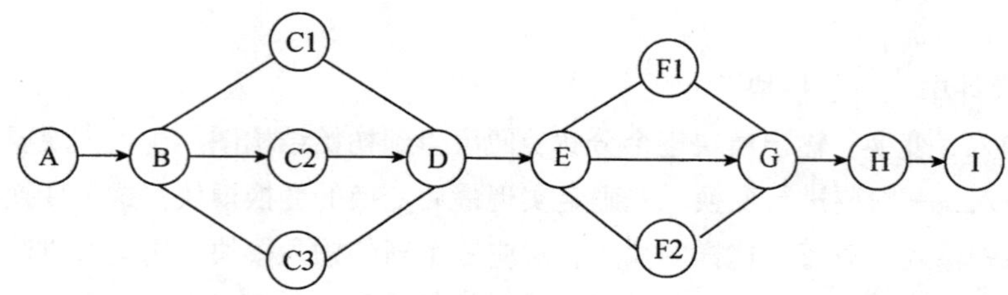

图 7-16　混合类型的数据流程图

导出模块结构图如图 7-17 所示。需要说明的是：

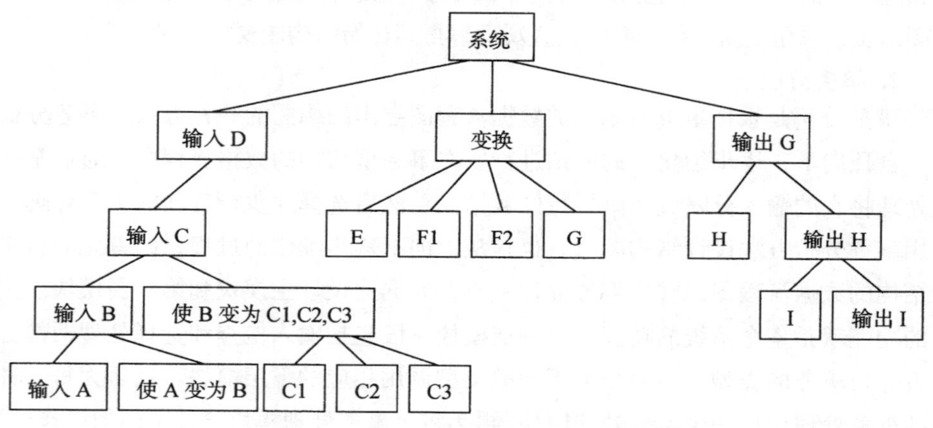

图 7-17　混合类型的模块结构图

第七节　系统设计说明书

系统设计报告(又称系统物理设计说明书)是系统设计阶段的主要成果，是新系统的物理模型，也是系统实施的重要依据。

系统设计报告主要包括以下内容：① 系统概述；② 总体结构方案(包括总体结构图、子系统结构图、计算机流程图等)；③ 计算机系统配置方案；④ 代码设计方案；⑤ 文件、数据库设计方案；⑥ 输入输出设计方案；⑦ 系统详细设计方案；⑧ 接口及通信环境设计；⑨ 安全、保密设计、数据准备；⑩ 系统测试计划；⑪ 培训计划。

系统设计报告要经领导批准，并得到用户的认可。一旦系统设计报告得到批准，则成为系统实施阶段的工作依据。

根据 GB8567—88，详细设计说明书又可称为系统设计报告或程序设计说明书。编制目的是说明一个软件系统各个层次中的每一个程序（每个模块或子程序）的设计考虑。如果一个软件系统比较简单，层次很少，本文件可以不单独编写，有关内容合并到概要设计说明书中。对详细设计说明书的内容及格式要求如下。

1 引言

1.1 编写目的

阐明编写详细设计说明书的目的，指明读者对象。

1.2 背景

说明：

a. 待开发软件系统的名称；

b. 本项目的来源和主管部门、任务提出者、开发者、用户等。

1.3 定义

列出本文件中用到的专门术语的定义和缩写词的原词组及其含义。

1.4 参考资料

列出有关的参考资料。

a. 本项目的经核准的计划任务书或合同、上级机关的批文；

b. 属于本项目的其他已发表的文件；

c. 本文件中各处引用的文件资料，包括所要用到的软件开发标准。列出这些文件的标题、文件编号、发表日期和出版单位，说明这些文件的来源。

2 程序系统的结构

用一系列图表列出本程序系统内的每个程序(包括每个模块和子程序)的名称、标识符和它们之间的层次结构关系。

3 程序 1(标识符)设计说明

从本章开始，逐个地给出各个层次中的每个程序的设计考虑。以下给出的提纲是针对一般情况的。对于一个具体的模块，尤其是层次比较低的模块或子程序，其很多条目的内容往往与它所隶属的上一层模块的对应条目的内容相同，在这种情况下，只要简单地说明这一点即可。

3.1 程序描述

给出对该程序的简要描述，主要说明安排设计本程序的目的和意义，并且，还要说明本程序的特点(如是常驻内存还是非常驻内存，是否子程序，是可重写的还是不可重写的，有无覆盖要求，是顺序处理还是并发处理等)。

3.2 功能

说明该程序应具有的功能，可采用 IPO 图(即输入-处理-输出图)的形式。

3.3 性能

说明对该程序的全部性能要求，包括对精度、灵活性和时间特性的要求。

3.4 输入项

给出每一个输入项的特性，包括名称、标识、数据的类型和格式、数据值的有效范围、输入的方式、数量和频度、输入媒体、输入数据的来源和安全保密条件等。

3.5 输出项

给出每一个输出项的特性，包括名称、标识、数据的类型和格式，数据值的有效范围、输出的形式、数量和频度、输出媒体、对输出图形及符号的说明、安全保密条件等。

3.6 算法

详细说明本程序所选用的算法，具体的计算公式和计算步骤。

3.7 流程逻辑

用图表(如流程图、判定表等)辅以必要的说明来表示本程序的逻辑流程。

3.8 接口

用图的形式说明本程序所隶属的上一层模块及隶属于本程序的下一层模块、子程序，说明参数赋值和调用方式，说明与本程序直接关联的数据结构(数据库、数据文卷)。

3.9 存储分配

根据需要，说明本程序的存储分配。

3.10 注释设计

说明准备在本程序中安排的注释。

a. 加在模块首部的注释;

b. 加在各分支点处的注释;

c. 对各变量的功能、范围、缺省条件等所加的注释;

d. 对使用的逻辑所加的注释等。

3.11 限制条件

说明本程序运行中所受到的限制条件。

3.12 测试计划

说明对本程序进行单独测试的计划，包括对测试的技术要求、输入数据、预期结果、进度安排、人员职责、设备条件驱动程序及桩模块等的规定。

3.13 尚未解决的问题

说明在本程序的设计中尚未解决而设计者认为在软件完成之前应解决的问题。

4 程序 2(标识符)设计说明

用类似 3 的方式，说明第 2 个至第 N 个程序的设计考虑

……

第八节 本章小结

系统设计是管理信息系统开发的重要阶段，主要目的是在系统分析阶段提出

的反映用户需求的逻辑方案的基础上，科学合理地将逻辑方案转换成可以实施的物理(技术)方案。系统设计阶段的任务是在现行系统分析的基础上进行的，根据新系统的逻辑模型建立新系统的物理模型，解决“怎么做”的问题。其主要任务就是在各种技术和实施方法中权衡利弊，合理地使用各种资源，最终确定新系统具体的实施方案。一般来说，系统设计阶段可以分为两大阶段：总体设计阶段和详细设计阶段。最后把设计方案编制为系统设计报告，通过专家评审即进入系统实施阶段。

按照结构化系统分析与设计的基本思想，按照自顶向下原则把整个系统划分为若干个大小适当、功能明确、具有相对独立性并容易实现的子系统,然后再自下而上地逐步设计。功能模块的划分应注意高内聚、低耦合的原则，系统划分为功能模块可增大系统的可维护性，提高系统开发工作的效率。

数据库设计是系统设计的重要部分，数据库设计的好坏决定着整个系统开发得优劣，具有集中统一规划的数据库是管理信息系统成熟的重要标志，信息集中成为资源，为各种用户所共享。数据库系统分析和设计的步骤包括：需求分析、概念结构设计、逻辑结构设计、物理结构设计。完成数据库的逻辑结构设计之后便可着手进行应用程序的设计，设计阶段的后一步是系统性能测试与确认。数据库系统实现和运行阶段的任务包括数据库的实施、数据库运行与维护，必要时需要进行数据库的重组。

好的用户界面设计可以为用户和系统双方带来良好的工作环境，输出设计可以为管理者提供简捷明了、有效、实用的管理和控制信息。模块功能与处理过程设计是系统设计的最后一步，也是最详细地涉及具体业务处理过程的一步。它是下一步编程实现系统的基础。

系统设计的最终结果是系统设计报告，包括系统设计阶段的所有成果，技术方面的描述，详细说明系统的输出、输入和用户接口，以及所有的硬件、软件、数据、远程通信、人员和过程的组成部分及这些组成部分涉及的方法。

[习 题]

一、单选题

1. 物理模型设计是系统开发的(　　)阶段的任务。

A. 信息系统流程图设计　　B. 系统设计

C. 系统分析　　D. 系统规划

2. 用质数法确定代码结构中的校验位时，校验位的取值是质数法中的(　　)。

A. 权　　B. 模

C. 除得的商　　D. 除得的余数

3. 代码设计工作应在(　　)阶段就开始。

A. 系统设计　　B. 系统分析

C. 系统实施　　D. 系统规划

4. 身份证是一种(　　)。

A. 缩写码　　B. 助忆码　　C. 顺序码　　D. 区间码

5. 为了检查会计工作中借方会计科目合计与贷方会计科目合计是否一致，通常在程序设计中应进行(　　)。

A. 界限校验　　B. 重复校验

C. 平衡校验　　D. 记录计数校验

6. 校验输入月份最大不能超过 12 是属于(　　)。

A. 视觉校验　　B. 数据类型校验

B. 逻辑校验　　D. 界限校验

7. 输出设计应由(　　)。

A. 系统分析员根据用户需要完成　　B. 系统设计员根据用户需要完成

C. 程序设计员根据输入数据完成　　D. 系统设计员根据输入数据完成

8. 数据库的概念结构设计应在(　　)。

A. 系统分析阶段进行　　B. 系统设计阶段进行

C. 系统实施阶段进行　　D. 系统评价阶段进行

9. 信息系统流程图反映的是(　　)。

A. 管理业务流程　　B. 数据流程

C. 表格分配关系　　D. 计算机的处理流程

10. 系统设计过程中应(　　)。

A. 先进行输入设计，后进行输出设计

B. 先进行输出设计，后进行输入设计

C. 同时进行输入输出设计

D. 由程序员进行输入输出设计

11. 系统设计阶段的工作不包括(　　)。

A. 程序设计　　B. 文件设计

C. 输入输出设计　　D. 编写程序设计说明书

12. 校验位不可能发现的错误是(　　)。

A. 抄写错　　B. 易位错

B. 传输错　　D. 原数据错

13. 概念模型描述的是(　　)。

A. 与数据库物理实现有直接关系的数据库

B. 已确定了采用何种数据库管理系统的数据库

C. 数据库的逻辑结构

D. 从用户角度看到的数据库

14. 代码传输时所作的校验计算应在(　　)进行。

A. 发送端　　B. 接收端

C. 发送端和接收端　　D. 传输线路上

15. 用于描述系统目标及其与功能模块关系的图称为(　　)。

A. 系统结构图　　B. 数据关系图

C. 功能结构图　　D. 系统流程图

二、填空题

1. 确定校验位值的方法有算术级数法、________和质数法等。

2. 代码是代表事物名称、属性和状态等的 ________。

3. 系统设计可分为________ 和________。

4. 在系统设计阶段，应尽量采用________ 结构进行设计，这样，可以使系统具有对环境的________，模块的内聚越______越好，耦合越_______越好。

5. 规范化理论正是用来改造关系模式，通过分解关系模式来消除其中不合适的数据依赖，以解决________、________、________和________问题。

三、问答题

1. 系统设计的目的？

2. 系统划分的原则？

3. 系统设计阶段包括哪些工作内容？

4. 为什么说系统设计需自顶向下进行，必须首先进行总体设计？

5. 代码的种类有哪些？代码设计时应注意哪些问题？

6. 举例说明管理信息系统中，代码的使用是规范化管理数据的重要手段。

7. 介绍几种常用的数据库管理系统。

8. 针对数据库设计问题，举例说明若关系模式不属于第三范式，则应用该关系模式存储数据时会造成大量的数据冗余。

9. 目前有哪几种输入校验方式?它们的优缺点是什么?各适应于哪些地方?

10. HIPO 图是如何构成的?它的主要用途是什么?

11. 按照本章所讲内容试作一个系统设计，并最终给出所有的设计资料和系统设计报告。

12. 请列出建立一个管理信息系统常用的硬件设备和软件工具。

[习题解答]

一、单选题

1. B　2. D　3. B　4. D　5. C　6. D　7. B　8. A　9. D　10. B　11. A　12. D　13. D　14. C　15. C

二、填充题

1. 指数法　2. 符号　3. 概要设计和详细设计　4. 模块化 适应性 高 低　5. 插入异常 删除异常 更新异常 数据冗余。

三、问答题

(略)

HAPTER 8

第八章 管理信息系统的系统实施

[内容提要]

本章全面阐述管理信息系统系统实施的概念、主要内容、实现步骤和应注意的问题，也就是如何将系统设计的结果付诸实践，建立计算机硬件环境和系统软件环境，编写和调试计算机程序，组织系统测试和各类人员的培训，完成系统切换并最终交付使用。重点阐述了程序设计与系统测试的内容与方法。

[学习要点]

1. 掌握和理解系统实施的概念、主要内容、实现步骤和应注意的问题；

2. 掌握和理解如何建立计算机硬件环境和系统软件环境，如何编写和调试计算机程序；

3. 掌握和理解如何组织系统测试的方法和步骤如何对各类人员的培训；

4. 掌握和理解系统转换的概念、内容和方法，以及最终把系统交付使用。

系统设计阶段之后就进入系统实施阶段，所谓系统实施是指将系统设计阶段的结果在计算机上实现，将原来纸面上的、类似于设计图式的新系统方案转换成可执行的实际软件系统。经过系统分析和系统统设计阶段，得到了有关系统的全部设计信息，必须制订系统实施计划，确定系统实施的方式、步骤、进度及费用等，以保证系统实施工作的顺利进行。系统实施阶段的主要任务：① 按总体设计方案购置和安装物理系统；② 建立数据库系统；③ 程序设计；④ 系统测试；⑤ 整理基础数据；⑥ 人员培训；⑦ 系统切换。系统实施、系统投入运行之后进入开发生命周期的最后一个阶段——运行与维护。

前几章更多体现的是自顶向下的结构化系统设计思想，本章采用自底向上的逐步开发方法，即先开发一个个的模块，然后再结构化地逐步建立起整个系统。

第一节　按总体设计方案购置和安装物理系统

按总体设计方案购置和安装物理系统只需按总体设计的要求和可行性报告对财力资源的分析，选择好适当的设备，通知供货厂家按要求供货并安装即可。具体工作包括计算机系统和通信网络系统的订购、机房的准备和设备安装调试、软件环境设置等一系列工作。

一、计算机系统的安装与调试

按照系统物理配置方案的要求，选择购置该系统所必需的硬件设备(计算机系统)和软件系统。硬件设备包括主机、外围设备、稳压电源、空调装置、机房的配套设施及通信设备等，软件系统包括操作系统、数据库管理系统、各种应用软件和工具软件等。

(一) 计算机品牌选择

值得注意的是，选择计算机系统时要充分进行市场调查，了解设备运行情况及厂商所能提供的服务等。目前，国外品牌有 IBM、HP、Compaq、DEC、DELL 等，国内品牌有联想、神舟、方正等。

(二) 计算机购置的基本原则

依据物理配置方案，在功能、容量和性能等方面满足所开发管理信息系统的设计要求。

(三) 计算机购置应考虑的问题

购置计算机硬件设备的时候主要应该考虑以下三个问题:① 计算机系统是否具有合理的性能价格比; ② 系统是否具有良好的可扩充性; ③ 能否得到来自供货商的售后服务和技术支持等。

(四) 计算机的环境要求

计算机是很精密的电子设备，对环境要求很高，一旦损坏，损失可能非常大，所以需要安全使用，机房至少需要满足以下四个基本条件: ① 机房最好安装双层玻璃门窗，并且要求无尘; ② 硬件通过电缆连接至电源，电缆走线要安放在防止静电感应的耐压的活动地板下面;③ 为了防止突然停电造成事故,应安装备用电源设备，如功率足够的不间断电源; ④ 配备必要的防雷设施。

二、通信网络环境

计算机网络,是指将地理位置不同的具有独立功能的多台计算机及其外部设备，通过通信线路连接起来，在网络操作系统、网络管理软件及网络通信协议的管理和协调下，实现资源共享和信息传递的计算机系统。计算机网络是现代管理信息系统建设的基础，是创建和测试数据库、编写和测试程序的平台。如果新开发的信息系统要求创建新网络或修改旧网络，就必须建立和测试新网络。

管理信息系统常见的网络类型可以按照覆盖范围分为局域网(LAN)和广域网(WAN)。局域网通常指一定范围内的网络，可以实现楼宇内部和临近的几座大楼之间的内部联系；而广域网设备之间的通信，通常利用公共电信网络，如中国公用数字数据网(CHINADDN)、中国公用分组交换网(CHINAPAC)、公用交换电话网(PSTN)等实现远程设备之间的通信。

管理信息系统常用的通信链路有双绞线、同轴电缆、光纤、微波及卫星通信。双绞线是综合布线工程中最常用的一种传输介质。与其他传输介质相比，双绞线在传输距离、信道宽度和数据传输速度等方面均受到一定限制，但价格较为低廉。同轴电缆以硬铜线为芯，外包一层绝缘材料。同轴电缆的这种结构，使它具有高带宽和极好的噪声抑制特性。目前，同轴电缆大量被光纤取代，但仍广泛应用于有线电视和某些局域网；光纤和同轴电缆相似，只是没有网状屏蔽层，中心是光传播的玻璃芯。光纤通信系统的主要优点如下：① 传输频带宽，通信容量大；② 线路损耗低，传输距离远；③ 抗干扰能力强，应用范围广。无线通信方式的抗干扰的能力较弱。

网络环境的建立应根据所开发系统对计算机网络环境的要求，选择合适的网络操作系统产品，并按照目标系统将采用的系统体系结构是 C/S 结构还是 B/S 结构，进行有关的网络通信设备与通信线路的架构与连接、网络操作系统软件的安装和调试、整个网络系统的运行性能与安全性测试及网络用户权限管理体系的实施等。

本项任务由系统分析设计人员、系统构建人员共同来完成。其中网络设计人员和网络管理人员在这项工作中起最主要的作用。网络设计人员应该是局域网和广域网的专家，而网络管理人员是构建和测试信息系统网络的专业人员，并且负责网络的安全性。系统分析设计人员的作用是确保构建的网络满足用户的需求。

三、软件环境

在建立硬件环境的基础上，还需建立适合系统运行的软件环境，包括购置系统软件和应用软件包。按照设计要求配置的系统软件包括操作系统、数据库管理系统、程序设计语言处理系统等。在企业管理系统中，有些模块可能有商品化软件可供选择，也可以提前购置，其他则需自行编写。在购买或配置这些软件前应先了解其功能、适用范围、接口及运行环境等，以便做好选购工作。

计算机硬件和软件环境的配置，应当与计算机技术发展的趋势相一致，硬件选型要兼顾升级和维护的要求；软件选择特别是数据库管理系统，应选择 C/S 或 B/S 结构下的主流软件产品，为提高系统的可扩展性奠定基础。

第二节　建立数据库系统

建立数据库系统比较简单，如果前面数据与数据流程分析、数据/过程分析以及数据库设计工作进行得比较规范，按照数据库设计的要求，一般 1~2 个数据库管理员一天即可建立起一个大型数据库结构，不包括输入数据。不作赘述。

第三节　程 序 设 计

程序设计是系统实施的主要内容，其任务是为新系统编写程序，就是以用户需求为出发点，以系统分析与系统设计阶段的文档为依据，选择适当的程序设计语言，以及软件开发环境和工具，编制程序和调试程序，实现系统详细设计中的内容并使运行结果符合设计要求。程序设计的好坏直接关系到能否有效地利用计算机来圆满地达到预期目的，一般由程序设计员来完成。程序员在进行程序设计工作中，应尽量采用各种开发工具进行编码，以加快开发进程。

一、程序设计的基本要求

在软件费用急剧上升和硬件价格下降的同时，程序设计的要求有很大变化，以前要求程序的正确和效率，而现在认为高质量的程序，必须符合以下六个要求。

(1) 可靠性(reliability)，是衡量管理信息系统质量的首要指标。一方面是程序或系统的安全可靠性，如数据存取的安全可靠性，通信的安全可靠性，操作权限的安全可靠性，这些要求在系统分析和设计时就应该有充分的考虑。另一方面是程序运行的可靠性，有较好的容错能力，保证不仅在正常情况下工作，而且在异常情况下也有相应的处理。这一点主要靠调试时的严格把关(特别是委托他人编程时)来保证编程的工作质量。

(2) 可读性(readability)，不仅要求逻辑正确，计算机能够执行，其可读性还要求程序设计结构清晰、可理解性好。程序中避免复杂的个人程序设计技巧，程序的命名、书写格式、变量定义和解释语句的使用等应参照统一的标准，具有统一的规范，便于人们阅读，也便于对程序的修改和维护。

(3) 效率(efficiency)，指计算机资源(如时间和空间)能否被有效地利用，即时间复杂度和空间复杂度如何。程序的结构严谨，运行速度快，就节省机时。程序和数据的存储、调用安排得当，节省存储空间，程序就有效率。由于硬件价格大幅度下降，性能不断完善和提高，效率已经不像以前那样举足轻重了。相反，程序设计者的工作效率远比程序效率重要。程序设计者工作效率的提高不仅能减少经费开支，而且也会明显降低程序的出错率，进而减轻程序维护工作的负担。

(4) 可维护性(maintainability)，指程序的应变能力强，便于修改、调整。一个程序在其运行期间，往往会逐步暴露出某些隐含的错误，需要及时排除；同时，用户也可能提出一些新的要求，这就需要对程序进行修改和补充，使其进一步完善。此外，可能由于计算机软件与硬件的更新换代，应用程序也需要作相应的调整或移植，这些工作都属于程序维护任务。

(5) 可重用性(reusability)，指该系统或系统的一部分在开发其他应用系统时可以被重复使用的程度。对于使用单位而言，系统的可重用性越高，则企业日后的维护工作量越少。

(6) 实用性(Practicability)。它是从用户的角度来看系统界面是否友好，操作使用是否方便，响应速度是否可以接受。程序设计的实用性是系统顺利交付使用的重要条件。

一般一个规范性、可读性、结构划分都很好的程序模块，它的可维护性也是比较好的。以上各要求并不是绝对的，需要根据系统本身及用户环境的不同情况而有所侧重考虑。此外，程序设计结束后，还应写出操作说明书，说明执行该程序时的

具体操作步骤。

二、软件工具的选择

随着计算机在信息系统中的广泛应用，对各种软件工具的研究十分迅速，各种各样的软件及程序的自动设计、生成工具日新月异，为各种信息系统的开发提供了强有力的技术支持和方便的实用手段。利用这些软件生成工具，可以大量减少手工编程环节的工作，避免各种编程错误的出现，极大地提高了系统的开发效率。从系统开发的角度考虑选用哪种语言来编程是很重要的。一种合适的程序设计语言能使根据设计去完成编程时困难最少，可以减少所需要的程序调试量，并且可以得到更容易阅读和维护的程序。

汇编语言虽然占主存容量少且运行速度快，但是程序设计既困难又容易出错。随着计算机应用深入发展，管理信息系统的程序规模日益增大，采用的程序设计语言也逐渐发生变化，一般不用汇编语言，而采用高级语言。选择适合于管理信息系统的程序设计语言应该从以下六个方面考虑。

1. 语言的结构化机制与数据管理能力

选用高级语言应该有理想的模块化机制、可读性好的控制结构和数据结构，同时具备较强的数据管理能力，如数据库语言。

2. 语言的人机交互能力

选用的语言必须能够提供可开发界面美观的人机交互程序的功能，如色彩、音响、窗口等。这对用户来说是非常重要的。

3. 丰富的软件支持工具

如果支持某种语言程序开发的软件工具可以利用，则使系统的实现和调试都变得比较容易。

4. 开发人员的以往经验与熟练程度

虽然对于有经验的程序员来说，学习一种新语言并不困难，但如果可能的话，应该尽量选择一种已经为程序员所熟悉的语言。

5. 软件可移植性要求

开发出来的系统应能在不同计算机上运行，以便于推广使用。

6. 系统用户的要求

如果所开发的系统由用户负责维护，用户通常要求用他们熟悉的语言书写程序。

软件开发环境的选择是否合理直接影响开发效率、应用水平和系统维护等问题，目前的编程工具不仅在数量和功能上突飞猛进，而且在内涵的拓展上也日新月异。

一般来说，需要选择的软件工具主要有编程语言工具、数据库系统工具、程序生成工具、专用系统生成工具、C/S 型工具及面向对象程序设计工具等。其性能特点简介如下。

1. 编程语言工具

常用的程序语言有 C、C++、COBOL、LISP、PROLOG 等，利用相关工具进行程序设计的基本形式是手工编程。这些语言一般不具有很强的针对性，它只是提供了一般程序设计命令的基本集合，因而适应范围很广，原则上任何模块都可以用它们来编写。缺点：其适应范围广是以用户编程的复杂程度为代价的，程序设计的工作量很大。

2. 数据库系统工具

流行的数据库软件产品，有微机上常用的适用于小型系统(EDP/TPS)开发的小型数据库管理系统，可以支持基于局域网、Intranet 和 Internet 的大型管理信息系统开发的大型数据库系统工具。

小型数据库系统：XBASE 系列，主要是指以微机为基础所形成的关系数据库及其程序开发语言。典型产品代表有 dBASE-II、III、IV、FoxBASE 及 FoxPro 等各种版本。除此之外，还有 VFP、Access 等。

大型数据库系统，指规模较大、功能较齐全的大型数据库系统。其主要有 Oracle 系统、Sybase 系统、Informix 系统、DB2 系统、Ingres 系统、SQL Server 系统、Paradox 系统等。这类系统的最大特点是功能齐全，容量巨大，适合于大型综合类数据库系统的开发。在使用时配有专门的接口语言，可以允许各类常用的程序语言(称之为主语言)任意地访问数据库内的数据。

3. 程序生成工具

主要指基于常用数据处理功能与程序相对应的自动编程工具，一般称为第四代程序生成语言(4GL)工具，大多结合在流行软件产品中，构成其中的一部分，它能实现系统中的某些模块程序代码的自动生成。

较为典型的产品有 AB(application builder，应用系统建造工具)、屏幕生成工具、报表生成工具及综合程序生成工具，包括 FoxPro、Visual Basic、Visual C++、CASE、PowerBuilder 等。目前这类工具发展的一个趋势是功能大型综合化，生成程序模块语言专一化。

4. 专用系统生成工具

指在程序生成工具基础上发展的，除了具有 4GL 的各种功能外更加综合化、图形化，使用起来更加方便。一般可归为两类：专用功能开发工具(各类套装软件、专用图表生成工具等)和综合系统开发工具(如 CASE、Jasmine、Team Enterprise Developer 等)。

专用开发工具类，是指对某应用领域和待开发功能针对性都较强的一类系统开发工具。例如，专门用于开发查询模块的 SQL，专门用于开发数据处理模块的 SDK(structured development kits),专门用于人工智能和符号处理的 Prolog for Windows, 专门用于开发产生式规则知识处理系统的 OPS(operation process system)等。在实际开发系统时，只要我们再自己动手将特殊数据处理过程编制成程序模块，则可实现整个系统。

综合系统开发工具类，是指一般应用系统和有数据处理功能的一类系统开发工具。其特点是可以最大限度地适用于一般应用系统的开发和生成。

常见的系统开发工具有 FoxPro、dBASE-V、Visual Basic、Visual C++、CASE、Team Enterprise Developer 等。这种工具虽然不能帮助用户生成一个完整的应用系统，但可帮助用户生成应用系统中大部分常用的处理功能。

5. C/S 工具

C/S 工具指可进行基于网络环境的系统开发工具，是完全符合管理信息系统发展趋势和要求的新型系统开发工具。它是在原有开发工具的基础上，将原有工具改变为一个个既可被其他工具调用的，又可以调用其他工具的“公共模块”。在整个系统结构方面，这类工具采用了传统分布式系统的思想，产生了前台和后台的作业方式，减轻了网络的压力，提高了系统运行的效率。

常用的 C/S 工具有 FoxPro、Visual Basic、Visual C++、Excel、PowerPoint、Word、Delphi C/S、PowerBuilder Enterprise、Team Enterprise Developer 等。

这类工具的特点是它们之间相互调用的随意性。例如，在 FoxPro 中通过 DDE(dynamic data exchange, 动态数据交换)或 OLE(object linking and embedding，对象的链接与嵌入)或直接调用 Excel, 这时 FoxPro 应用程序模块是客户机，Excel 应用程序是服务器。

6. 面向对象程序设计工具

面向对象程度设计工具(object oriented programming，OOP)工具指与面向对象开发方法相对应的各类编程工具，主要代表性产品如：Java、Visual C++、Visual Basic、C#、PowerBuilder、Delphi、Smalltalk 等。这类工具针对性强，必须与面向对象开发方法相结合，正在成为主流系统开发工具。

三、程序设计风格

程序的可读性对于软件，尤其是对软件的质量有重要影响，因此在程序设计过程中应当充分重视。为了提高程序的可读性，在程序设计风格方面应注意以下四点。

1. 适当的程序注释

程序中需要添加适当注释。

注释原则上可以出现在程序中的任何位置，但是如果使注释和程序的结构配合起来则效果更好。注释一般分为两类，即序言性注释和描述性注释。

序言性注释出现在模块的首部，内容包括模块功能说明、界面描述(如调用语句格式、所有参数的解释和该模块需调用的模块名等)、某些重要变量的使用与限制、开发信息(如作者、复查日期、修改日期)等。

描述性注释嵌在程序之中，用来说明程序段的功能或数据的状态。

如果详细设计是用过程设计语言(PDL)描述的，则编程时可将过程设计语言描述嵌在程序中。

书写注释时应注意如下三点。

(1) 注释应和程序一致，修改程序时应同时修改注释，否则会起反作用，使人更难明白。

(2) 注释应提供一些程序本身难以表达的信息。

(3) 为了方便用户今后维护，注释应尽量多用汉字。

2. 有规律的程序书写格式

恰当的书写格式将有助于阅读，在结构化程序设计中一般采用所谓“缩排法”来写程序，即把同一层次的语句行左端对齐，而下一层的语句则向右缩进若干格书写，它能体现程序逻辑结构的深度。此外，在程序段与段之间安排空白行，也有助于阅读。

3. 恰当选择变量名

理解程序中每个变量的含义是理解程序的关键，所以变量的名字应该适当选取，使其直观，易于理解和记忆。例如，采用有实际意义的变量名、不用过于相似的变量名、同一变量名意义相同。此外，在编程前最好能对变量名的选取约定统一标准，以后阅读理解就会方便得多。

4. 程序设计的基本要求

良好的程序设计语言有助于设计出可靠而又容易维护的程序。但是，程序的质量最终还是取决于设计质量。逻辑清晰、易读懂、易维护的源程序是评价程序设计质量的重要标准。为了提高程序设计质量，程序设计必须符合程序设计最基本的要求，即程序的正确性、可读性和结构化。

四、程序设计基本方法

程序设计是依据系统设计中对各个功能模块的功能描述，包括输入输出的格式、数据文件或数据库的格式及模块的处理功能等，由程序设计人员运用相应的程序设计语言编制程序实现各项功能的活动。系统设计人员将系统设计的有关资料及程序设计任务书提供给程序员，程序员应深入理解和领会任务书的内容，认真阅读和掌握与编程有关的系统分析与设计资料，才能开始编程。编写程序应符合软件工程的

思想，即利用工程化的方法进行软件开发，通过建立软件工程环境来提高软件开发的效率。

目前程序设计方法主要有结构化程序设计、面向对象程序设计、可视化程序设计。

五、结构化程序设计

结构化程序设计(structured programming)是进行以模块功能和处理过程设计为主的详细设计的基本原则。其概念最早由 E.W.Dijikstra 在 1965 年提出，是软件发展的一个重要的里程碑，它的主要观点是采用自顶向下、逐步求精的程序设计方法；使用三种基本控制结构构造程序，任何程序都可由顺序、选择、重复三种基本控制结构构造。结构化编程方法按照 HIPO 图的要求，用结构化程序设计的方法来分解内容和设计程序。用结构化程序设计开发的程序具有易于阅读和理解、易于验证其正确性、便于维护等优点。这种程序设计方法是当今程序设计的主流方法。

但是，对于一个分析和设计都非常规范，并且功能单一又规模较小的模块来说，再强调这种方法就意义不大了。但若遇到某些开发过程不规范，模块划分不细，或者是因特殊业务处理的需要模块程序量较大时，结构化程序设计方法仍是一种非常有效的方法。

结构化的程序设计方法主要强调以下四点。

1. 自顶向下、逐步求精的模块化分解原则

在进行程序设计时，成千上万的程序模块不可能完全同时进行，各任务之间必须有先后顺序之分，最终实现系统设计的整个方案。自顶向下的设计原则是首先设计上层模块，逐步向下，最后设计最下层的具体功能。而实现时，要首先实现下层模块，逐步向上，最后实现上层模块。

2. 采用三种基本的控制结构

程序设计中尽量只采用顺序结构、分支结构、循环结构三种基本控制结构(图 8-1)。这几种程序控制结构只有单入口和单出口，结构简单，程序易理解，不容易出错。

(1) 顺序结构，是一种线性有序的结构，由一系列依次执行的语句或模块构成。

(2) 分支结构，是根据条件成立与否选择程序执行的结构，有简单选择和多重选择结构。

(3) 循环结构，由一个或几个模块构成，程序运行时重复执行，直到满足某一条件为止。

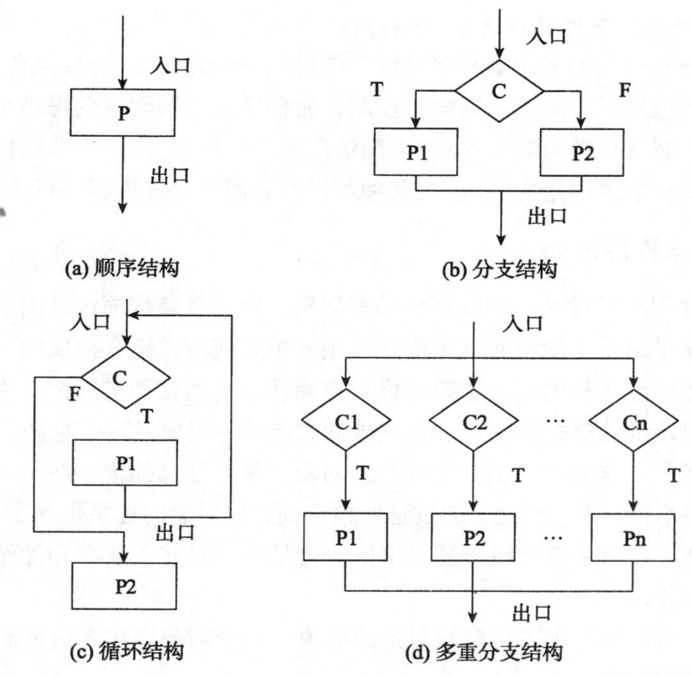

图 8-1 基本控制结构

3. 各部分程序之间的联系尽量使用调用子程序(Call-Return)方式

各部分程序之间的联系采用程序调用的形式。在实现上层程序时，注明被调用的下层程序的名称，有时还要注明参数传递关系。下层程序独立于上层程序而存在。程序调用关系如图 8-2 所示。这样设计出的程序结构清晰，易于程序的编写和调试。

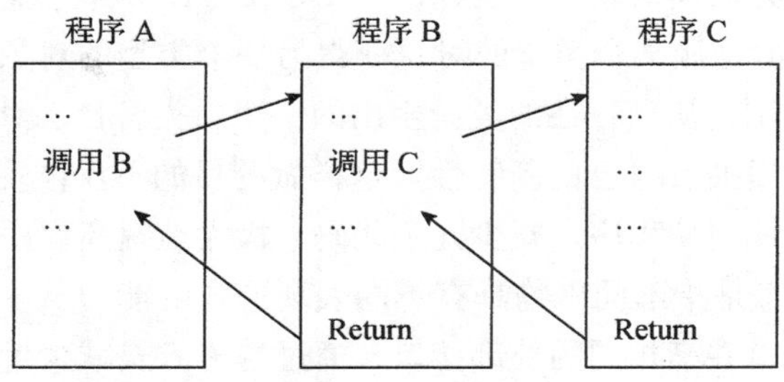

图 8-2 程序调用关系

4. 限制使用无条件转移语句“GOTO”

无条件转移语句的使用给程序设计工作提供一个方便的手段，但在程序较大时，它的出现使得程序难于阅读、理解与控制，使程序运行和调试变得难于检查，所以要谨慎严格控制 GOTO 语句。仅在下列情形才可使用：用一个非结构化的程序设计语言去实现一个结构化的构造；在某种可以改善而不是损害程序可读性的情况下。

六、面向对象程序设计

面向对象程序设计是一种计算机编程架构。面向对象程序设计的一条基本原则是计算机程序是由单个能够起到子程序作用的单元或对象组合而成的。面向对象程序设计达到了软件工程的三个主要目标：重用性、灵活性和扩展性。为了实现整体运算，每个对象都能够接收信息、处理数据和向其他对象发送信息。

面向对象程序设计中的概念主要包括对象、类、数据抽象、继承、动态绑定、数据封装、多态性、消息传递。通过这些概念面，向对象的思想得到了具体的体现。

(1) 对象。对象是运行期的基本实体，它是一个封装了数据和操作这些数据的代码的逻辑实体。

(2) 类。类是具有相同类型的对象的抽象。一个对象所包含的所有数据和代码都可以通过类来构造。

(3) 封装。封装是将数据和代码捆绑到一起，避免了外界的干扰和不确定性。对外提供的界面包括一组数据以及操作这些数据的方法(函数或过程)，而隐藏了内部实现的细节，对象操作者只需要了解该对象的界面即可。这样大大增强了模块化程度，很好地实现了软件重用和信息隐藏。对象的某些数据和代码可以是私有的，不能被外界访问，以此实现对数据和代码不同级别的访问权限。一般情况下利用消息机制向对象发送消息，对象所有类就需要定义对应的消息响应函数，主动接受消息并作处理，这也是面向对象程序设计语言(OOPL)的一大特点。

(4) 继承。继承是让某个类型的对象获得另一个类型的对象的特征。通过继承可以实现代码的重用：从已存在的类派生出的一个新类将自动具有原来那个类的特性，同时，它还可以拥有自己的新特性。这样做的目的不仅体现了软件重用技术，同时又可最大限度地精简程序，减少冗余代码，极大地提高程序开发和运行效率。

(5) 多态。多态是指不同事物具有不同表现形式的能力。多态机制使具有不同内部结构的对象可以共享相同的外部接口，通过这种方式减少代码的复杂度。

(6) 动态绑定。绑定指的是将一个过程调用与相应代码链接起来的行为。动态绑定是指与给定的过程调用相关联的代码只有在运行期才可知的一种绑定，它是多态实现的具体形式。

(7) 消息传递。对象之间需要相互沟通，沟通的途径就是对象之间收发信息。消息内容包括接收消息的对象的标识，需要调用的函数的标识，以及必要的信息。消息传递的概念使得对现实世界的描述更容易。

(8) 方法。方法是定义一个类可以做的，但不一定会去做的事。

面向对象出现以前，结构化程序设计是程序设计的主流，结构化程序设计又称为面向过程的程序设计。在面向过程的程序设计中，问题被看做一系列需要完成的任务，函数(在此泛指例程、函数、过程)用于完成这些任务，解决问题的焦点集中于函数。其中函数是面向过程的，即它关注如何根据规定的条件完成指定的任务。

OOPL 的这些特点使程序员进行面向对象程序设计时与进行面向过程的程序设计有很大的不同，体现在以下这些方面：① 设计程序不采用顺序性的结构，而是采用对象本身的属性与方法来解决问题；② 在解决问题的过程中，可以直接在对象中设计事件处理程序(接受事件消息)，而不用调用子过程严格地按顺序执行，很方便地让用户实现自由无顺序的操作；③ 数据与程序不是分离的，数据是特定对象的数据，也只有对象的函数或过程才能对数据进行处理，一个对象中的函数或过程共享对象的数据，解决了因调用子程序出现大量数据传递的情况(如函数返回值和较多参数)；④ 不用设计公用程序模块，因特定方法下的公用模块很难再扩展为更复杂的处理方式，只需设计类就可以实现重用，而且类库中提供大量基类，掌握它们后可以加快开发过程，开发小组还可以按自己设想的基类放入类库共享。

OOPL 非常适合于 Windows 环境下的程序开发，可以充分利用 Windows 的各种资源构造应用程序，这也就需要程序员比较熟悉 Windows。

根据对面向对象的主要概念支持程度的不同，通常所说的面向对象语言可以分成两类：基于对象的语言、面向对象的语言。基于对象的语言仅支持类和对象，而面向对象的语言支持的概念包括类与对象、继承、多态。基于对象的语言主要有 Ada、Alphard、CLU、Euclid、Modula。面向对象的语言中一部分是新发明的语言，如 Smalltalk、Java，这些语言本身往往吸取了其他语言的精华，而又尽量剔除他们的不足，因此面向对象的特征特别明显；另外一些则是对现有的语言进行改造，增加面向对象的特征演化而来的，包括 Object Pascal、 Objective-C、C#、C++，由 Ada 发展而来的 Ada 95 等，这些语言保留着对原有语言的兼容，并不是纯粹的面向对象语言，但在程序设计语言中占有十分重要的地位。

七、可视化程序设计

虽然 OOPL 提高了程序的可靠性、可重用性、可扩充性和可维护性，但应用软件为了适应 Windows 界面环境，使用户界面的开发工作变得越来越复杂，有关这部分的代码所占比例也越来越大，因此 Microsoft 公司推出 Visual Basic 以后，可视化程序设计受到极大的欢迎，编程人员不再受 Windows 编程的困扰，能够所见即所得地设计标准的 Windows 界面。

可视化程序设计的主要思想是用图形工具和可重用部件来交互地编制程序。它把现有的或新建的模块代码封装于标准接口封包中，作为可视化程序设计工具中的一个对象，用图符来表示和控制。可视化程序设计中的封包可能由某种语言的一个语句、功能模块或数据程序组成，由此获得的是高度的平台独立性和可移植性。在可视化编程环境中，用户还可以自己构造可视控制部件，或引用其他环境构造的符合封包接口规范的可视控制部件，增加了编程的效率和灵活性。

可视化程序设计一般基于事件驱动的原理。用户界面中包含各种类型的可视控制部件，如按钮、列表框和滚动条等，每个可视控制部件对应多个事件和事件驱动程序。发生于可视控制部件上的事件触发对应的事件驱动程序，完成各种操作。编程人员只要在可视化程序设计工具的帮助下，利用鼠标或选单建立、复制、缩放、移动或清除各种已提供的控件，然后使用该可视化程序设计工具提供的语言编写每个控件对应的事件程序，最后可以用解释方式运行、测试程序。这样，通过一系列的交互设计就能很快地完成一个应用项目的编程工作。

一般地，可视化程序设计工具还有应用专家或应用向导模块，按照步骤对使用者进行交互式指导，让用户依据自己的应用，利用向导生成应用程序的框架代码，用户再在适当的地方添加或修改以适应自己的需求。

面向对象程序设计技术和可视化程序设计开发环境的结合，改变了应用软件只有经过专门技术训练的专业编程人员才能开发的状况。它使软件开发变得容易，从而扩大了软件开发队伍。由于大量软件模块的重用和可视控件的引入，技术人员在掌握这些技术之后，就能有效地提高应用软件的开发效率，缩短开发周期，降低开发成本，并且使软件界面风格统一，有很好的易用性。

在编写程序时宜选择自顶向下方法。先编写影响全局的顶层模块，后编写底层模块，即采用自顶向下的方法编程。另外应记住虽然实现编程的方式有多种，但在编程和实现中应尽量借用已有的程序和各种开发工具，尽快地实现系统，而不要在具体的编程和调试工作中花费过多的精力和时间。因为编程只是为了实现开发者在分析和设计阶段的方案，而不是系统开发的目的。

第四节 系统测试

一、系统测试概述

(一) 系统测试的意义

在管理信息系统的开发过程中，面对着错综复杂的各种问题，人的主观认识不可能完全符合客观现实，在管理信息系统开发周期的各个阶段都不可避免地会出现差错。开发人员应力求在每个阶段结束之前进行认真、严格的技术审查，尽可能早地发现并纠正错误，否则等到系统投入运行后再回头来改正错误将在人力、物力上造成很大的浪费，有时甚至导致整个系统的瘫痪。然而，经验表明，单凭审查并不能发现全部差错，加之在程序设计阶段也不可避免还会产生新的错误，因此，对系统进行测试是不可缺少的，测试是保证系统质量的关键步骤。

(二) 测试的目的

测试的目的在于发现其中的错误并及时纠正，因此在测试时应想方设法使程序的各个部分都投入运行，力图找出所有错误。错误多少与程序质量有关。即使这样，测试通过也不能证明系统绝对无误，只不过说明各模块、各子系统的功能和运行情况正常，相互之间连接无误。系统交付用户使用以后，在系统的维护阶段仍有可能发现少量错误并进行纠正，这也是正常的。

(三) 测试的原则

测试需要设计测试用例(test case)，所谓测试用例是为某个特殊目标而编制的一组测试输入、执行条件及预期结果，以便测试某个程序路径或核实是否满足某个特定需求。

(1) 测试用例应该由“输入数据”和“预期的输出结果”组成。这就是说，在执行程序之前应该对期望的输出有很明确的描述，测试后可将程序的输出同它仔细对照检查。若不事先确定预期的输出，这可能把似乎是正确而实际是错误的结果当成正确结果。

(2) 不仅要选用合理的输入数据进行测试，还应选用不合理的甚至错误的输入数据。许多人往往只注意前者而忽略了后一种情况，为了提高程序的可靠性，应认真组织一些异常数据进行测试，并仔细观察和分析系统的反应。

(3) 除了检查程序是否做了它应该做的工作，还应检查程序是否做了它不该做的事情。例如，除了检查工资管理程序是否为每个职工正确地产生了一份工资单以

外，还应检查它是否还产生了多余的工资单。

(4) 应该长期保留所有的测试用例，直至该系统被废弃不用为止。在管理信息系统的测试中，设计测试用例是很费时的，如果将用过的例子丢弃了，以后一旦需要再测试有关的部分时(如技术鉴定、系统维护等场合)就需要再花很多人工。通常，人们往往懒得再次认真地设计测试用例，因而下次测试时很少有初次那样全面。如果将所有测试用例作为系统的一部分保存下来，就可以避免这种情况的发生。

二、系统测试实施过程

一个管理信息系统通常由若干子系统组成，每个子系统又由若干模块(程序)组成。根据管理信息系统的开发周期，系统测试可分为如下五部分。① 单元测试：以模块为单位，测试每个模块的正确性；② 集成测试：组装经过测试的模块，测试模块之间的接口是否正确；③ 确认测试：测试整个软件系统是否满足用户功能、性能和限制条件的要求；④ 系统测试：针对整个产品系统进行的测试，目的是验证系统是否满足了需求规格的定义，找出与需求规格不相符合或与之矛盾的地方；⑤ 安装测试：在用户环境进行测试，确认是否达到验收标准。下面分别介绍其主要内容。其实施过程见图 8-3。

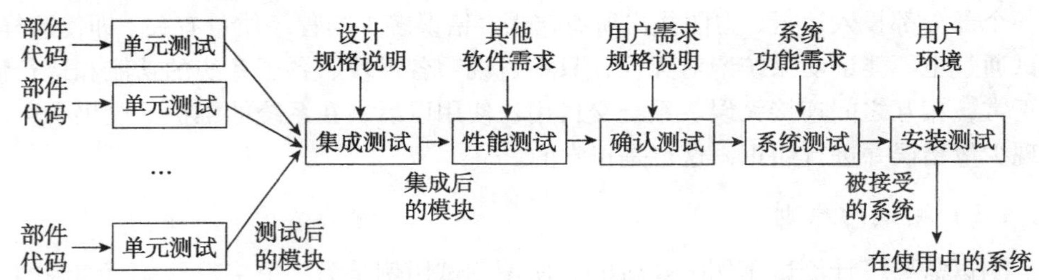

图 8-3　系统测试实施过程

(一) 单元测试

单元测试的主要内容包括如下五个方面。① 模块接口：对被测的模块，信息能否正确无误地流进流出。② 数据结构：在模块工作过程中，其内部的数据能否保持完整性，包括内部数据的内容、形式及相互关系是否正确。③ 边界条件：在为限制数据加工而设置的边界处模块是否能正确工作。④ 覆盖条件：模块的运行能否满足特定的逻辑覆盖。⑤ 出错处理：模块工作中发生了错误，其中的出错处理措施是否有效。

(二) 集成测试

集成测试的主要内容如下：各模块是否无错误地连接；能否保证数据有效传输

及数据的完整性和一致性；人机界面及各种通信接口能否满足设计要求；能否与硬件系统的所有设备正确连接。

(三) 确认测试

确认测试的主要内容如下：功能方面应测试系统输入、处理、输出是否满足要求；性能方面应测试系统的数据精确度、时间特性(如响应时间、更新处理时间、数据转换及传输时间、运行时间等)、实用性(在操作方式、运行环境及其他软件的接口发生变化时，应具备的适应能力)是否满足设计要求；其他限制条件的测试，如可使用性、安全保密性、可维护性、可移植性、故障处理能力等。

(四) 系统测试

系统测试一般通过以下四种测试来完成：① 恢复测试，采取各种人工方法使软件出错，不能正常工作，进而检验系统的恢复能力；② 安全测试，需设置一些企图突破系统安全保密措施的测试用例，检验系统是否有安全保密漏洞；③ 强度测试，检验系统的极限能力，主要确认软件系统在超临界状态下性能降级是否是灾难性的；④ 性能测试，检验安装在系统内的软件运行性能，这种测试需与强度测试结合起来使用。

系统测试需要把经过测试的模块放在一起形成系统来测试，主要是测试各模块之间的协调和通信，即重点测试系统内各模块的接口。例如，数据穿过接口时可能丢失；一个模块对另一个模块可能存在因疏忽而造成的有害影响；把若干子功能结合起来可能不产生预期的主功能等。

将若干个模块连接成一个可运行的系统，通常有两种方法：一种方法是先分别测试每个模块，再把所有模块按设计要求连成一起进行测试，这种方法称为“非渐增式”测试；另一种方法是把下一个要测试的模块同已经测试好的那些模块结合起来进行测试，测试完成后再把下一个应该测试的模块结合进来测试，这种方式称为“渐增式”测试，这种方式实际上同时完成了模块测试和系统测试。

1. 非渐增式

如图 8-4 所示，非渐增式是先分别测试六个模块 A、B、C、D、E、F，然后将它们连接到一起再进行测试。若采用这种方式则在测试某个模块 X 时，需要临时为它设计一个驱动模块和若干个桩模块，如图 8-5 所示。驱动模块的作用是模拟 X 的调用模块，桩模块的作用则是模拟 X 的下层模块。例如，测试图 8-4 中的模块 B 时，要为它设计一个驱动模块，其作用是将测试数据传送给模块 B 并接收和显示 B 产生的结果，同时，因 B 要调用模块 E，所以还需设计一个桩模块，用来接受 B 的控制并模拟 E 的功能。这儿的临时模块(驱动模块和桩模块)可以设计得非常简单，只要满足测试要求即可。

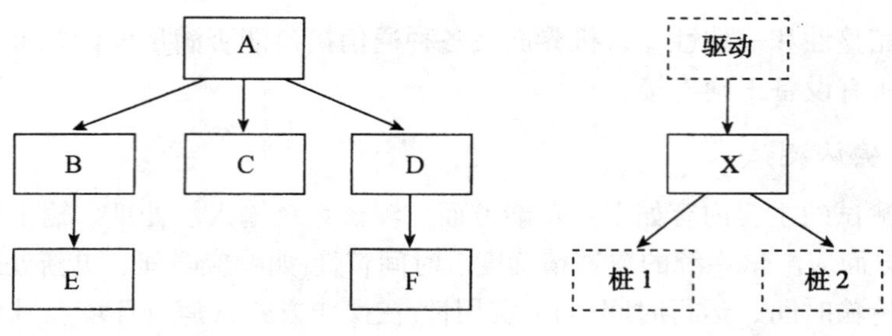

图 8-4 系统测试示例　　图 8-5 驱动模块和桩模块

2. 渐增式

对渐增式来说，又可分为由顶向下、由底向上等多种方式进行测试。若对图 8-4 采用“由底向上”的渐增式方式，则是先顺序地或并行地(如由三人完成)测试模块 E、C、F，此时只需为每个模块临时准备驱动模块，但不需要桩模块，然后为模块 B 准备一个驱动模块，将模块 B 与模块 E 连接起来测试，再为模块 D 准备一个驱动模块将 D 与 F 连接起来测试，最后把模块 A 与其他各模块连接并测试。

3. 两种测试方法的比较

对这两种测试方法进行比较可以得到以下六个结论。

(1) 非渐增式需要更多的人工(如准备较多的控制模块和桩模块)，而渐增式则可利用已经测试过的模块(如采用由底向上时可不需桩模块)。

(2) 渐增式可以较早地发现模块界面之间的错误，非渐增式则要到最后将所有模块相连时才能发现这类错误。

(3) 渐增式有利于排错。如果界面有错，它通常与最新加上去的那个模块有关，错误比较容易定位，非渐增式则不然。

(4) 渐增式比较彻底。它以前面测试过的模块作为驱动模块或桩模块，因此这些模块将得到进一步的检查。

(5) 渐增式需要较多的机器时间。例如，在图 8-4 中若采用由底向上的渐增式，则在测试模块 A 时，模块 B、C、D、E、F 也要执行。若用非渐增式，在测试模块 A 时只要执行用来模拟 B、C、D 的桩模块即可。当然，编写这些桩模块也需花费一定机器时间，因此可抵消一部分机器时间。

(6) 使用非渐增式可以并行(同时)测试所有模块，能充分利用人力，这对开发系统是很有意义的。

综上所述，可以认为渐增式测试方法较非渐增式要优越。尤其对管理信息系统软件来说由底向上的渐增式方法是一种较为适合的测试方法。

当然，在测试一个实际系统时，并没有必要机械地照搬上述某一些方法。例如，当把一个已经充分测试过的模块结合进来时，可以着重测试模块之间的接口，当把一个没有充分测试过的模块结合进来时，则需要利用已测试过的模块充分测试它。

(五) 安装测试

安装测试的主要内容如下：文档资料的审查验收；余量要求，必须实际考察计算机存储空间，输入、输出通道和批处理时间的使用情况，要保证他们都至少有 20%的余量；功能测试；性能测试；强化测试，开发单位必须设计强化测试用例，其中包括典型运行环境、所有运行方式以及在系统运行期间可能发生的其他情况；性能降级执行方式测试。

三、系统测试方法

至今，我们无法证明一个大型系统的正确性，只能说明在特定条件下没有发现错误，系统测试工作分模块测试(单调)、子系统测试(分调)和系统测试(联调)。而模块测试是对单个模块进行的测试,是系统测试的基础，可分为人工测试和机器测试两类。

(一) 人工测试

人工测试的目的在于检查程序的静态结构，找出编译过程不能发现的程序算法错误。其主要的任务就是进行程序代码复审，一般采用三种具体形式，即个人复查、小组复查(走查)和会审。

(1) 个人复查：程序源代码编写结束后，由程序员自行进行检查。由于是自查，出于程序员对自身所编写的程序的心理偏爱，习惯性错误不易发现。自身对程序功能算法的理解错误也很难纠正。一般这种形式效率不高，仅限于小型程序模块的检查。

(2) 小组复查：由未参与系统程序设计的有经验的 3 ~ 5 个程序员组成测试小组，对系统程序进行复查。通过对系统软件资料和源程序的检查、分析和手工模拟，从中发现并纠正存在的各种错误。由于是人工方式，运行速度较慢，一般采用少量的简单的测试用例进行。

(3) 会审：测试小组的组成同上法。测试小组成员在进行会审时应仔细阅读有关资料，根据错误类型清单(包括常见的各种编程错误)实施会审，通过测试小组成员与程序员的提问、讲解、回答及讨论的各种交互过程，发现并纠正错误。同时，审定有关系统程序的功能、结构及风格等。

(二) 机器测试

机器测试就是直接在计算机上运行所要测试的程序模块，从实际运行的结果发现并纠正错误。机器测试包括三步，即设计测试用例，执行被测程序和分析执行结果并发现错误。设计测试用例是有效地完成测试工作的关键，按照在设计测试用例时是否涉及程序的内部结构，可以分为黑盒测试和白盒测试。

(1) 黑盒测试：测试者把被测程序看成一个黑盒，完全不用关心程序的内部结构,即不管程序内部的结构是如何设计和编制的，仅根据 IPO 图的要求，以程序的外部功能为根据，在程序的输入和输出特性上，测试程序模块是否满足设计的功能。由于黑盒测试着重于检查程序的功能，所以也称为功能测试。

(2) 白盒测试：也称结构测试，即将软件看做透明的白盒，从程序的逻辑结构入手，按照一定的原则来设计测试用例，设定测试数据，对软件的逻辑过程进行测试，检查是否符合设计要求。

四、设计测试用例

(一) 设计测试用例概述

1. 设计测试用例的基本目标

设计测试用例是测试阶段的关键技术问题。所谓测试用例就是以发现程序错误为目的而精心设计的一组测试数据，包括预定要测试的功能、应该输入的测试数据和预期的结果。可以写成：

测试用例={输入数据+期望结果}

设计测试用例最困难的问题是设计测试的输入数据。不同的测试数据发现程序错误的能力差别很大，为了提高测试效果，降低测试成本，应该选用高效的测试数据。因为不可能进行穷尽的测试，所以选用少量最有效的测试数据，做到尽可能完备的测试就很重要了。因此，设计测试用例的基本目标就是确定一组最可能发现多个错误或多类错误的测试数据。

2. 设计测试数据的技术

已经研究出许多设计测试数据的技术，这些技术各有优缺点，没有哪一种是最好的，更没有哪一种可以代替其余所有技术；同一种技术在不同应用场合效果可能相差很大，因此，通常需要联合使用多种测试数据。

设计测试数据技术主要有适用于黑盒测试的等价划分、边界值分析及错误推测法等，适用于白盒测试的逻辑覆盖法等。

通常设计测试数据的做法是用黑盒法设计基本的测试用例，再用白盒法补充一些方案。

(二) 黑盒测试用例设计技术

1. 等价划分

等价划分是黑盒测试的一种技术。前面讲过，穷尽的黑盒测试需要使用所有有效的和无效的输入数据来测试程序，通常这是不现实的。因此，只能选取少量有代表性的输入数据，以期用较小的代价暴露出较多的程序错误。

这种方法是把被测试的程序的所有可能的输入数据(有效的和无效的)划分成若干个等价类，把无限的随机测试变成有针对性的等价类测试。按这种方法可以合理地做出下列假定：每类中的一个典型值在测试中的作用与这一类中所有其他值的作用相同。因此，可以从每个等价类中只取一组数据作为测试数据。这样可选取少量有代表性的测试数据，来代替大量类似的测试，从而大大减少总的测试次数。

2. 边界值分析

经验表明，处理边界情况时程序最容易发生错误。例如，许多程序错误出现在下标、常量、数据结构和循环等的边界附近。因此，设计程序运行在边界情况的测试方案，暴露出错误的可能性更大一些。

使用边界值分析法设计测试用例首先应该确定边界情况，这需要经验和创造性，通常输入等价类和输出等价类的边界，就是应该着重测试的程序边界情况。选取的测试数据应该刚好等于、小于和大于边界值。也就是说，按照边界值分析法，应该选取刚好等于、稍小于和稍大于等价类边界值的数据作为测试数据，而不是选取每个等价类内的典型值作为测试数据。

通常设计测试用例时总是联合使用等价划分和边界值分析两种技术。例如，商店规定折扣从交易额10 000元开始有。如果用一个程序来计算税款，则“交易额≥10 000”就是一个判定条件，满足条件的人有折扣。在选择测试用例时，可以用3000、11 000两个测试数据分别代表有折扣和无折扣两个等价类，还可以就10 000这个边界值作为测试数据。

3. 错误推测

使用边界值分析法和等价划分技术，可以帮助开发人员设计具有代表性的、容易暴露程序错误的测试用例。但是，不同类型不同特点的程序通常又有一些特殊的容易出错的情况。有时，分别使用每组测试数据时程序都能正常工作，这些输入数据的组合却可能检测出程序的错误。一般说来，即使是一个比较小的程序，可能的输入组合数也往往十分巨大，因此必须依靠测试人员的经验和直觉，从各种可能的测试用例中选出一些最可能引起程序出错的方案。对于程序中可能存在哪类错误的

推测，是挑选测试用例的一个重要因素。

错误推测法在很大程度上靠直觉和经验进行。它的基本想法是列举出程序中可能有的错误和容易发生错误的特殊情况，并且根据它们选择测试用例。对于程序中容易出错的情况也有一些经验总结出来。例如，输入数据为零或输出数据为零往往容易发生错误。应该仔细分析程序规格说明书，注意找出其中遗漏或省略的部分，以便设计相应的测试用例，检测程序员对这些部分的处理是否正确。此外，经验说明，在一段程序中已经发现的错误数目往往和尚未发现的错误数目成正比。因此，在进一步测试时要着重测试那些已发现较多错误的程序段。

4. 输入组合

等价划分法和边界值分析法都只孤立地考虑各个输入数据的测试功效，而没有考虑多个输入数据的组合效应，可能会遗漏了输入数据易于出错的组合情况。选择输入组合的一个有效途径是利用判别表和判定树，列出输入数据各种组合与程序应作的动作(及相应的输出结果)之间的对应关系，然后为判定表的每一列至少设计一个测试用例。

选择输入组合的另一个有效途径是把计算机测试和人工检查代码结合起来。例如，通过代码检查程序中两个模块使用并修改的某些共享变量，如果一个模块对这些变量的修改不正确，则会引起模块出错，因此这是程序发生错误的一个可能的原因。应该设计测试用例，在程序的一次运行中同时检测这两个模块，特别要着重检测一个模块修改了共享变量后另一个模块能否像预期的那样正常使用这些变量。反之，如果两个模块相互独立，则没有必要测试它们的输入组合情况。通过代码检查也能发现模块相互依赖的关系，在这种情况下，不仅必须测试这个转换函数，还应该测试调用它的算术函数在转换函数接受无效输入时的响应情况。

(三) 白盒测试用例设计技术

有选择的执行程序中某些最有代表性的通路是对穷尽测试的唯一可行的替代方案。所谓逻辑覆盖是对一系列测试过程的总称，这组测试过程逐渐进行越来越完整的通路测试。

测试数据执行(或叫覆盖)程序逻辑的程度可以划分成哪些不同的等级呢？从覆盖源程序的语句的详尽程度分析，大致有以下一些不同的覆盖标准。

1. 语句覆盖

为了暴露程序中的错误，每个语句至少应该执行一次。语句覆盖的含义是，选择足够多的测试数据，使被测试程序中的每个语句至少执行一次。语句覆盖是很弱的逻辑覆盖标准，为了更充分地测试程序，可以采用下述逻辑覆盖标准。

2. 判定覆盖

判定覆盖的含义是，不仅每个语句必须至少执行一次，而且每个判定的可能的结果都应该至少执行一次，也就是每个判定的每个分支都至少执行一次。判定覆盖比语句覆盖强，但是对程序逻辑的覆盖程度仍然不高.

3. 条件覆盖

条件覆盖的含义是，不仅每个语句至少执行一次，而且判定表达式中的每个条件都取到各种可能的结果。

条件覆盖通常比判定覆盖强，因为它使判定表达式中每个条件都取到了两个不同的结果，判定覆盖却只关心整个判定表达式的值。

4. 判定/条件覆盖

既然判定覆盖不一定包含条件覆盖，条件覆盖也不一定包含判定覆盖，自然会提出一种能同时满足这两种覆盖标准的逻辑覆盖，这就是判定/条件覆盖，它的含义是，选取足够多的测试数据，使得判定表达式中的每个条件都取到各种可能的值，而且每个判定表达式也都取到各种可能的结果。有时判定/条件覆盖也并不比条件覆盖更强。

5. 条件组合覆盖

条件组合覆盖是更强的逻辑覆盖标准，它要求选取足够多的测试数据，使得每个判定表达式中条件的各种可能组合都至少出现一次。

条件组合覆盖是前述几种覆盖标准中最强的。但是，满足条件组合覆盖标准的测试数据并不一定能使程序中的每条路径都执行到。

以上简单介绍了设计测试用例的几种基本方法，使用每种方法都能设计出一组有用的测试用例，但是没有一种方法能设计出全部测试用例。此外，不同的方法各有所长，用一种方法设计出的测试用例可能最容易发现某些类型的错误，对另外一些类型的错误可能不易发现。

(四) 测试用例设计的原则

对软件系统进行实际测试时，应该联合使用各种设计测试用例的方法，形成一种综合方案。通常的做法是，用黑盒测试法设计基本的测试用例，再用白盒测试法补充一些必要的测试用例。具体地说，可以使用下述四项原则结合各种设计方法。

(1) 在任何情况下都应该使用边界值分析法。经验表明，用这种设计方法设计出的测试用例暴露程序错误的能力最强。注意，应该既包括输入数据的边界情况又包括输出数据的边界情况。

(2) 必要时用等价划分法补充测试用例。

(3) 必要时再用错误推测法补充测试用例。

(4) 对照程序逻辑，检查已经设计出的测试用例。可以根据对程序可靠性的要求采用不同的逻辑覆盖标准，如果现有测试用例的逻辑覆盖程度没有达到要求的覆盖标准，则应再补充一些测试用例。

软件测试是一项十分艰巨繁重的工作，即使使用上述原则设计测试用例，仍然不能保证测试将发现一切程序错误；这些原则是在测试成本和测试效果之间的一个合理的折中。

第五节　整理基础数据

企业中有许多固定信息和历史信息，如产品结构、各种台账、统计信息等。在手工信息系统中，它们是保存在纸介质上的。实现计算机信息系统以后，要把它们转存到计算机存储器中。这些存储实体的代码、存储信息的数据模型及所用数据库管理系统，在系统分析和设计阶段均已确定。实施阶段，应该按数据模型在计算机内建立数据库结构，整理固定信息和历史信息，以备新系统运行时使用。由于手工系统中经常有些数据残缺不全，有些不够准确，故在存入新系统时，需要花大力量进行补充、整理和校验，还应力求完整、准确，努力避免无用数据的出现。

第六节　人 员 培 训

系统投入运行后，除硬件维护与软件人员外，还要有一大批工作人员在系统中工作，这些人员都需要进行专门的技术培训，以适应新系统的操作需要。需要进行培训的人员包括系统主管人员、数据控制人员、数据录入员、硬件及软件系统维护人员、管理决策人员、档案管理员等。对于尚未掌握计算机基本知识的人员，还要进行计算机基本知识方面的培训。各类管理人员在系统分析与设计阶段已不同程度地了解系统功能，通过培训应使他们进一步了解整个系统，学会系统的使用方法。用户培训工作的好坏是系统能否成功的因素之一。

一、操作人员的培训

操作人员培训是与编程和调试工作同时进行的，这样做是基于如下四个方面的原因：① 编程开始后，系统分析人员有时间开展用户培训(假定系统分析人员与程序员的职责是有严格区分的情况下)；② 编程完毕后，系统即将要投入试运行和实际运行，如再不培训系统操作和运行管理人员，就要影响整个实施计划的执行；③ 用户受训后能够更有效地参与系统的测试；④ 通过培训，系统分析人员能对用户需求有更清楚的了解。

二、人员培训的主要内容

人员培训主要包括下列内容：① 系统整体结构和系统概貌；② 系统分析设计思想和每一步的考虑；③ 计算机系统的操作与使用；④ 系统所用主要软件工具(编程语言、工具、软件名、数据库等)的使用；⑤ 汉字输入方式的培训；⑥ 系统输入方式和操作方式的培训；⑦ 可能出现的故障及故障的排除；⑧ 文档资料的分类及检索方式；⑨ 数据收集、统计渠道、统计口径等；⑩ 运行操作注意事项。

并不是系统的所有使用人员都要进行上述全部内容的培训。根据工作岗位的不同选择不同的内容进行培训，既可以节省宝贵的时间，也便于系统的安全与管理。维护人员应该具有丰富的计算机知识，否则他们将不能胜任系统维护的工作。管理决策人员的主要工作是分析决策，制定未来的发展战略，他们一般不需要进行具体业务的操作，关心的是综合性的统计信息。因此，管理决策人员除了要了解系统的业务功能结构，更要重点掌握统计分析功能的操作和使用方法。人员培训内容见表 8-1。

表 8-1　人员培训内容

培 训 内 容	系统操作人员	系统维护人员	管理决策人员	归档人员
计算机基本操作与使用	Y	N	Y	
系统的总体方案	Y	Y	Y	Y
网络操作与管理	N	Y	N	N
系统功能结构	N	Y	Y	N
数据库、开发工具等系统软件	N	Y	N	N
系统统计分析型功能的操作和使用	N	Y	Y	N
系统事务型业务功能的操作和使用	Y	Y	N	N
系统维护型功能的操作和使用	N	Y	N	N
系统设置与配置	N	Y	N	N
系统的使用权限与责任	Y	Y	Y	N
系统初始数据输入功能的操作和使用	Y	Y	N	N
问题及解决方法	N	Y	N	N
汉字输入方法	Y	N	N	N
系统的文档管理规范	N	Y	N	Y

Y 表示这类人员需要培训这个模块的内容；N 表示这类人员不需要培训这个模块的内容。

三、人员培训的方式

培训可根据培训对象和目的不同，采用不同的培训方式，如讲课、进行新系统工作方式模拟、利用软件包培训、在使用中进行具体指导等。

第七节　系 统 切 换

系统切换指由原来的系统运行模式过渡为新开发的管理信息系统的过程，是新老系统之间的转换，包括原来全部用人工处理的系统转换到新的以计算机为基础的信息系统，也包括从旧的信息系统向新的信息系统的切换过程。一般在系统总调度完毕的基础上，进行系统切换工作，新系统通过系统测试后，必须通过系统转换，才能正式交付使用。

系统切换工作主要包括以下四部分内容：① 基础数据的准备，完成必要的旧系统文件到新系统文件的转换；② 人员、设备、组织机构的改造和调整；③ 将系统有关资料转交用户，移交系统的控制权；④ 协助用户实际使用新系统。

系统切换的任务就是完成新老系统的平稳过渡，终结形式是将全部控制权移交给用户单位。为了保证原有系统有条不紊地顺利转移到新系统，在系统切换前应仔细拟订方案和措施，确定具体的步骤，开发人员、系统操作员、用户单位领导和业务部门相互协作，才能顺利交接。

一、数据准备

新系统运行前要进行数据准备。准备系统基础数据所需要的时间，很大程度上根据系统切换的类型来确定。数据准备是最基础的工作，是从原系统中整理出新系统运行所必需的基础数据和资料，即把原系统中的数据加工处理为符合新系统所要求的格式，具体工作包括历史数据的整理、数据资料的格式化、分类和编码、个别数据及项目的调整等。

对已有的计算机系统上的文件转换可通过合并和更新来增添和扩展文件。将手工处理的数据录入计算机系统的外存上是最费时间的转换。若是将一个普通的数据文件转换到数据库中往往需要改组或重建文件，较为费时，应当提前进行准备，否则会影响到系统转换的正常实施。

二、系统文档准备

系统调试完应有详细的说明文档供人阅读。该文档应使用通用的语言说明系统各部分如何工作、维护和修改。系统说明文件大致可分为以下三类。

(一) 系统一般性说明文件

(1) 用户手册：给用户介绍系统全面情况，包括目标和有关人员情况。

(2) 系统规程：为系统的操作和编程等人员提供的总的规程，包括计算机操作规程、监理规程、编程规程和技术标准。

(3) 特殊说明：随着外部环境的变化而使系统作出相应调整等，这些是不断进行补充和发表的。

(二) 系统开发报告

(1) 系统分析说明书：包括系统分析建议和系统分析执行报告。

(2) 系统设计说明书：涉及输入、输出、数据库组织、处理程序、系统监控等方面。

(3) 系统实施说明：主要涉及系统分调、总调过程中某些重要问题的回顾和说明；人员培训、系统转换的计划及执行情况。

(4) 系统利益分析报告：主要涉及系统的管理工作和职工所产生的影响，系统的费用、效益分析等方面。

(三) 系统说明书

(1) 整个系统程序包的说明。

(2) 系统的计算机系统流程图和程序流程图。

(3) 作业控制语句说明。

(4) 程序清单。

(5) 程序实验过程说明。

(6) 输入输出样本。

(7) 程序所有检测点设置说明。

(8) 各个操作指令、控制台指令。

(9) 操作人员指示书。

(10) 修改程序的手续，包括要求填表的手续和样单。

(四) 操作说明

(1) 系统规程：系统总的规程，包括系统技术标准、编程、操作规程、监理规程等。

(2) 操作说明：系统的操作顺序，各种参数输入条件，数据的备份和恢复操作方法及系统维护的有关注意事项。

(3) 其他：系统的操作顺序，各种参数输入条件，数据的备份和恢复操作方法，以及系统维护的有关注意事项。

三、系统切换方式

信息系统转换的常见方式有三种，即直接切换、平行切换、分段切换，如图 8-6 所示。

(一) 直接切换

直接切换就是在原有系统停止运行的某一时刻，新系统立即投入运行，用新系统直接替换老系统，中间没有过渡阶段。用这种方式时，人力和费用最省，但风险性大。用于新系统不太复杂或原有系统完全不能使用的场合，但新系统在切换之前必须经过详细调试并经严格测试。在实际应用时，须采取相应措施，以便新系统一旦失灵，老系统尚能顶替工作。直接切换如图 8-6(a)所示。

(二) 平行切换

平行切换就是新系统和原系统平行工作一段时间，经过这段时间的试运行后，再用新系统正式替换原有系统。在平行工作期间，手工处理和计算机处理系统并存，一旦新系统有问题就可以暂时停止而不会影响原有系统的正常工作。平行切换如图 8-6(b)所示。

平行切换通常可分两步走。首先以原有系统的作业为正式作业，新系统的处理结果作为胶合用，直至最后原有系统退出运行。根据系统的复杂程度和规模大小不同，平行运行的时间一般可在 2 ~12 个月。

采用平行切换的风险较小，在切换期间还可同时比较新旧两个系统的性能，并让系统操作员和其他有关人员得到全面培训。因此，对于一些较大的管理信息系统，平行切换是一种最常用的切换方式。

由于在平行运行期间，要两套班子或两种处理方式同时并存，所以人力和费用消耗较大，这就要求实现周密、作好计划并加强管理。

(三) 分段切换

分段切换方式是上述两种方式的结合，分期分批逐步切换。分段切换如图 8-6(c)所示。

分段切换方式能防止直接转换产生的危险性，也能减少平行运行方式的费用。但在混合运行过程中，必须事先很好地考虑它们之间的接口。一般比较大的系统采用这种方式较为适宜，它能保证平稳运行，费用也不太大。当新、老系统差别太大时，不宜采用此种方式。

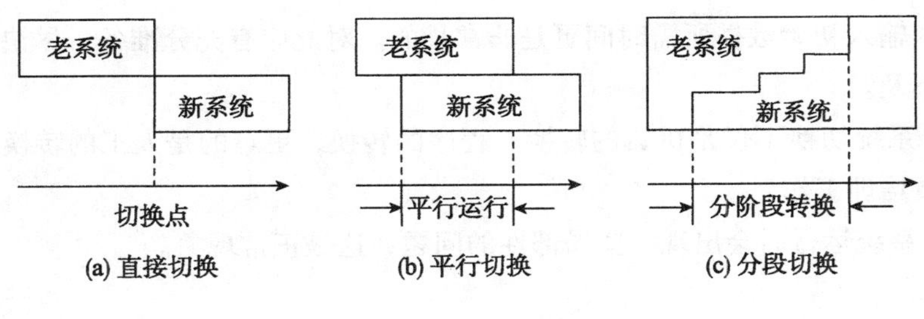

图 8-6　系统切换

采用分段切换时，各自系统的切换次序及切换的具体步骤，均应根据具体情况灵活考虑。通常可采用如下策略。

(1) 按功能分阶段逐步切换。首先确定该系统中的一个主要的业务功能。例如，财务管理率先投入使用，在该功能运行正常后再逐步增加其他功能。

(2) 按部门分阶段逐步切换。先选择系统中的一个合适的部门，在该部门设置终端，获得成功后再逐步扩大到其他部门。这个首先设置终端的部门可以是业务量较少的，这样比较安全可靠，也可以是业务最繁忙的，这样见效大，但风险也大。

(3) 按机器设备分阶段逐步切换。先从简单的设备开始切换，再推广到整个系统。例如，对于联机系统，可先用单机进行批处理，然后用终端实现联机系统。对于分布式系统，可以先用两台微机联网，以后再逐步扩大范围，最终实现分布式系统。

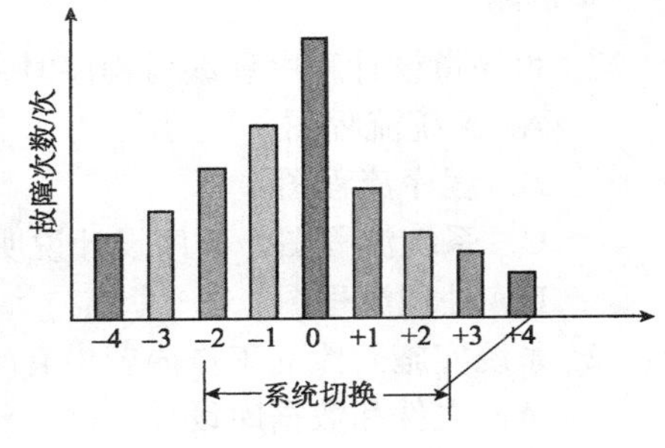

图 8-7　故障发生时间

总之，系统切换的工作量较大，情况十分复杂。据国外统计资料表明，软件系统的故障大部分发生在系统切换阶段，如图 8-7 所示。这就要求开发人员切实做好准备工作，拟订周密的计划，使系统切换不至于影响正常的工作。

(四) 系统切换需要注意的问题

此外，在拟订系统切换计划时以及系统切换过程中，应特别注意以下五个问题。

(1) 系统说明文件必须完整。

(2) 要防止系统切换时数据的丢失。

(3) 要充分估计输入初始数据所需的时间，对管理信息系统而言，新系统的投运需要大量的基础数据，这些数据的整理和录入工作量特别大，对于一个规模较大

的系统，输入初始数据所需时间更是非常长的。对此应有充分准备，尽快完成，以免措手不及。

(4) 系统切换不仅是机器的转换、程序的转换，更难的是人工的转换；应提前做好人员培训工作。

(5) 系统运行时会出现一些局部性的问题，这是正常现象。

第八节 本章小结

本章首先概述了管理信息系统系统实施的主要任务、工作步骤，使同学们对系统实施在整个管理信息系统的建设过程中的地位、作用以及包含的工作步骤等有一个总体的认识。然后，详细讲述了程序设计的基本要求，编程语言的选用原则以及常用的语言。讲述了程序测试的原理和测试步骤，讲述了系统切换的几种常见方式和它们的比较，阐述了人员培训的内容和方式。

[习 题]

一、单选题

1. 程序员设计程序和编写程序时主要依据下列资料进行：(　　)。
   A. 系统流程图
   B. 程序流程图
   C. 系统流程图、程序设计说明书及输入/输出说明
   D. 处理流程图

2. 系统实施阶段的工作内容中有(　　)。
   A. 文件和数据库设计　　B. 系统运行的日常维护
   C. 程序设计　　D. 制定设计规范

3. 新系统投入运行后，原系统仍有一段时间与它同时运行，称为(　　)。
   A. 跟踪检验　　B. 测试
   C. 校验　　D. 平行切换

二、填充题

1. 在系统实施阶段中，用新系统取代旧系统通常采用______转换方法，即新旧两系统同时运行。

2. 结构化程序设计方法的特点是对任何程序都设计成顺序结构、______和______等三种基本逻辑结构。

3. 系统测试方法有两类：______和 ______。

三、问答题

1. 系统实施阶段的主要任务是什么？
2. 程序设计的主要方法有哪些，它们的主要特点是什么？
3. 请简述系统调试的实施过程和方法。
4. 系统切换有几种方式？每种方式各有什么利弊？

[习题解答]

一、单选题

1. C　2. C　3. D

二、填充题

1. 平行　2. 选择结构　循环结构　3. 人工测试　机器测试

三、问答题

(略)

HAPTER 9

第九章 管理信息系统的运行、维护与管理

[内容提要]

本章全面阐述管理信息系统的运行、维护与评价管理包含的各方面内容，重点介绍运行、维护与评价涉及的主要内容，使读者了解管理信息系统运行维护与评价的重要性。

[学习要点]

1. 掌握运行管理的目标、人员组织、运行管理的内容；
2. 掌握系统维护含义、维护类型、维护步骤；
3. 掌握系统评价的含义、评价的内容。

第一节 概 述

信息系统投入使用后，进入长期的运行、维护阶段。信息系统性能与使用效率的好坏需要良好的运行、维护与评价等管理工作的支持，只有制定规范的运行、维护、评价管理制度，树立良好的信息运行、维护、评价等意识才能保障管理信息系统发挥最大效用，为企业的日常日常工作、管理决策作出贡献。多数时候，企业并不重视对管理信息系统的运行、维护等工作，结果导致所开发的信息系统不能发挥其作用，很多信息系统轻则收不到预想的效果，建设或购买系统的资金得不到回报，究其原因，企业难以成功运用信息系统并不是因为资金的问题，与企业的规模、成熟度等也没有必然的联系，而是不注重信息系统的运行管理与维护导致信息系统的作用没有体现。实践证明信息系统的运行、维护管理是相当重要的一项工作，它工作量大，费时费力，也需要大量资金投入。特别是系统维护的工作量较大，远比系统开发的工作量要大，在管理信息系统中，开发工程的工作量只占全部工作量的 30%多，而维护工作占 60%~70%。维护工程的生产效率只有开发工程的 1/40。软件公司一般把 40%~60%的开发费用用在维护上，而且这个比例还在不断上升。可以说，信息系统就在不断地维护中而保持它的生存。系统维护越规范，信息系统正常运行就越有保障，它为企业创造的价值就越大。本章主要介绍：管理信息系统运行管理目标、运行组织、人员管理、主要内容等；系统维护的目的、类型、步骤；系统评价的目的、内容与步骤等，使读者了解管理信息系统运行维护与评价的重要性。

第二节 系统运行管理

一、信息系统运行管理的目标

管理信息系统是三分技术，七分管理。信息系统投入使用后，主要工作在管理，只有科学的管理才能向信息系统要效益，管理信息系统才能发挥它应有的价值。信息系统运行管理的目标就是对信息系统的运行进行实时控制，记录其运行状态，进行必要的修改与扩充，以便使信息系统真正符合管理决策的需要，为管理决策者服务。

二、信息系统运行的组织

当前很多企业对管理信息系统的运行不够重视，导致运行组织不健全，体现在

信息运行单位级别不高，缺乏应有的指挥与调动能力，严重影响信息系统功能的正常发挥。此现象在国内普遍存在，而国外比我们要好，企业单位给予信息系统运行部门很大权力，充分保障系统的有效运行，为组织的有效运作提供坚强后盾。目前，从信息系统在企业中的地位看，有以下三种组织形式。

(一) 为企业某业务部门所有

这种运行组织方式是一种古老的组织方式，信息管理部门为企业的某个业务单位所有。它使得信息不能成为全企业的资源，只能为其他单位提供计算能力，地位太低，最后结果是造成信息孤岛，信息共享能力差，没有达到信息为企业管理决策服务的目的。

(二) 与企业其他部门平行

作为一个独立的部门，与其他业务部门是平行关系。该组织方式可使信息资源为全企业所共享，各单位使用权力相等，但信息处理支持决策的能力较弱。需要加强信息部门与其他部门的合作，才能有效发挥信息系统的效能。

(三) 作为企业参谋中心

这种组织方式有利于信息共享和决策支持，但容易造成脱离群众、服务不好的现象。现在的发展趋势是集散系统，既有全公司信息中心，又在使用计算机较多的部门配置微机，它实际是前两种方式的结合，但一定要加强信息资源管理，否则容易造成分散化。

三、人员管理

(一) 人员管理是信息系统运行成败的关键

管理信息系统的运行管理最终体现在对人的管理，因此人在管理信息系统运行中起着根本作用。运行管理中需要各种各样的人员搭配，各人员需要通力合作才能保障信息系统的正常高效运行，这些人员能否发挥各自的作用，他们之间能否互相配合、协调一致，是系统成败的关键。在信息系统运行过程中可将人员分为不同组别，各组各司其职，这些人员主要有系统主管人员、硬件管理人员、网络管理人员、数据管理人员、软件工程人员等。

(二) 人员的管理内容

1. 限定职责范围

明确地规定各类人员职责任务及职权范围，尽可能确切地规定各类人员在各项业务活动中应负的责任、应做的事情、办事的方式和工作的次序。简单地说，要有明确的授权，将各类人员的责任权利结合，为各类人员的行动提供指导。

2. 检查及评价

对各类人员工作进行定期检查与评价，对每种工作都要有一定的评价指标。这些指标应该尽可能有定量的尺度，以便检查与比较。这些指标应该有一定的客观的衡量办法，并且要真正按这些标准去衡量各类工作人员的工作，即必须有检查和评价。通过检查与评价促进各类人员发现工作的错误，并积极改正错误。

3. 各类人员培训

通过对各类人员开展培训工作，使他们的工作能力不断提高，工作质量不断改善，从而提高整个系统的效率。鉴于计算机的信息系统是新生事物，几乎所有的人员都只有边干边学才能做好所担负的工作。因此，在系统管理中，对人员的培训工作，是不可缺少的。从长远来看，这种工作将使系统具有不断发展、不断完善的巨大潜力。无论对管理人员还是对计算机技术人员来说，都必须把学习、培训和提高专业素质及业务能力作为自己工作的不可缺少的部分。

四、信息系统运行管理规章制度的建立

没有规矩，不成方圆。只有建立良好的规章管理制度，促使各类人员按章办事，才能做到系统运行具备的工作环境和系统的安全。为保证信息系统的顺利运行，需要以下方面的管理规章制度：① 系统运行操作规章；② 系统定期维护制度；③ 系统安全制度；④ 用户使用规范；⑤ 系统信息安全保密制度；⑥ 系统修改规范；⑦ 系统日志的填写规定；⑧ 系统培训制度；⑨ 系统定期评价制度；⑩ 系统运行的档案管理制度。

五、信息系统运行管理的内容

企业信息系统的运行管理是系统研制工作的继续，是系统能否达到预期目标的根本，运行管理主要内容有数据管理、系统安全管理、系统运行情况管理与意识管理等。

(一) 数据管理

数据管理一般包括数据的收集与完成例行信息处理及服务工作。

1. 数据的收集

数据的收集一般包括数据采集、数据校验及数据录入等工作。数据的收集是整个信息系统的基础工作，没有数据，整个信息系统就成了空中楼阁，而无用武之地。为了保证管理决策工作的有效性，数据的收集必须真实有效、无误准确、迅速及时。

2. 完成例行信息处理及服务工作

常见的工作包括例行的数据更新、统计分析、报表生成、数据的复制及保存、与外界的定期数据交流、设备的日常修理与维护等。此项工作也是日常运行管理工作的主要内容。

(二) 系统的安全管理

安全是每个信息系统都必须考虑的问题，安全管理无论如何强调都不算过分，它是日常工作的重要部分之一。安全管理是为了防止系统外部对系统资源不合法的使用和访问，保证系统的硬件、软件和数据不因偶然或人为的因素而遭受破坏、泄露、修改或复制，维护正当的信息活动，保证信息系统安全运行所采取的手段。信息系统的安全性体现在保密性、可控制性、可审查性、抗攻击性四个方面，信息系统只有在安全状况下才是有效、有用的。

(三) 运行情况管理

1. 信息系统运行情况的记录

系统的运行情况如何对系统管理、评价是十分重要和宝贵的资料，维护评价工作需要信息系统日常的运行记录作为参考。在信息系统的运行过程中，需要收集和积累的资料包括以下五个方面。

(1) 工作数量信息，包括每天开机的时间、每天(周、月)提供的报表数量、每天(周、月)录入数据数量、系统中积累的数据量、修改程序的数量、数据使用的频率、满足用户临时要求的数量等反映系统的工作负担、所提供的信息服务的规模以及计算机应用系统功能的最基本的数据。

(2) 工作效率，即系统为了完成所规定的工作，占用了多少人力、物力及时间。如完成一次年度报表的编制，用了多长时间、多少人力。又如，使用者提出一个临时的查询要求，系统花费了多长时间才给出所要的数据。此外，系统在日常运行中，例行的操作所花费的人力是多少，消耗性材料的使用情况如何等。任何新技术的采用，都应以经济效益为中心，否则是不可能得到广泛应用的。

(3) 信息服务质量。信息服务和其他服务一样，应保质保量。使用者对于提供的方式是否满意，所提供信息的精确程度是否符合要求，信息提供得是否及时，临时提出的信息需求能否得到满足等。

(4) 维护修改情况。系统中的数据、软件和硬件都有一定的更新、维护和检修的工作规程，这些工作都要有详细的、及时的记载，包括维护工作的内容、情况、时间、执行人员等。这不仅是为了保证系统的安全和正常运行，而且有利于系统的评价及进一步扩充。

(5) 故障情况，包括故障的发生时间、故障的现象、故障发生时的工作环境、处理的方法、处理的结果、处理人员、善后措施、原因分析等。例如，由于数据收集不及时，年度报表的生成未能按期完成，这是整个信息系统的故障，但并不是计算机的故障。同样，收集来的原始数据有错，这也不是计算机的故障，然而这些错误的类型、数量等统计数据是非常有用的资料，其中包含了许多有益的信息，对整个系统的扩充与发展具有重要的意义。

2. 系统运行情况的检查与评价

各相关人员定期对系统的运行状况进行审核和评价，为系统的改进和扩展提供依据。这一工作主要由企业的决策层直接派系统分析员会同开发人员和各部门经理共同参与进行，其目的是为了评估系统的技术能力、工作性能和利用率。检查与评价不仅对系统当前的性能进行总结和评价，而且为系统的改进和扩展提供依据。系统的评价主要从以下三个方面进行。

(1) 系统是否达到预定的目标，目标是否需要修改。信息系统往往是由软件企业开发的，他们拥有强大的技术研发力量，但是对于企业业务运作往往了解不深，特别是对企业所处的行业、企业本身的业务状况和发展战略更是知之甚少，因此，要通过这方面的评价，不断调整和完善营销信息系统的结构,使之更好地为营销决策服务。

(2) 系统的适应性、安全性评价。这是指系统运行是否稳定可靠，系统使用与维护是否方便，运行效率是否能够满足营销业务的要求等。近年来利用计算机进行受贿、盗窃等犯罪现象逐年增加，而案件的破获率却很低，给社会、企业带来严重的损失，所以要加强系统的安全性、可靠性保护。

(3) 系统的经济效益评价。如前所述，企业投入大量的资金进行营销信息系统的建设,要能通过系统的运行为营销决策提供服务，进而通过增加销售额、降低成本、提高效率等方面得以体现。

(四) 管理意识

企业决策者、主要管理人员的重视和支持是企业信息系统建设运行成功的关键条件。国内外大量的实践证明，信息系统使用失败的主要原因往往是企业的决策者重视不够,主要管理人员没有积极参与信息系统的运行管理，而是站在旁观者甚至是反对者的立场上。企业信息系统的高效运作是一项复杂的系统工程，它费时费力、投资大、周期长，涉及企业内部机构的调整、管理程序的变更等许多敏感性的问题，新系统投入运行不可避免地会导致一些机构和人员的地位、作用及工作内容、工作方式的变化，从而引起一些相关人员的抵制和不合作。

第三节 系统维护

为了清除系统运行中发生的故障和错误，软、硬件维护人员要对系统进行必要的修改与完善；为了使系统适应用户环境的变化，满足新提出的需要，也要对原系统作些局部的更新，这些工作称为系统维护。系统维护的目的是保证管理信息系统正常而可靠地运行，并能使系统不断得到改善和提高，以充分发挥作用。系统维护就是为了保证系统中的各个要素随着环境的变化始终处于最新的、正确的工作状态。此阶段的文档是软件问题报告和软件修改报告，它记录发现软件错误的情况以及修改软件的过程。

一、系统维护原因

管理信息系统在完成系统实施、投入正常运行之后，就进入了系统运行与维护阶段。一般信息系统的使用寿命短则 4~5 年，长则 10 年以上，在信息系统的整个使用寿命中，都将伴随着系统维护工作的进行。再完善的信息系统，一定程度上存在漏洞(bug)(比如，读者感受最深的是 Windows 操作系统使用者需要不停地修复补丁)，或者环境、需求发生变化，系统需要更新而导致信息系统需要维护。只要信息系统在运行，维护工作就一直存在，信息系统就是在不断维护中得以生存。具体说来，系统需要维护主要有以下三个原因。

(一) 系统的环境变化

市场的变化、政策法规的变化等引起企业管理方式的变化及系统中硬件或系统软件的更新，要使系统适应新的环境和条件就要对系统作适应性维护。

(二) 系统自身的隐藏错误

由于在测试阶段未发现的漏洞，在运行阶段出现，所以需要对此类错误进行修正维护。

(三) 系统的功能增加需求

用户对系统提出了更高的应用要求，系统需增加新功能，改善原有的功能，由此应对系统进行改善性维护。

二、系统的可维护性

维护人员理解、改正、改动和改进软件的程度称为系统的可维护性，提高软件系统的可维护性是开发管理信息系统所有步骤的主要目标之一。软件可维护性是软件维护难易程度评价的标准，是软件产品的一个重要质量特性，目前衡量系统可维护性的指标主要有以下七个方面。

(一) 可理解性

软件可理解性表现为维护人员分析软件的结构、接口、功能、界面和内部过程的难易程度。模块化、详细的设计文档、结构化设计、源代码内部的文档和良好的高级设计语言等，都对改进软件的可理解性有重要贡献。

(二) 可修改性

软件产品可修改性指其修改可以被实现的能力(实现包括编码、设计和文档的更改，如果软件由最终用户修改，那么可修改性可能会影响易操作性)。软件容易修改的程度与软件设计原理和规章直接有关，耦合、内聚、局部化、控制工作域的关系等，都影响软件的可修改性。

(三) 可测试性

软件产品使已修改软件能被确认的能力。诊断和测试的难易程度主要取决于软件容易理解的程度，良好的文档对诊断和测试是至关重要的。此外，软件结构、可用的测试工具、调试工具及以前设计的测试用例也都是非常重要的，维护人员应该能够得到在开发阶段用过的测试方案，以便进行回归测试，在设计阶段应该尽力把软件设计成容易测试和容易诊断的。

(四) 软件文档

软件文档是软件可维护性的决定因素，因为软件在长期使用过程中必然会进行各种修改，所以文档就显得相当重要。好的文档有利于软件的测试与维护，每次修改既是对程序代码的修改，也是对文档的修改与补充。

(五) 可移植性

可移植性是指程序转移到一个新的计算环境的可能性大小。一个可移植的程序应具有结构良好、灵活、不依赖于某一具体计算机或操作系统的性能。

(六) 效率

效率是指一个程序能执行预定功能而又不浪费机器资源的程度。这些机器资源包括内存容量、外存容量、通道容量和执行时间等。

(七) 可使用性

可使用性是指用户对程序使用方便、程序实用和易于使用的程度。一个可使用的程序应是易于使用的、能允许用户出错和改变并尽可能不使用户陷入混乱状态的程序。

三、系统维护考虑的因素

系统的维护不仅范围广，而且影响因素很多。通常，在进行某项维护修改工作之前，需要考虑下列三方面的因素。

(一) 维护的背景

维护背景方面主要考虑因素如下：① 系统的当前情况；② 维护对象；③ 维护工作的复杂性与规模。

(二) 维护工作的影响

对维护工作影响需要考虑的主要因素如下：① 对新系统目标的影响；② 对当前工作进度的影响；③ 对本系统其他部分的影响；④ 对其他系统的影响。

(三)资源要求

资源要求方面考虑因素如下：① 对维护提出的时间要求；② 维护所需费用(并与不进行维护所造成的损失相比是否合算)；③ 维护所需的工作人员。

四、系统维护的内容

系统维护是面向系统中各个构成因素的，按照维护对象不同，系统维护的内容可分为以下五类。

(一) 程序维护

系统的业务处理过程是通过应用程序的运行而实现的，一旦程序发生问题或业务发生变化，就必然地引起程序的修改和调整，因此系统维护的主要活动是对程序进行维护。

(二) 数据维护

数据存放格式、精度等的变化，要求对系统中的数据文件进行维护。数据文件的维护不但是对文件中的数据作修改，而且可能要对文件的结构进行修改，修改数据文件的结构要防止文件中的数据丢失。如果数据文件的索引变换，则应当维护索引文件。

(三) 代码维护

随着系统应用范围的扩大，应用环境的变化，系统中的各种代码都需要进行一定程度的增加、修改、删除，以及设置新的代码。

(四) 硬件设备维护

硬件设备维护的主要内容如下：对主机及外设的日常维护和管理，如机器部件的清洗、润滑，设备故障的检修，易损部件的更换等；在系统发生故障时，及时进行故障分析，排除故障，恢复系统运行；设备更新、扩容后的安装调试，以保证系统正常运行。

(五) 机构和人员的变动

信息系统是人机交互系统，人在整个信息系统的运行维护中占主导地位。为了使信息系统的流程更加合理，有时涉及机构和人员的变动，这种变化往往也会影响对设备和程序的维护工作。

五、系统维护类型

系统维护工作关系到系统能否在遇到问题的时候顺利地运行下去，维护工作伴随着整个系统生命周期。由于信息系统的维护工作主要集中在软件维护，所以这里阐述的维护类型主要指软件维护类型。根据软件维护的性质可将维护细分为支援性维护、预防性维护、改正性维护、适应性维护、完善性维护等。

(一) 支援性维护

由于系统使用环境的变化和用户的计算机水平参差不齐，即使用户通过了培训，掌握了该系统的使用、管理和配置等技能，但是用户在开始使用系统的时候，在遇到紧急的情况下也迫切希望得到技术支持与服务。对此，维护人员应该急用户所急，想用户所想，以多种技术服务的形式，积极、快速、准确、高质量地为用户正常使用系统和管理系统提供技术支持。一般地，支援性维护可通过提供最新用户文档或联机用户文档，进行适当用户培训或设立专门维护人员等来减少此类维护活动。

(二) 预防性维护

相关部门需要定期对系统和新设备进行巡检，提出有关系统调整、优化、故障

预防等建议，及时发现潜在的问题，提高系统的运行效率。

(三) 改正性维护

改正性维护指为了识别和纠正软件错误、改正软件性能上的缺陷、排除实施中的错误，应当进行的诊断和改正错误的过程。由于软件测试不可能暴露出一个大型软件系统的所有潜藏的错误，这些隐藏的错误将在某些特定的使用环境下暴露出来。所以当用户在使用系统时，发现了潜在的漏洞应详细记录发生该漏洞时的运行情况和环境特性，相关人员先确定错误原因，确定纠错方案，并对需求、设计、代码、测试案例、文档等作必要变更。

(四) 适应性维护

随着计算机的飞速发展，外部环境(新的软、硬件配置)或数据环境(数据库、数据格式、数据输入/输出方式、数据存储介质)可能发生变化。例如，在数据采集方式发生变化时，会要求增加相应的接口模块。当用户希望软件适应这种变化，有必要对系统进行调整，使之适应应用对象的变化，满足用户的需求。

(五) 完善性维护

在软件的使用过程中，用户往往会对软件提出新的功能与性能要求。为了满足用户的这些合理性要求，维护部门根据实际的需要修改部分源代码或进行升级、二次开发软件，以扩充软件功能、增强软件性能、改进加工效率、提高软件的可维护性。

系统运行的不同阶段，需要的维护类型也不同。一般来说，在整个维护工作中，前期(系统使用的一到两年之内)主要是“支援性维护”、“预防性维护”、“改正性维护”等，其他维护服务则占很小的比例；随着系统进入正常使用期之后，前几项维护工作将逐渐减少，取而代之的是“适应性维护”、“完善性维护”等维护工作。就整个系统的使用寿命来看，“适应性维护”、“完善性维护”所占的比例在60%以上。

六、系统维护的步骤、组织与管理

(一) 系统维护的步骤

不少人往往认为系统的维护要比系统开发容易得多，因此，维护工作不需要预先拟订方案或加以认真准备。实际情况并不是这样，许多情况下，维护比开发更困难，需要更多的创造性工作。因此，首先维护人员必须用较多的时间理解别人编写的程序和文档，且对系统的修改不能影响该程序的正确性和完整性；其次，整个维护的工作又必须在所规定的很短时间内完成。

系统维护过程主要包括维护申请与理解、报请管理部门审批、维护计划确立、修改程序、测试与复审、整理维护文档、交付使用等。

1. 维护申请与理解

用户应该用标准化的格式表达所有软件维护要求。软件维护人员通常给用户提供空白的维护申请表，这个表格由要求维护活动的用户填写。如果遇到了错误、必须完整描述出现错误的环境(包括输入数据、全部输出数据以及其他有关信息)。对于适应性或完善性的维护要求，应该提出一个简短的需求说明书，维护管理员和系统管理员评价用户提交的维护申请表。维护申请表是用户提出的外部文档，它是计划维护活动的基础。软件组织内部应相应地作出一个软件修改报告，应给出下述信息：① 维护申请表中提出的所需要的工作人员；② 维护要求的性质；③ 这项要求的优先次序；④ 预期修改以后的系统状况。

2. 报请管理部门审批

3. 维护计划确立

根据用户维护申请及组织内部软件修改报告确立维护计划。维护计划包括系统维护的内容和任务、软硬件环境要求、维护费用预算、系统维护人员的安排、系统维护的进度安排等。同时需要确定维护所波及的范围，如果修改部分的变动影响到其他模块，则要考虑对其他模块的维护工作安排。

4. 修改程序

软件系统的维护方法同新软件的开发方法是相似的。在维护工作实施时，一定要做好准备工作，不能影响系统的正常使用。实施阶段必须严格按照开发阶段的程序编写规范进行软件设计与程序修改。

5. 测试与复审

维护是对整个系统而言的，实施维护后，还要对程序和系统的有关部分进行重新测试，若测试发现重大问题，则要重复上述维护步骤，甚至重新制订维护计划直到测试通过审核。

6. 整理维护文档

在实施系统维护工作时对系统中存在的问题、系统维护修改的内容、修改后系统的测试、修改后系统的切换及使用情况等均需要有完整、系统的记录。

7. 交付使用

(二) 维护常用表格

规范化维护过程中需要填写相关表格，常用的一些维护表格如下。

(1) 软件维护申请表(表 9-1)。

表 9-1 软件维护申请表

<table>
<tr><td colspan="2">申请标号：</td><td colspan="2">申请日期：</td></tr>
<tr><td>项目名称</td><td></td><td>项目编号</td><td></td></tr>
<tr><td colspan="2" rowspan="3">问题说明(输入数据、错误现象)：</td><td colspan="2">预计维护结果：</td></tr>
<tr><td colspan="2">维护安排：1.远程维护； 2.现场维护</td></tr>
<tr><td>维护类型：</td><td>软件：1. 预防性维护；2. 改正性维护；3. 适应性维护；4. 完善性维护
硬件：1. 系统设备；2. 外部设备</td></tr>
<tr><td colspan="2" rowspan="2">维护要求和优先级：</td><td>维护时间</td><td rowspan="2">( )至( )
共计( )人月</td></tr>
<tr><td>环境</td></tr>
<tr><td colspan="2">申请人</td><td colspan="2">1. 批准；2. 拒绝 年 月 日</td></tr>
<tr><td colspan="2">申请评价结果：</td><td colspan="2">评价负责人：</td></tr>
</table>

(2) 软件维护计划表(表 9-2)。

表 9-2 软件维护计划表

<table>
<tr><td colspan="2">计划编号： 计划日期：</td></tr>
<tr><td>项目名称：</td><td>项目编号：</td></tr>
<tr><td colspan="2">客户单位/电话/联系人：</td></tr>
<tr><td colspan="2">维护部门/电话/联系人：</td></tr>
<tr><td colspan="2">变更性质：1. 预防性维护；2. 改正性维护；3. 适应性维护；4. 完善性维护.</td></tr>
<tr><td colspan="2">维护优先级：</td></tr>
<tr><td colspan="2">维护估计工作量：( )人月</td></tr>
<tr><td colspan="2">确认问题：</td></tr>
<tr><td colspan="2">维护范围：1. 维护项目；2. 修改模块/内容；3. 修改文档</td></tr>
<tr><td colspan="2">维护任务安排
1. 工作项目：
2. 负责人/开始时间：
3. 结束时间/参加人：</td></tr>
<tr><td colspan="2">双方责任
1. 客户方应做配合：
2. 维护方的责任：</td></tr>
<tr><td colspan="2">客户方责任人签字/日期： 维护方责任人签字/日期：</td></tr>
</table>

(3) 软件维护记录表(表 9-3)。

表 9-3 软件维护记录表

记录编号：		日期：年 月 日
计划编号：		项目名称：
初始状态描述：		
模块名称： 源程序行数： 编程语言： 失效次数：	编号： 机器指令长度： 程序安装日期： 程序运行时间：	
维护措施 日期： 维护内容： 增加/删除/修改： 工作量： 维护人员：		
维护结果： 维护人员：		

(4) 程序修改记录表(表 9-4)。

表 9-4 程序修改记录表

软件名称： 源程序文件名： 备份源程序文件名： 相关文档列表：		
维护描述：		
维护日期： 修改内容： 修改原因： 特别说明：		
增加代码行数： 修改注释：1. 有；2. 无 修改开始时间： 完成日期：	删除代码行数： 相关文档修改否：1. 是；2. 无	修改代码行数：
程序员：		

实际管理中企业可以根据情况，制定相关表格供维护管理使用，表格使用体现的是维护管理的规范化程度，企业应该按维护流程使用相关表格，实施具体维护工作。

(三) 维护的组织和管理

从本质上讲，维护工作可以看成开发工作的一个缩影。而且事实上远在提出一

项维护要求之前，与软件维护有关的工作已经开始了。为了有效地进行维护工作，首先必须建立一个维护组织，由这个维护组织确定维护报告、进行维护工作的评价，而且必须为每个维护要求规定一个标准化的事件序列。此外，还应该建立一个适用于维护活动的记录保管过程，并且规定复审标准。

1. 维护组织

虽然通常并不需要建立正式的维护组织，但是，即使对于一个小的软件开发团体而言，非正式的委托责任也是绝对必要的。维护是软件开发单位的责任，维护组织可由软件开发单位根据本身规模的大小，指定一名高级管理人员担任，或者由高级管理人员和专业人员组成维护领导小组。管理的内容，应包括对申请的审查与批准、维护活动的计划与安排、人力资源的分配、批准并向用户提供维护的结果(如软件的新版本)，以及对维护工作进行评价与分析等。其责任是负责管理本单位开发的软件维护工作。

维护组织应在维护活动开始之前就明确维护责任，这样做可以大大减少维护过程中可能出现的混乱。并根据对维护工作定量度量的结果，做出关于开发技术、语言选择、维护工作量规划、资源分配及其他许多方面的规定，确保维护工作有效进行。而且可以利用这些数据去分析评价维护工作的质量。

具体的维护工作，可以由原开发小组承担，也可以指定专门的维护小组。每个维护要求都通过维护管理员转交给相应的系统管理员去评价。系统管理员是被指定去熟悉一小部分产品程序的技术人员，系统管理员对维护任务作出评价以后，提交给维护授权人决定应该进行的活动。

总之，只有有效的组织与管理，维护工作才能有条不紊地进行，才能保障信息系统正确运作。

2. 维护记录

在软件生命周期的维护阶段，保存好完整的维护记录十分必要。利用维护记录文档，可以估价维护技术的有效性，方便确定产品的质量和维护的费用。如何整理和保存维护记录，Swanson 提出了如下内容：① 程序标识；② 源代码语句数；③ 机器指令数；④ 使用的程序设计语言；⑤ 程序的安装日期；⑥ 安装后的程序运行次数；⑦安装后的处理程序故障次数；⑧ 程序变动的层次和名称；⑨ 由于程序变动而增加的源代码语句数；⑩ 由于程序变动而删除的源代码语句数；⑪ 每项改动所耗费的人时数；⑫ 程序修改的日期；⑬ 软件维护工程师的名字；⑭ 维护要求的标识；⑮ 维护类型；⑯ 维护开始和完成的时间；⑰ 累计维护的人时数；⑱ 维护工作的纯效益。

3. 维护报告

用户有维护需求时，首先要填写维护申请表，其包含了用户的具体需要维护管理部门帮助解决的问题描述。维护申请表是一个外部产生的文件，它是计划维护活动的基础。维护组织内部根据维护申请报问题描述，应该制定出一个软件维修报告，它包含如下信息：① 满足维护申请表中提出的要求所需要的工作量；② 维护申请要求的性质；③ 这项申请要求的优先次序；④ 与修改有关的事后数据。

4. 活动维护评价

由于每次维护都完整保存了维护记录，它是维护活动评价的基础数据，利用它可以对维护工作进行定量评价。一般地，可以从下述七个方面度量维护工作：① 每次程序运行平均失效的次数；② 用于每一类维护活动的总人时数；③ 平均每个程序、每种语言、每种维护类型所作的程序变动数；④ 维护过程中增加或删除一个源语句平均花费的人时数；⑤ 维护每种语言平均花费的人时数；⑥ 一张维护要求表的平均周转时间；⑦ 不同维护类型所占的比重。

根据对维护工作定量度量的结果，可以作出关于开发技术、语言选择、维护工作规划、资源分配及其他许多方面的决定，而且可以利用这样的数据去分析和评价维护任务。

第四节 系 统 评 价

一、系统评价的概念

管理信息系统的评价目的是估计系统的技术能力、工作性能和系统的利用率，提高管理水平，改善企业的经济效益等。系统评价度量了系统当前的性能并为进一步改善未来的系统提供依据。一个花费了大量资金、人力和物力建立起来的新系统，其性能和效益如何，是否达到了预期的目的？这用户和开发人员双方都是很关心的问题。因此，必须通过系统评价来回答以上问题。对新系统的全面评价是在新系统运行了一段时间后进行的，以避免片面性，特别是系统的效益、管理等评价具有滞后性，只有系统运行一段时间后才能有基础数据，并进行量化评价。

二、系统评价内容

系统评价工作通常由开发人员和用户共同进行。对于一个管理信息系统来说，大致可以从系统建设、系统性能、系统效益、系统管理等方面对系统进行评价，具体描述如下。

(一) 系统建设

信息系统建设的评价是对信息系统开发、运行、维护和管理所作的评价，具体包括以下八项。

1. 目标实现程度

判断建成系统的达到值与对系统的期望值的差异。期望值是在系统分析阶段确定的目标函数。目标实现程度表明了信息系统对其预先确定的目标的实现程度，其差异应该用数量化的方式描述出来。

2. 先进性

信息系统总体上的先进性体现在开发方法、系统结构、采用的硬件、软件技术、网络与通信等方面。并不是档次越高越先进，要综合考虑系统总体的先进性。

3. 经济性

经济性应当与先进性相适应，既要考虑到系统的发展，使系统保持一定的先进性，又要考虑到系统对用户的实用性和经济承受能力，找到一个良好的性价比。

4. 资源利用率

信息系统集成了计算机、通信网络、数据库、知识库等先进的软、硬件设备，资源利用率应根据该系统以后的扩张情况设定，如果该系统今后有较大发展，资源利用率可适当设低一些。反之，则将资源充分利用，只需要保证有一定的缓冲空间。

5. 开发效率

开发效率与系统的规模有关，与开发小组的经验、水平和开发方法有关，也与资金、管理等非技术因素有关。

6. 系统建设的规范性

信息系统建设的规范性应当遵循相应的国际、国家或行业标准。规范化、标准化程度高的系统才有生命力。信息系统建设的规范性的标志之一是系统的文档，文档要正确、规范、完备。

7. 开发周期

开发周期是指从系统规划到新系统转换所花费时间。一般，如系统建设不能如期完工，导致建设时间拉长，经费支出增多，系统投入产出比增加，带来的效益减少。

8. 文档程序规范

系统建设期间，文档是否齐全、表达是否清晰；程序是否高效，编写是否规范等对系统建设有重要影响。只有严格控制好文档与程序，系统才具有强的可维护性。

(二) 系统性能

1. 完整性

系统功能完全满足用户要求。

2. 可维护性

系统以方便、易于理解的方式进行修改与改进等工作。

3. 可靠性

系统硬件、软件、数据、人员等方面有充足保障。

4. 适应性

适应性指系统在运行环境、约束条件或用户需求变化时的适应能力。

5. 方便灵活性

系统操作、维护方便、灵活，易于使用。

6. 安全性

系统具备一定的安全性能，保证硬件、软件、数据等不轻易受到损害。

7. 响应时间

响应时间指从用户提交到系统开始显示回答信息的时间。

8. 系统吞吐量

系统吞吐量指单位时间内完成的工作量。

9. 设备利用率

系统硬件软件设备利用越充分，设备利用率也越高。

(三) 系统效益

1. 经济效益

经济效益可分为直接经济效益与间接经济效益。直接经济效益可以从一次性投资、运行费用、年生产费用节约额、机时成本等方面进行核算。间接经济效益指从使用系统可以使企业管理人员劳动条件的改善、管理效率的提高、管理水平的提高、加快资金流通等方面进行分析。

2. 社会效益

社会效益指系统为国家、地区和企业的共同利益所作出的贡献，可以从提高社会总效益、加强组织应变能力、减少决策失误损失、改善劳动条件等方面衡量。同时新事物还具有示范效益，一旦某企业使用新系统创造的财富大幅增加，其他企业也纷纷仿效，因此，社会财富总量增加，全社会人员从中获得收益。

第五节　本章小结

信息系统投入使用后，进入长期的运行、维护阶段，信息系统性能与使用效率的好坏需要良好的运行、维护与评价等管理工作的支持，只有制定规范的运行、维护、评价管理制度，树立良好的信息运行、维护、评价等意识才能保障管理信息系统发挥其最大效用，为企业的日常工作、管理决策作出贡献。实践证明信息系统的运行、维护管理是相当重要的一项工作，它工作量大，费时费力，也需要大量资金投入。特别是系统维护的工作量较大，远比系统开发的工作量要大，在管理信息系统中，开发工程的工作量只占全部工作量的30%多，而维护工作占60%~70%。

信息系统运行管理的目标就是对信息系统的运行进行实时控制，记录其运行状态，进行必要的修改与扩充，以便使信息系统真正符合管理决策的需要，为管理决策者服务。信息系统运行管理工作需要系统组织管理，如组织机构配置、人员管理及主要内容、系统运行过程中的数据管理、安全管理、运行情况管理、管理意识树立等。

信息系统维护是指为了清除系统运行中发生的故障和错误，软、硬件维护人员对系统进行必要的修改与完善；为了使系统适应用户环境的变化，满足新提出的需要，而对原系统做些局部的更新等工作。软件可维护性是软件维护难易程度评价的标准，是软件产品的一个重要质量特性，它主要包括可理解性、可修改性、可测试性、可移植性、可使用性及软件文档等几个指标。系统维护主要包括程序维护、硬件维护、数据维护、代码维护、机构人员变动等，涉及的类型有支援性维护、预防性维护、改正性维护、适应性维护、完善性维护等。系统进行维护时，必须按照规定的步骤进行。

系统评价是指为了估计系统的技术能力、工作性能和系统的利用率，以提高管理水平，改善企业的经济效益。对于一个管理信息系统来说，大致可以从系统建设、系统性能、系统效益、系统管理等方面对系统进行评价。

[习 题]

一、多选题

1. 信息系统运行管理内容有(　　)。

   A. 数据管理　B. 安全管理　C. 运行情况管理　D. 管理意识树立

   E. 管理方法制定　F. 财务管理

2. 系统维护有几种类型，具体包括(　　)。

   A. 支援性维护　B. 预防性维护　C. 改正性维护　D. 适应性维护

   E. 完善性维护　F. 补充性维护　G. 文档维护

3. 系统评价包括的内容有(　　)。

A. 系统建设　B. 系统性能　C. 系统效益　D. 系统管理
E. 系统文档　F. 系统特点

二、名词解释

1. 改正性维护
2. 适应性维护
3. 完善性维护
4. 系统维护
5. 系统评价

三、问答题

1. 信息系统运行管理的目标是什么?
2. 信息运行的组织方式有几种?
3. 信息系统运行人员管理内容有哪些?
4. 信息系统运行管理内容有哪些?
5. 怎么理解系统可维护性含义?
6. 为什么要进行系统维护工作?
7. 系统维护的内容有哪些?
8. 简述管理信息系统系统维护工作应遵循的步骤。
9. 阐述系统评价含义。
10. 系统评价内容有哪些?
11. 依据自己对管理信息系统评价工作的认识，谈一谈系统评价工作的意义。

[习题解答]

一、多选题

1. ABCD　2. ABCDE　3. ABCD

二、名词解释

(略)

三、问答题

(略)

HAPTER 10

第十章 管理信息系统的应用与发展

[内容提要]

本章介绍五种主要的管理信息系统：办公自动化系统、企业资源计划系统、决策支持系统、电子商务、电子政务，目的是使读者了解当前管理信息系统在各领域的具体应用，加深对管理信息系统基本原理的理解。

[学习要点]

1. 掌握办公自动化系统的概念、发展阶段、功能与发展方向；
2. 掌握企业资源计划系统的概念、发展阶段与主要功能模块；
3. 掌握决策支持系统的概念、几类典型的决策支持系统、数据仓库概念、联机分析技术、数据挖掘等；
4. 掌握电子商务概念、特点，电子商务系统基本框架，电子商务主要商务模式；
5. 掌握电子政务概念、主要模式与系统结构；
6. 了解管理信息系统的具体应用，掌握信息系统未来发展趋势。

第一节 办公自动化系统

一、办公自动化概念

办公自动化是随着计算机科学与技术发展而提出来的新概念，它基于数据库、电子邮件、远程通信及 Intranet 技术来实现单位内部业务信息流转、信息交流和信息共享，快速有效地接收各种上级机关文件、所属机关的上报信息，组织、协调办公自动化系统内的各种信息，使用户能够方便、快捷地获取所需信息。一般来说，办公自动化没有统一的定义，凡是在传统的办公室中采用各种新技术、新机器、新设备从事办公业务，都属于办公自动化的领域。

总之，办公自动化是一门综合技术，它将办公业务活动物化于人之外的各种设备，并由设备与各种办公人员构成服务于某种目标的人机信息系统。

二、办公自动化发展阶段

计算机技术、通信技术、网络技术以及管理要求的发展催生了办公自动化的快速发展与更新换代，办公自动化发展大体分为三个阶段，每个阶段具有不同的特点。

(一) 第一阶段

此阶段以个人计算机和办公套件为主要特征，应用基于文件系统和关系型数据库系统，以结构化数据为存储和处理对象，强调对数据的计算和统计能力，实现数据统计和文档写作电子化，完成了办公信息载体从原始纸介质向电子的飞跃，实现个体工作的自动化。第一阶段的特点是面向办公室管理层和事务处理人员的管理信息系统，它基于传统的关系型数据库，以结构化数据为主要处理和存储对象，只限于某单位内部数据的计算和统计。从信息的发展来看，基于关系型数据库的第一代办公自动化系统存在着以下不足：① 个人计算机的负担过重，且价格偏高；② 由于缺乏公共的基础通信平台，不仅通用性差、可再用性低，而且没有通信和协同工作的能力，不能建立统一的集成办公平台；③ 系统自适应能力差，只能按开发时确定的思路、流程和功能处理信息；④ 信息管理只限于单位内部，没有或缺少外部信息来源。

(二) 第二阶段

此阶段办公自动化系统更多地承担了一个信息通道的责任，建立和完善各个职能部门之间的沟通和信息共享机制，建立协同工作的环境，为办公提供一个自动化工具。在办公自动化覆盖到的办公机构内，所有员工都可以通过办公自动化系统，根据自己的权限，了解自己需要完成的工作，包括上级交办的事情、需要交给别人做的事情、需要与别人合作的事情、自己需要的信息以及与别人共享的信息，也就是说，通过办公自动化系统，员工能够对自己所要实施的任务和目标有比较清晰的了解。此阶段的办公自动化系统具有以下特点：① 以网络为中心，以非结构化数据的信息流(或工作流)为主要存储和处理对象：② 有利于在行业内部建立通信基础平台，不仅提高了办公的效率，减少了扯皮和内耗，还增强了系统的安全性。

与第一阶段相比，第二阶段办公自动化有了长足进步，但缺少的是对知识的管理，这与知识经济的发展不相适应。

(三) 第三阶段

此阶段办公自动化以知识管理与决策支持为核心，它建立在行业 Intranet 平台之上，帮助企业实现动态的内容显示和知识的实际管理，使每一个员工能够在协作中不断获得学习的机会和进步，辅助单位领导进行科学决策。它具有如下特点。

(1) 把知识管理融入业务流程重组，将知识创造与发布同行业的业务流程相结合，不仅可以节省大量开支，更重要的是能够产生巨大的价值，通过知识管理实现对业务流程中无序的知识进行系统化管理，实现知识共享和再利用，从而提高业务水平和效率。

(2) 建立学习型机制，所谓学习型机制是指通过不断的学习来提高全员素质。这里所说的学习并不仅仅是看书、办学习班，而是强调全员学习、全程学习和团队学习。

(3) 改造企业文化，知识管理的成功首先取决于鼓励信息共享的企业文化。改造传统的企业文化、建立有利于知识共享的新型企业文化，是企业能够在知识经济时代不断发展的关键因素。

(4) 建立决策分析模型，在信息管理级办公自动化系统的基础上，使用由综合数据库系统所提供的信息，针对所需要作出决策的课题，构造或选用决策数字模型，结合有关内部和外部的条件，由计算机执行决策程序，作出相应的决策。

第三阶段办公自动化体系底层是行业的基本信息支撑环境，它包括管理信息系统的信息化支撑，以及对外部 Internet 的信息获取。通过设计和实现优秀的 Internet 信息获取工具，有效地利用外部的有用信息为行业内部的管理过程服务。存在于底层行业信息支撑环境中的信息资源是烦杂而海量的，需要在数据挖掘与模式提取的工具支持下，发掘其中有价值的模式与知识，使信息的价值得以充分的实现。从计算机应用到现在，可以说各个单位基本上完成了第一阶段办公自动化建设，但从第一阶段向第二阶段过渡，是个复杂的系统工程，它需要有专门的机构承担起此系统工程的策划、组织和实施工作，在建设过程中坚持统一领导、统一规划、统一标准、同步实施、重在实用的原则，并注意抓好办公自动化建设中的两个要点：①阶段性，即要有阶段性的目标、阶段性的内容、阶段性的成果，不同阶段的内容可以根据长远的计划，在各个不同的阶段里分别实现；②时效性，即必须按期完成阶段性目标。

三、办公自动化功能

(一) 提供电子邮件功能

电子邮件系统作为办公自动化的通信基础设施，主要提供了办公自动化系统两个方面的功能：① 直接作为一种应用提供人与人之间通信的手段，适应随时需要的电子化通信要求；② 为各种应用提供通用的通信平台，灵活适应不同应用系统对通信平台的要求。

(二) 科学严密的考核体系

网络办公自动化系统对处理的每一笔业务实现了计算机的自动考核，在事务处理的每一个环节都可设置相应的考核项目，按照考核细则量化的分值由计算机逐条比对考核，对于文字、材料性的考核，计算机给出提示性的考核方案，通过人机结合方式予以考核，从而完成目标责任制考核办法。

(三) 处理复合文档型的数据

复合文档型数据不同于传统数据类型，传统数据类型在表达信息时，要求信息具有严格的长度和格式，在处理信息时以关系运算和数学运算为特色，而在办公自动化所处理的信息中只有一部分符合传统数据类型的特点。此外，对复合文档数据或对象数据的表示和存储管理是数据库技术的新领域。

(四) 支持工作流的应用

几乎所有的业务过程都是工作流，特别是办公自动化应用系统的核心应用，如公文审批流转处理(公文收发、起草、传阅、批办、签署、催办、会签、下发、归档、查询、统计等)、会议管理(会议计划、日程、通知、组织、纪要、归档、查询、统计等)、部门事务处理(部门值班、休假安排、工作计划、工作总结、部门活动等)等。每一项工作以流程的形式，由发起者发起流程，经过本部门及其他部门的处理，最终到达流程的终点。工作流程可以是互相连接、交叉或循环进行的，也可以在企业以及与企业的相关单位之间进行。

(五) 支持协同工作和移动办公

在日常办公中，办公人员需要花费大量的时间进行讨论和交流意见，才能作出某种决策。而这种在群体中互相沟通、合作的工作方式就是“协同工作”。随着网络技术的发展，异步协作方式(如电子邮件、网络论坛等)及同步协作方式(如网络实时会议)正在逐渐成为人们面对面开会之外的新的工作方式，它们打破了时间、地域的限制，使人们可以随时随地参加到协同工作中，大大提高了工作效率。移动办公可以提供给办公人员在办公室以外的办公手段，办公人员可以远程拨号或登录到出差地的网络，通过电话线或广域网络，随时访问到办公自动化系统；为提高工作效率和减少费用，办公人员还可以选择离线工作方式，即将需要处理的信息先下载到本地便携机上，然后切断连接，离线处理信息，工作完毕后才再次接通连接，将自己的工作结果发出以及再次下载新的待办信息。

(六) 具有完整的安全性控制功能

办公自动化系统所处理的信息一般涉及组织的机密，而且不同的办公人员在不同时刻对办公信息的处理权限也是不同的，因此安全性控制功能成为办公自动化系统得以投入使用的先决条件。办公自动化的安全性控制要求一般包括防止非法用户侵入、权限控制、存储和传输加密及电子签名。这些手段必须足够强大，难以被攻破，而且也必须足够灵活，方便使用者掌握和利用。安全性的完整实现有赖于制定和执行严格的规章制度与管理规程。

(七) 集成了其他业务应用系统和 Internet

办公自动化系统绝不是独立的应用系统。在任何一个单位内部都存在着其他业务应用系统，如管理信息系统专业应用系统等，它们与办公自动化系统是互相联系的。例如，专业应用系统的统计结果报表成为办公自动化应用系统的一项办公信息，反之办公自动化系统的一项输出如正式公文是专业应用系统的信息计算与处理依据。因此，办公自动化系统必须能够集成企事业内部的其他业务应用系统。

四、办公自动化的发展方向

(一) 协同化

强调协同，不仅仅是办公自动化内部的协同，还应该是办公自动化与其他业务系统间的协同、无缝对接，能把企业中已存在的企业资源计划系统以及营销、生产管理系统等存储的企业经营管理业务数据集成到工作流系统中，使得系统界面统一、账户统一，业务间通过流程进行紧密集成，而不必切换到不同系统进行调用，查阅数据能方便自如。办公自动化和其他业务系统的结合、无缝集成主要体现在统一技术标准、理念上的集成，只有制定办公自动化统一产业标准，各家厂商都使用标准化的协议，才能使各种系统更好地结合和对接；同时系统内应采用开放式体系结构，各个模块独立实现，并具有标准接口，能为今后系统的升级和扩展打下良好基础。

(二) 智能化

未来办公自动化在充分的智能支持下，也更会体现人性化，达到人性化之目的，强调易用性、稳定性、开放性，强调人与人沟通、协作的便捷性，强调对于众多信息来源的整合，强调构建可以拓展的管理支撑平台框架，从而改变目前人去找系统的现状，实现系统找人的全新理念，能够根据不同员工的需要进行功能组合，将合适的功能放在合适的位置给合适的员工访问，实现真正的人本管理。

(三) 知识化

随着办公自动化系统应用的逐步深入，办公自动化已经成为一个企业员工的日常工作基础平台，同时也是一个交流与学习平台，借助此平台能够让员工合适的场景下、合适的时间里获取合适的知识，借助该平台积聚组织的最佳实践并传递到整个组织。以后的办公自动化将以“知识管理”为思想、以“协同”为工作方式、以“门户”为技术手段，整合组织内的信息和资源发展办公自动化系统，此即“知识型办公自动化”。

(四) 平台化

应用服务提供商(application service provider，ASP)，即通过互联网面向企业用户提供信息化应用租用服务。应用服务提供商模式是企业向应用服务提供商(如电信运营商、软件商合作)租用应用各种软件及其服务，而不必自行购买软件、服务器以及配备 IT 运维人员，这样，自身规模小、资金不足的中小企业只需要付出少量的软件租赁费用，就可轻松实现办公自动化。

(五) 无线化

利用新技术，移动协同应用将成为未来市场新亮点。信息终端应用正在全球全面推进融合，3G 移动通信技术在中国的应用已经逐渐普及，融合了计算机技术、通信技术、互联网技术的移动设备(手机、笔记本)成为个人必备信息终端，在此载体上的移动协同应用将是管理软件的巨大亮点，实现无处不在、无时不在的实时动态管理，这将给传统办公自动化带来巨大的飞跃。

(六) 多媒体化

办公自动化系统不仅要处理文本、数据，还要处理音频、视频、图像、图形等多媒体信息，提高办公自动化的应用水平与价值。例如，基于办公自动化的视频会议极大提高了办事效率，节省了办公成本。

当前的办公自动化系统将计算机化、通信化、自动控制化、智能化集成于一体，形成一个强大的、高效的信息网络，成为信息社会的中枢。信息经过处理后，服务于整个办公领域，极大提高了办公效率。

五、办公自动化系统案例

(一) 金蝶办公自动化系统简介

金蝶 K/3 办公自动化系统是实现企业基础管理协作平台的知识办公系统，主要面向企事业单位的部门、群组和个人，进行事务、流程和信息及时高效、有序可控的协同业务处理，创建企业电子化的工作环境，通过可视化的工作流系统和知识挖掘机制建立企业知识门户。该系统既可独立运行，也可与金蝶 K/3 其他产品无缝集成，为企业提供更完整、全面的企业应用解决方案。

(二) 系统结构图

整个系统分成三层：基础管理、应用模块、协作门户，具体结构体系如图 10-1 所示。

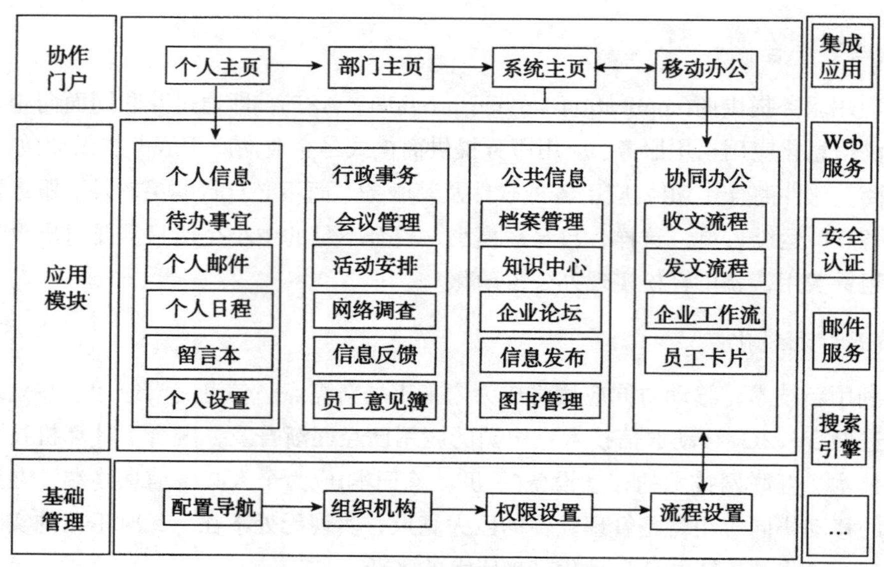

图 10-1　金蝶办公自动化系统结构图

(三) 主要功能

1. 行政事务

围绕企业传统行政管理，提供会议管理、活动安排、信息反馈和员工意见库等功能，利用网络省时省力的特性，达到会议室有效利用与管理，避免了传统行政事务管理的低效率，使单位的内部办公系统更有凝聚力。

2. 个人信息

提供完善的个人事务管理能力，包含个人邮件、日程安排、待办事宜、通讯录等各方面，并且提供强大的协同沟通平台，可以以邮件、即时桌面消息、短信等方式进行沟通，每个人的全部工作内容都可以在系统中得以进行，方便了多人交互的任务协作，保证单位整体的人员情况、工作内容的管理。

3. 公共信息

提供企业信息统一发布的平台，包括内部公告、档案、企业论坛、知识中心等公共信息，实现通过查询、订阅和发布等多种方式处理各项信息，有助于用户方便、快捷、准确地获得各种共享信息，提高办事效率。

4. 协同办公

提供传统企业内部的收发文管理和日常事务流程，支持完全可自定义的企业工作流，嵌套、并行、分支、循环等流程模式，提供严格的权限控制、流程日志和意见一览等功能，帮助企业规范工作流程，实现流程高效运作。

5. 协作门户

以流程核心为基础，提供个人主页、部门事务和系统主页等模块，同时满足企业员工个人、领导和部门内部的时时沟通的需要，帮助企业全面提升协作能力，降低办公成本。

第二节 企业资源计划系统

一、企业资源计划概念

企业资源计划系统是指建立在信息技术基础上，以系统化的管理思想，为企业决策层及员工提供决策运行手段的管理平台。企业资源计划系统集信息技术与先进的管理思想于一身，成为现代企业的运行模式，反映时代对企业合理调配资源，最大化地创造社会财富的要求，成为企业在信息时代生存、发展的基石。对于企业资源计划概念可以从管理思想、软件产品、管理系统三个层次给出它的定义。

(一) 管理思想角度定义

由美国著名的计算机技术咨询和评估集团 Garter Group Inc.提出的一整套企业管理系统体系标准，其实质是在制造资源计划 II(manufacturing resources planning，MRP) 基础上进一步发展而成的面向供应链(supply chain)的管理思想。

(二) 软件产品角度定义

综合应用 C/S 体系、关系数据库结构、面向对象技术、图形用户界面、4GL 语言、网络通信等信息产业成果，以企业资源计划管理思想为灵魂的软件产品。

(三) 管理系统角度定义

企业资源计划系统是整合企业管理理念、业务流程、基础数据、人力物力、计算机硬件和软件于一体的企业资源管理系统。

二、企业资源计划发展阶段

计算机技术特别是数据库技术的发展为企业建立管理信息系统，甚至对改变管理思想起着不可估量的作用，管理思想的发展与信息技术的发展是互成因果的环路。而实践证明信息技术已在企业的管理层面扮演越来越重要的角色。

信息技术最初在管理上的运用，也是十分简单的，主要是记录一些数据，方便查询和汇总，而现在发展到建立在全球 Internet 基础上的跨国家、跨企业的运行体系。企业资源计划系统信息技术及管理思想的发展同步进行，一般地，可将企业资源计划发展初步分为如下阶段。

(一) 管理信息系统系统阶段

企业的信息管理系统主要是记录大量原始数据、支持查询、汇总等方面的工作。

(二) 制造资源计划阶段

企业的信息管理系统对产品构成进行管理，借助计算机的运算能力及系统对客户订单，在库物料，产品构成的管理能力，实现依据客户订单，按照产品结构清单展开并计算物料需求计划。实现减少库存，优化库存的管理目标。

(三) 制造资源计划 II 阶段

制造资源计划 II 阶段在制造资源计划管理系统的基础上，系统增加了对企业生产中心、加工工时、生产能力等方面的管理，以实现计算机进行生产排程的功能，同时也将财务的功能囊括进来，在企业中形成以计算机为核心的闭环管理系统，这种管理系统已能动态监察到产、供、销的全部生产过程。

(四) 企业资源计划阶段

进入企业资源计划阶段后，以计算机为核心的企业级的管理系统更为成熟，系统增加了包括财务预测、生产能力、调整资源调度等方面的功能。配合企业实现JIT(just in time) 全面管理、质量管理和生产资源调度管理及辅助决策的功能，成为企业进行生产管理及决策的平台工具。

(五) 电子商务时代的企业资源计划

Internet 技术的成熟为企业信息管理系统增加了与客户或供应商实现信息共享和直接的数据交换的能力，从而强化了企业间的联系，形成共同发展的生存链，体现企业为达到生存竞争的供应链管理。企业资源计划系统相应实现这方面的功能，使决策者及业务部门实现跨企业的联合作战。

可见，企业资源计划的应用能有效地促进现有企业管理的现代化、科学化，适应竞争日益激烈的市场要求，企业以企业资源计划系统作为管理支撑平台已经成为信息时代企业应用的一种趋势。

三、企业资源计划系统功能模块

企业资源计划系统是将企业所有资源进行整合集成管理，简单地说是将企业的三大流(物流、资金流、信息流)进行全面一体化管理的管理信息系统。它不仅可用于生产企业管理，而且在许多其他类型的企业，如一些非生产、公益事业的企业也可导入企业资源计划系统进行资源计划和管理。在企业中，一般的管理主要包括三方面的内容：生产控制(计划、制造)、物流管理(分销、采购、库存管理)和财务管理(会计核算、财务管理)。三大系统互相融合，共同为企业的管理与决策服务，各企业也可以根据自己实际情况，有选择地部署自己的企业资源计划系统模块，即各功能模块不是必须的，而是根据需要定制的。

(一) 财务管理模块

在企业中，清晰分明的财务管理是极其重要的。因此，在企业资源计划系统整个方案中它是不可或缺的一部分。企业资源计划系统中的财务模块与一般的财务软件不同，作为企业资源计划系统中的一部分，它和系统的其他模块有相应的接口，能够相互集成，例如，它可将由生产活动、采购活动输入的信息自动计入财务模块生成总账、会计报表，取消了输入凭证烦琐的过程，几乎完全替代以往传统的手工操作。一般的企业资源计划系统软件的财务部分分为会计核算与财务管理两大块。

1. 会计核算

会计核算主要是记录、核算、反映和分析资金在企业经济活动中的变动过程及其结果，它由总账、应收账、应付账、现金、固定资产、多币制等部分构成。

2. 财务管理

财务管理的功能主要是基于会计核算的数据，再加以分析，从而进行相应的预测、管理和控制活动。它侧重于财务计划、控制、分析和预测。

(二) 生产控制管理模块

此部分是企业资源计划系统的核心所在，它将企业的整个生产过程有机地结合在一起，使得企业能够有效地降低库存，提高效率。同时各个原本分散的生产流程的自动连接，也使得生产流程能够前后连贯地进行，而不会出现生产脱节，耽误生产交货时间。生产控制管理是一个以计划为导向的先进的生产、管理方法。企业确定它的一个总生产计划，再经过系统层层细分后，下达到各部门去执行，即生产部门以此生产，采购部门按此采购等。

1. 主生产计划

主生产计划是根据生产计划、预测和客户订单的输入来安排将来的各周期中提供的产品种类和数量，将生产计划转为产品计划，在平衡了物料和能力的需要后，精确到时间、数量的详细的进度计划，是企业在一段时期内总活动的安排，是一个稳定的计划，是根据生产计划、实际订单和对历史销售分析得来的预测产生的。

2. 物料需求计划

物料需求计划是在主生产计划决定生产多少最终产品后，再根据物料清单，把整个企业要生产的产品的数量转变为所需生产的零部件的数量，并对照现有的库存量，得到还需加工多少，采购多少的最终数量，这才是整个部门真正依照的计划。

3. 能力需求计划

能力需求计划是在得出初步的物料需求计划之后，将所有工作中心的总工作负荷与工作中心的能力平衡后产生的详细工作计划，是用以确定生成的物料需求计划是否是企业生产能力上可行的需求计划。能力需求计划是一种短期的、当前实际应用的计划。

4. 车间控制

车间控制是随时间变化的动态作业计划，它将作业具体分配到各个车间，再进行作业排序、作业管理、作业监控。

5. 制造标准

在编制计划中需要许多生产基本信息，这些基本信息就是制造标准，包括零件、产品结构、工序和工作中心，都用唯一的代码在计算机中识别。

(三) 人力资源管理模块

以往的企业资源计划系统基本上都是以生产制造及销售过程(供应链)为中心的。因此，长期以来一直把与制造资源有关的资源作为企业的核心资源来进行管理。但近年来，企业内部的人力资源，开始越来越受到企业的关注，被视为企业的资源之本。在这种情况下，人力资源管理作为一个独立的模块，被加入企业资源计划系统中来和企业资源计划中的财务、生产系统组成了一个高效的、具有高度集成性的企业资源系统。它与传统方式下的人事管理有着根本的不同。

1. 人力资源规划的辅助决策

系统对企业人员、组织结构编制的多种方案，进行模拟比较和运行分析，并辅之以图形的直观评估，辅助管理者作出最终决策。制定职务模型，包括职位要求、升迁路径和培训计划，根据担任该职位员工的资格和条件，系统会提出针对本员工的一系列培训建议，一旦机构改组或职位变动，系统会提出一系列的职位变动或升迁建议。进行人员成本分析，可以对过去、现在、将来的人员成本作出分析及预测，并通过企业资源计划集成环境，为企业成本分析提供依据。

2. 招聘管理

人才是企业最重要的资源，优秀的人才才能保证企业持久的竞争力。招聘系统一般从以下几个方面提供支持：进行招聘过程的管理，优化招聘过程，减少业务工作量；对招聘的成本进行科学管理，从而降低招聘成本；为选择聘用人员的岗位提供辅助信息，并有效地帮助企业进行人才资源的挖掘。

3. 工资核算

系统能根据公司跨地区、跨部门、跨工种的不同薪资结构及处理流程制定与之相适应的薪资核算方法。与时间管理直接集成，能够及时更新，对员工的薪资核算动态化。具有回算功能，通过和其他模块的集成，自动根据要求调整薪资结构及数据。

4. 工时管理

系统根据本国或当地的日历，安排企业的运作时间及劳动力的作息时间表。运用远端考勤系统，可以将员工的实际出勤状况记录到主系统中，并把与员工薪资、奖金有关的时间数据导入薪资系统和成本核算中。

5. 差旅核算

系统能够自动控制从差旅申请、差旅批准到差旅报销的整个流程，并且通过集成环境将核算数据导进财务成本核算模块中。

四、企业资源计划系统案例分析

(一) SAP ERP 简介

SAP 是世界上最大的商业应用、企业资源计划解决方案和独立软件的供应商，在全球企业应用软件的市场占有率高达三成。 SAP ERP 能够快速适应不断变化的行业要求，满足各种行业领域大部分大中型企业对核心业务软件的需求。SAP ERP 是世界上最完整的可升级高效企业资源计划系统软件。与灵活的开放技术平台 SAP NetWeaver 相结合。该平台可充分利用 SAP 和非 SAP 系统并对两者进行集成。因此，基于 SAP ERP 可以提高生产效率、增强业务认识并适应加速业务战略实施的需要。

(二) SAP ERP 解决方案

SAP ERP 包括四种独立解决方案，可为主要部门的企业资源规划提供支持。

1. SAP ERP 财务解决方案

SAP ERP 财务(SAP ERP financials)解决方案是一款适用于各种行业的综合财务管理解决方案。SAP ERP 财务解决方案提供如下功能：① 在会计、报告、分析、企业管理、财务供应链和财产管理方面具有强大功能；② 全面支持不同行业流程，兼容所有 SAP 行业解决方案；③ 面向跨国组织或国际化公司设计的可升级技术架构；④ 业内领先的对当地市场要求、语言和通货的支持；⑤ 对所有财务流程和交易的强大内部控制与存档功能；⑥ 高级的财务与管理报告功能；⑦ 开放的集成平台，将财务管理解决方案与当前业务系统或应用连接起来；

2. SAP ERP 人力资本管理解决方案

SAP ERP 人力资本管理 (SAP ERP HCM) 解决方案具有先进的人力资本管理功能，支持各种行业、各类规模的组织显著提高劳力潜能，同时满足今后创新、发展和灵活性的要求。SAP ERP 人力资本管理解决方案提供的完整功能如下：① 优化人力资本管理流程并将它们在全球业务范围内无缝集成；② 提供实时信息访问，加快人力决策过程；③ 使您在最佳时间将最佳人选分配给最佳项目；④ 在员工任职周期内支持员工和管理人员；⑤ 授权员工在合作环境下对流程进行管理。

3. SAP ERP 运营解决方案

为了更好地为客户服务，组织正在努力以更加快速灵活的速度提供产品和服务。整个运营流程链的工作效率关系到能否更好为客户提供服务。卓越运营是组织提供高水平客户服务，同时降低运营成本的保障。从供应商到客户，无论市场和需求发生何种变化，使组织得以跟进变化的速度，更加灵活地运营业务。SAP ERP 运营解决方案提供如下功能：① 自动化并优化业务流程提高应变能力；② 利用基于角色的解决方案和集中管理的信息提高企业产能；③ 扩展与整个价值链合作伙伴的协同能力；④ 提高以战略性业务洞察为基础的决策能力。

4. SAP ERP 企业服务解决方案

SAP ERP 企业服务解决方案的主要目的是帮助相关企业职能服务领域降低成本、减少错误、保证严格坚持公司规章制度与指导方针。具体体现在如下七个方面。

(1) 房地产管理—— 支持对商住两用房地产的管理。提供自动化与过程控制，帮助您避免闲置，降低房地产开发、租赁及财产管理费用。

(2) 企业资源管理——支持对企业运营维护费用的管理。确保并落实预算资金用于企业发展关键领域，最大程度降低员工工作成本。

(3) 项目管理——支持项目经理从项目规划、执行到账目的整体管理。为项目经理提供灵活、实用的解决方案。

(4) 差旅管理——支持企业管理者随时掌握交通、旅行社等差旅服务提供商的营销策略和价格变化。为管理人员提供控制功能，帮助员工选择合适的旅行社并对是否符合差旅政策进行监督。有效降低商务旅行成本、优化差旅管理流程。

(5) 作业环境健康与安全管理——支持管理人员提高对复杂、快速变化的客观自然环境的认知度，以便对员工作业环境的健康与安全进行管理。管理范围涵盖新产品开发、采购、制造、销售、配送、维修与维护等各个作业流程和工种。

(6) 质量管理——支持对业务全程质量的统一端口管理。通过消灭产品返工现象、充分利用企业资源来提升企业整体运营效率。

(7) 全球贸易链管理——支持管理者建立起一套独立的、符合国际标准并能兼容各类管理软件的全球贸易管理系统。帮助您的全球贸易链与各国相关部门进行高效的连接沟通，与全球合作伙伴实时共享业务数据以确保贸易流程的顺利完成。

第三节 决策支持系统

一、决策支持系统概念

决策支持系统是辅助决策者通过数据、模型和知识，以人机交互方式进行半结构化或非结构化决策的计算机应用系统。它是管理信息系统向更高一级发展而产生的先进信息管理系统。它为决策者提供分析问题、建立模型、模拟决策过程和方案的环境，调用各种信息资源和分析工具，帮助决策者提高决策水平和质量。

决策支持系统的概念是在 20 世纪 70 年代提出的，并且在 20 世纪 80 年代获得发展。它的产生基于以下原因：传统的管理信息系统没有给企业带来巨大的效益，人在管理中的积极作用要得到发挥；人们对信息处理规律认识提高，面对不断变化

的环境需求，要求更高层次的系统来直接支持决策；计算机应用技术的发展为决策支持系统提供了物质基础。对于决策支持系统，学术界尚未有一致的定义，以下给出三个经典的关于决策支持系统的定义。

(一) R.H. Sprague 和 E. D. Carlson 对决策支持系统的定义

决策支持系统具有交互式计算机系统的特征，帮助决策利用数据和模型去解决半结构化问题。决策支持系统具有以下功能：① 解决半结构化和结构化问题；② 把模型或分析技术与传统的数据存储和检索功能结合起来；③ 以对话方式使用决策支持系统；④ 能适应环境和用户要求的变化。

(二) P.G.W.Keen 对决策支持系统的定义

决策支持系统是决策、支持、系统三者汇集成的一个整体，即通过不断发展的建立计算机系统的技术(system)，逐渐扩展支持能力(support)，到更好地辅助决策(decision)。传统的支持能力是指提供的工具能适用于当前的决策过程，而理想的支持能力是主动地给出被选方案甚至于决策被选方案。

(三) S. S.Mittra 对决策支持系统的定义

决策支持系统是从数据库中找出必要的数据，并利用数学模型的功能，为用户产生所需要的信息。决策支持系统具有如下功能。

(1) 为了作出决策，用户可以试探几种“如果，将如何(what-if)”的方案。

(2) 决策支持系统必须具备一个数据库管理系统、一组以优化和非优化模型为形式的数学工具和一个能为用户开发决策支持系统资源的联机交互系统。

(3) 决策支持系统结构是由控制模块将数据存取模块、数据变换模块(检索数据，产生报表和图形)、模型建立模块(选择数学模型或采用模拟技术) 三个模块连接起来实现决策问题的回答。

虽然人们至今未能对决策支持系统给出一个严格的精确的定义，但一般都认为决策支持系统应具有以下三点特征。

(1) 决策支持系统是一种 CSS(computer support system)，即以计算机为基础和工具，具有辅助决策功能。

(2) 决策支持系统是对非结构化或半结构化的决策问题提供辅助决策或支持。

(3) 决策科学的有关理论和方法是决策支持系统的核心，如数学分析、经验方法、综合方法、系统工程方法等。

二、决策支持系统的发展过程

自从 20 世纪 70 年代决策支持系统概念被提出以来，决策支持系统已经得到很大的发展。

1980 年 Sprague 提出了决策支持系统三部件结构(对话部件、数据部件、模型部件)，明确了决策支持系统的基本组成，极大地推动了决策支持系统的发展。

20 世纪 80 年代末 90 年代初，决策支持系统开始与专家系统(expert system，ES)相结合，形成智能决策支持系统。智能决策支持系统充分发挥了专家系统以知识推理形式解决定性分析问题的特点，又发挥了决策支持系统以模型计算为核心的解决定量分析问题的特点，充分做到了定性分析和定量分析的有机结合，使得解决问题的能力和范围得到了一个大的发展。智能决策支持系统是决策支持系统发展的一个新阶段。20 世纪 90 年代中期出现了数据仓库(data warehouse，DW)、联机分析处理(on-line analysis processing，OLAP)和数据挖掘(data mining，DM)新技术，数据仓库+联机分析处理+数据挖掘逐渐形成新决策支持系统的概念，为此，将智能决策支持系统称为传统决策支持系统。新决策支持系统的特点是从数据中获取辅助决策信息和知识，完全不同于传统决策支持系统用模型和知识辅助决策。传统决策支持系统和新决策支持系统是两种不同的辅助决策方式，两者不能相互代替，应该是互相结合的。

把数据仓库、联机分析处理、数据挖掘、模型库、数据库、知识库结合起来形成的决策支持系统，即将传统决策支持系统和新决策支持系统结合起来的决策支持系统是更高级形式的决策支持系统，成为综合决策支持系统(synthetic decision support system，SDSS)。综合决策支持系统发挥了传统决策支持系统和新决策支持系统的辅助决策优势，实现更有效的辅助决策。综合决策支持系统是今后的发展方向。

由于 Internet 的普及，网络环境的决策支持系统将以新的结构形式出现。决策支持系统的决策资源，如数据资源、模型资源、知识资源，将作为共享资源，以服务器的形式在网络上提供并发共享服务，为决策支持系统开辟一条新路。网络环境的决策支持系统是决策支持系统的发展方向。

知识经济时代的管理——知识管理(knowledge management，KM)与新一代 Internet 技术——网格计算，都与决策支持系统有一定的关系。知识管理系统强调知识共享，网格计算强调资源共享。决策支持系统是利用共享的决策资源(数据、模型、知识)辅助解决各类决策问题，基于数据仓库的新决策支持系统是知识管理的应用技术基础。在网络环境下的综合决策支持系统将建立在网格计算的基础上，充分利用网格上的共享决策资源，达到随需应变的决策支持。

三、决策支持系统体系结构

(一) 决策支持系统的结构

决策支持系统发展至今大家比较公认的一种结构为三部件结构。它主要由数据部件、模型部件和对话部件组成。具体表现为以下四个系统: ① 数据管理子系统; ② 模型管理子系统; ③ 知识管理子系统; ④ 对话子系统。

(二) 智能决策支持系统的结构

智能决策支持系统是在决策支持系统的基础上集成人工智能技术，特别是专家系统而形成的，它既充分发挥了专家系统中知识及知识处理的特长，也充分发挥了传统决策支持系统中数值分析的优势。既可以进行定量分析，又可以进行定性分析，能有效地解决半结构化及非结构化的问题，这就大大扩大了决策支持系统的应用范围，提高了系统求解问题的能力。

四、决策支持系统主要技术

决策支持系统采用的主要技术有数据仓库、联机分析处理、数据挖掘、人工智能与专家系统等，下面主要阐述数据仓库技术、联机分析处理技术、数据挖掘技术。

(一) 数据仓库

传统的数据库系统面向以事务为主的联机事物处理应用，不能满足决策支持系统的分析要求。事务处理和分析处理具有极不相同的性质，因而两者对数据也有着不同的要求。数据仓库正是为了解决分析型数据的特殊要求而产生的一种数据组织策略。根据 W.H.Inmon 在其 *Building the Data Warehouse* 一书的定义，数据仓库就是一个用以更好地支持企业或组织的决策分析处理的、面向主题的、集成的、不可更新的、随时间不断变化的数据集合。该定义全面地刻画了数据仓库的四个基本特征。

1. 数据仓库是面向主题的

与传统数据库面向应用进行数据组织的特点相对应，数据仓库中的数据是面向主题进行组织的。主题是一个抽象的概念，是在较高层次上将企业信息系统中的数据综合、归类并进行分析利用的抽象。在逻辑意义上，它是对应企业中某一宏观分析领域所涉及的分析对象。面向主题的数据组织方式，就是在较高层次上对分析对象的数据的一个完整、一致的描述，能完整、统一地刻画各个分析对象所涉及的企业的各项数据，以及数据之间的联系。所谓较高层次是相对面向应用的数据组织方式而言的，是指按照主题进行数据组织的方式具有更高的数据抽象级别。

2. 数据仓库的数据是集成的

数据仓库的数据是从原有的分散的数据库数据中抽取来的。数据仓库的每一个主题所对应的源数据在原有的各分散数据库中有重复和不一致性，且来源于不同的联机系统的数据都和不同的应用逻辑捆绑在一起；而且，数据仓库中的综合数据不能从原有的数据库系统直接得到。因此在数据进入数据仓库之前，必然要经过统一、综合与整理，为达到此目的，需要统一源数据中所有矛盾之处，如字段的同名异义、异名同义、单位不统一、字长不一致等。

3. 数据仓库的数据是不可更新的

数据仓库的数据主要供企业决策分析之用，所涉及的数据操作主要是数据查询，一般情况下并不进行修改操作。数据仓库的数据反映的是一段相当长的时间内历史数据的内容，是不同时点的数据库快照的集合，以及基于这些快照进行统计、综合和重组的导出数据，而不是联机处理的数据。数据库中进行联机处理的数据经过集成输入数据仓库中，一旦数据仓库存放的数据已经超过数据仓库的存储期限，这些数据将从当前的数据仓库中删去。因为数据仓库只进行数据查询操作，所以数据仓库管理系统相比数据库管理系统而言要简单得多。数据库管理系统中许多技术难点，如完整性保护、并发控制等，在数据仓库的管理中几乎可以省去。但是由于数据仓库的查询数据量往往很大，所以就对数据查询提出了更高的要求，它要求采用各种复杂的索引技术；同时，由于数据仓库面向的是企业的高层管理者，他们会对数据查询的界面友好性和数据表示提出更高的要求。

4. 数据仓库的数据是随时间不断变化的

数据仓库中的数据不可更新是针对应用来说的，也就是说，数据仓库的用户进行分析处理时是不进行数据更新操作的。但并不是说，在从数据集成输入数据仓库开始到最终被删除的整个数据生存周期中，所有的数据仓库都是永远不变的。数据仓库的数据是随时间的变化不断变化的，主要表现在三方面：① 不断追加联机事物处理中新生成的数据；② 不断删去旧的数据内容；③ 对大量综合数据定期进行重新综合。

数据仓库是一项基于数据管理和利用的综合性技术和解决方案，它必成为数据库市场的新一轮增长点，同时也成为以后应用系统的重要组成部分。

(二) 联机分析处理

联机分析处理概念最早是由关系数据库之父 E.F.Codd 于 1993 年提出的，是一种用于组织大型商务数据库和支持商务智能的技术。联机分析处理数据库分为一个或多个多维数据集，每个多维数据集都由多维数据集管理员组织和设计以适应用户

检索和分析数据的方式，从而更易于创建和使用所需的数据透视表和数据透视图。通过联机分析处理可帮助回答以下诸类关于业务数据的问题：① 2007 年所有产品的总销售额与 2006 年相比有什么变化？② 迄今为止，我们的利润与过去五年同期相比有何不同？③ 去年，35 岁以上的顾客花了多少钱？这一行为是如何随着时间变化的？④ 与去年同一月份相比，在两个特定的国家/地区，本月产品销量是多少？⑤ 对于每个顾客年龄组，按产品类别进行的利润细分如何(既包括利润百分比，也包括总利润)？⑥ 找出最好的和最差的销售人员、分销商、供应商、客户、合作伙伴或顾客。

联机分析处理的基本多维分析操作有钻取、切片(slice)和切块(dice)、旋转(pivot)、drill across、drill through 等。钻取是改变维的层次，变换分析的粒度。它包括向上钻取(roll up)和向下钻取(drill down)。向上钻取是在某一维上将低层次的细节数据概括到高层次的汇总数据，或者减少维数；而向下钻取则相反，它从汇总数据深入细节数据进行观察或增加新维。切片和切块是在一部分维上选定值后，关心度量数据在剩余维上的分布。如果剩余的维只有两个，则是切片；如果有三个，则是切块。旋转是变换维的方向，即在表格中重新安排维的放置(如行列互换)。

(三) 数据挖掘

数据挖掘，是指从大量的数据中提取出可信、新颖、有效并能被人们理解的、潜在的模式、规律或趋势的高级处理过程。它融合了数据库、人工智能、机器学习、统计学等多个领域的理论和技术，在理论研究领域也被称为数据库中的知识发现。数据挖掘所涉及的学科领域很多，但在商业应用中最主要的分析方法(发现任务)有以下四种。

1. 关联分析

关联分析，即利用关联规则进行数据挖掘。关联分析的目的是分析决定哪些事情将一起发生。例如，它能发现数据库中形如“90%的顾客在一次购买活动中购买商品 A 的同时购买商品 B”之类的知识。

2. 序列模式分析

序列模式分析和关联分析相似，其目的也是挖掘数据之间的联系，但序列模式分析的侧重点在于分析数据间的前后序列关系。它能发现数据库中形如“在某一段时间内，顾客购买商品 A，接着购买商品 B，而后购买商品 C，即序列 A→B→C 出现的频度较高”之类的知识。

3. 分类分析

设有一个数据库和一组具有不同特征的类别(标记)，该数据库中的每一个记录都赋予一个类别的标记，这样的数据库称为示例数据库或训练集。分类分析就是通过分析示例数据库中的数据，为每个类别作出准确的描述或建立分析模型或挖掘出分类规则，然后用这个分类规则对其他数据库中的记录进行分类。

4. 聚类分析

与分类分析不同，聚类分析输入的是一组未分类记录，并且这些记录应分成几类事先也不知道。聚类分析就是通过分析数据库中的记录数据，根据一定的分类规则，合理地划分记录集合，确定每个记录所在类别。

此外越来越多的人工智能与专家系统技术应用到决策支持系统中，为构建新型的决策支持系统提供有力帮助。

五、几种典型的决策支持系统

(一) 群体决策支持系统

群体决策支持系统是相对于个人决策而言的，由若干决策者针对大型问题或复杂问题，在共同环境和一定目标下发挥相互联系或相互制约作用，寻找各方满意结果。群体决策支持系统是面向群体活动的，能为群体活动提供沟通支持、模型支持及机器诱导的沟通模式三个级别的决策支持。群体决策支持系统具有如下特点：① 群体决策支持系统是一个支持群体决策的支持系统，需要专门设计，它不是几个决策支持系统的简单组合；② 群体决策支持系统能减少群中部分消极行为影响；③ 群体决策支持系统能完成群决策过程和得出方案，并在管理者的协助下得出结果；④ 群体决策支持系统能支持一个地点的群决策会议，也能支持远程会议，并得到结果。

(二) 智能决策支持系统

智能决策支持系统将人工智能、专家系统技术与决策支持系统充分结合，使决策支持系统能够更充分地应用人类的知识，如关于决策问题的描述性知识，决策过程中的过程性知识，求解问题的推理性知识，通过逻辑推理来帮助解决复杂的决策问题的辅助决策系统。一般地，智能决策支持系统具有以下一些特点：① 具有友好的人机接口，如能够理解自然语言，具有模型运行结果的解释机制，能够以简单、明了的方式向决策者解释问题求解结果，并能对结果进行分析；② 能对知识进行表示与处理，可以有效提供关于模型构造知识、模型操纵知识以及求解问题所需的领域知识；③ 具有智能的模型管理功能，除支持结构化构模外，还应提供模型自动选

择、生成等功能，将模型作为一种知识结构进行管理，简化各子系统间的接口；④ 系统应该具有学习能力，以修正和扩充已有知识，使问题求解能力不断提高；⑤ 综合运用人工智能中的各种技术，对整个智能决策支持系统实行统一协调、管理和控制。

(三) 3I 决策支持系统

3I 决策支持系统(intelligent、interactive and integrated DSS，3IDSS)即智能型、交互式、集成化决策支持系统，是面向决策者、面向决策过程的综合性决策支持系统。这种系统的特色之一是各种思想、各类问题、各种方法、工具的集成化。而更为重要的是怎样按照解决问题的思路，将有关环节有机地组织起来，实现决策支持过程的集成化。3I 决策支持系统的核心内容是人机交互系统，当决策支持系统进入高层次的决策活动领域时，由于处理的问题多半是半结构化和非结构化的，为了帮助决策者进一步明确问题、认定目标和环境约束，产生决策方案和对决策方案进行综合评价，系统应该具备更强的人机交互能力，成为交互式系统。在处理难以定量分析的问题时，需要使用知识工程、专家系统方法与工具，已经涉及人工智能领域。而更重要的问题在于如何使用知识工程的思想方法，组织各个有关模块实现决策支持过程的集成化，这种应用方式是决策支持系统的智能化。

[案例及分析]

(一) 案例背景

航空业重组，加剧市场竞争化，各航空公司为了争夺客源，纷纷采取积极措施提升自己的品牌。其中构建客户关系管理系统是一种行之有效的方法，通过建立统一的客户信息数据仓库，将相关的业务功能从统计分析、数据挖掘到辅助决策支持为一体，完成面向各业务部门以及各级分支机构的管理、统计分析和数据挖掘等功能，帮助决策者、管理者在最短的时间内找到决策者所需要的数据报表和分析报告，大大缩短决策时间，对事物的发展作出正确的判断，抢占市场先机。数据仓库提供实施客户关系管理系统强有力的保障，本案例基于数据仓库平台和数据挖掘技术构建航空公司客户关系管理系统，对提高航空公司的市场竞争力起着重要作用。

(二) 决策支持系统结构模型

经过系统分析，系统结构模型如图 10-2 所示。

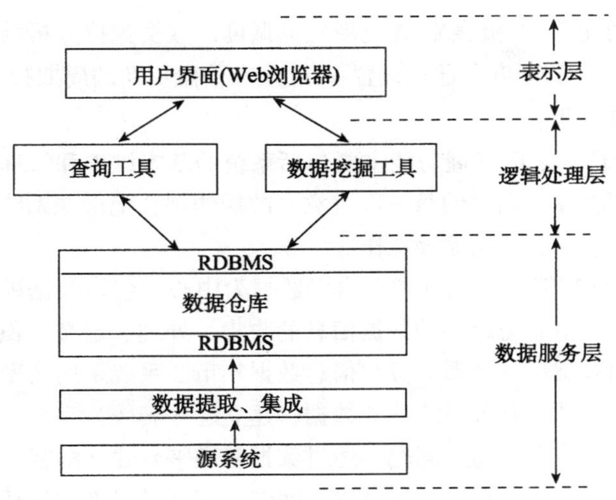

图 10-2 决策支持系统结构图

实际开发中，把系统建成具有三层结构的信息管理系统。其中，查询工具、数据挖掘工具作为逻辑处理层可以放在 Web 服务器端，数据仓库作为数据服务层放在另外一个服务器上，Web 浏览器作为表示层，用户通过 Web 浏览器发送请求来调用查询工具和数据挖掘工具，并通过 Web 浏览器显示返回结果。对不断变化的用户的需求，只需扩充查询工具和数据挖掘工具的功能就能得到满足。因此，此系统具有可扩展性和易维护的优点。

(三) 决策支持系统功能设计

通过分析航空系统需求，将系统划分为三大应用模块：系统管理模块、数据挖掘模块、分析查询模块。

1. 系统管理模块

(1) 系统资源管理功能。系统资源管理功能提供对业务人员的调度、授权、统计、授权管理等功能。系统资源定义是对应用系统的所有环境资源进行定义和注册的。系统的环境资源包括业务资源、安全资源和流程资源。

(2) 任务调度管理功能。任务调度功能主要是完成任务需要按一定的周期和频率，由计算机自动执行任务的调度。在任务调度模块主要完成以下三种任务的调度。① 数据采集任务调度。通过设置数据采集周期频率实现数据采集的任务自动化。② 数据挖掘批量计算调度。对于复杂的大批量的数据挖掘分析模型的计算，安排在非上班时间进行。批量计算的人物调度，通过设置批量计算的周期频率来实现批量计算任务的自动化。③ 报表/报告更新任务调度。数据挖掘分析结果和决策信息报表/报告的任务更新的调度，通过设置 Web 发布信息更新的周期频率，实现 Web 信息更新的任务自动化。

(3) 辅助管理。辅助管理功能主要包括系统的基本维护和管理，主要包括通知功能、日志管理功能。用户的每一次有意义的操作都会记录在系统的日志里，管理员可以对日志进行查看、删除等操作。

(4) 数据管理功能。数据管理平台以数据为中心，包括数据采集、数据管理和数据重整等功能，主要完成各种数据信息的收集、处理、定义、积累并能处理大容量数据，所有的数据最后会形成客户信息数据集市。系统采用大型数据库的建设技术，统一归纳和管理现有各系统业务数据，建立起一套较为完整的客户信息管理平台，解决现有的“信息孤岛”问题。通过数据管理平台建立的客户信息数据集市，可以成为其他应用系统完整的数据后台。同时一方面可以支持现有及可能的客户分析业务要求，另一方面，通过此平台的建立，也为航空公司(客户关系管理)系统的建设和市场营销决策系统进行相应的数据准备。

2. 数据挖掘模块

数据挖掘就是数据的深加工过程，是从大量数据中挖掘出隐含的、先前未知的、对决策有潜在价值的知识和规则，并能够根据已有的信息对未发生行为作出结果预测，为企业经营决策、市场策划提供依据。数据挖掘是实施客户关系管理强有力的手段，经过分析研究，航空客户关系管理系统数据挖掘模块主要体现在以下七个分析模型中。

(1) 响应率分析模型。分析客户的行为习惯等因素，定位于对某一特定的服务与产品最可能感兴趣的消费群体。建立客户相应分析模型，可以提高营销活动客户的响应率来降低营销成本，提高销售收入。当企业不进行任何建模分析时，盲目进行营销活动(包括市场调查/营销推广等)，其客户响应率一般都相当低，这样既浪费了人力、财力和时间，又不便于对营销活动的结果进行分析。通过客户响应分析模型，找出具有某种倾向性(客户对某种产品的爱好程度)的客户的特征，有目的地进行营销活动，提高活动的效率，减低营销的成本。

(2) 交叉销售分析模型。交叉销售是一种发现顾客多种需求，并满足其多种需求的营销方式，从横向角度开发产品市场。例如，一个高尔夫俱乐部会员卡的购买者，可能也是一个轿车购买者，并且是一位健康服务购买者。如果了解这个顾客的消费属性和兴趣爱好，我们就可以有更多的客观参考因素来判断这样一个事实。客户分类和客户群分析将带动交叉销售的机会，而交叉销售对提高航空公司利润率具有重要作用。交叉销售，可以使航空增加每个用户的平均收入，基于航空目前所提供的产品和服务种类，通过分析系统所内嵌的数据挖掘模型，主动地、预先地发现深入销售和交叉销售的机会，预测旅客购买某一特定产品或套件产品的可能性，进而做到有针对性地设计销售活动和服务方式，以此达到最大的销售利润。交叉销售分析包括产品相关性分析、销售对象分析和优化产品/服务组合(套餐)，设计合理的营销策略。

(3) 客户分类/市场细分模型。将具有不同行为的客户分组，便于建立对相应客户有针对性的服务；能更好地理解客户的需求；将客户从一个行为组变为另一行为组；细致的分析客户的群组模式，确认刻画这些模式的可定义的属性。通过客户细分，能够充分掌握客户的状况和行为，并针对不同特点的客户群体，可以实施差异性的、高效率的营销策略和客户服务。客户细分和市场营销策略的制定是密切相关的，所以，无论是作市场推广还是新产品设计，首先关注的问题就类似于：① 按照消费行为客户可以分为哪几群体？② 给我们带来最大效益的客户都是些什么客户？③ 这些客户具有哪些共同的背景特征？④ 高消费客户有哪些共同的特征？主要在哪些地方消费？⑤ 每一个客户群体的“商业生命周期和价值”是什么？客户细分不同于客户分群，主要包括两大类，一类是直接以数据挖掘技术对大量的客户行为数据(包括消费、金融等交易数据)进行分析和探索，从而发现某些具有相同行为特征的客户群，这种细分又称为数据驱动的客户细分；另一类是根据市场部门制定明确的商业目标，寻找具有该类性质的客户群及其背景和行为偏好，进而有效地开展市场营销，准确地进行产品定位。

(4) 客户价值评价模型。多方位地定量评估客户的价值，并根据许多特征属性预测特定客户群组的价值。客户价值的趋势预测模型，对特定群组的客户作时间序列分析，以便了解该群组客户对公司的收入贡献度。建立收入模型，预测公司下一年度的销售收入。客户价值评价分析包括：① 常客贡献比例分析。根据乘客行为的不同划分为不同的群体，各个群体有着明显的行为特征。通过分组，可以更好地理解乘客，发现群体乘客的行为规律。从而为公司在确定市场活动的时间、地点、合作商等方面提供确凿的依据。② 常客收益比较。分航程分航线分航班计算客公里收益，与平均客公里收益比较，从而得出常客的含金量；计算两者比值，得到一个常客的收益等于多少个一般旅客的收益，进一步说明常客的重要性，进一步按行业地区分析。③ 顾客忠诚度分析。根据公式：(长期)利润=客户价值×客户数量×客户忠诚度，可见及时识别忠诚乘客是十分重要的。对不同忠诚度的乘客推出不同的忠诚计划，挑选真正有价值的忠诚乘客。而对常客忠诚度分析的一个重要作用就是在与乘客交易时，能及时地识别乘客的特殊身份，从而给予相应的产品和服务。同时常客数据库警示乘客异常行为的功能，如一位常客的乘机周期和乘机频率出现显著变化时，都是潜在的乘客流失迹象，表明忠诚度下降，需要采取相应的措施。通过忠诚度调查可以预测乘客最需要什么样的服务，什么时候乘机，乘机频率等，可以作为乘客未来行为的可靠预测。

(5) 超售分析模型。由于航空公司存在不同的部门，所以具有不同的利益。这些利益常常导致隐性成本的上升。例如，航班不正常成本和超售成本，航空公司为了增加飞机日利用率和旅客周转量，不切实际的加大航班密度和频度，结构配套措施跟不上，旅客还是那么多，但导致航班大量不正常，成本迅速上升。航班不正常包括延误、取消、返航和改航等。航班不正常成本包括销售损失、食宿交通支出、航务支出等费用。国际上统计出的数据是按每小时(每次)每座位成本计算的。而超售也带来两面性，在一定程度上销售市场部门会高兴地汇报超售带来了多少额外的收入，而客运服务部门可能会面对超售旅客的抱怨、喝骂甚至殴打。过多的投诉会损坏航空公司的品牌形象，直接导致旅客的遗弃。即使没有投诉，表面上各方皆大欢喜，但实际从闭环控制来说，下次旅客不会选择一家为了自己利益而损坏旅客行程利益的公司。而那些因为超售而被拉下飞机的旅客会产生吃饭、住宿、索赔等额外费用。

(6) 升级销售预测模型。向上销售可能更好的理解应该是追加销售，是指向顾客销售某一特定产品或服务的升级品、附加品或者其他用以加强其原有功能或者用途的产品或服务。这里的特定产品或服务必须具有可延展性，追加的销售标的与原产品或者服务相关甚至相同，有补充、加强或者升级的作用。向上销售基于顾客终生价值(life time value)理念，从长远来看，一个顾客的价值是他终生购买量的折现价值，企业要留住顾客，并不断实现他们的产品购买。企业的产品策略会根据顾客需求而不断升级，这些产品与原来的产品有很大的相关度，企业也可以运用向上销售策略向顾客销售这些升级产品或者附加产品。

(7) 客户未来预测分析模型。在客户分群、客户行为、贡献度及客户忠诚度等分析当中，产生一个相对应的预测模型，在营销计划尚未付诸执行前，由系统先行预测可能发生的成效，以提升销售活动的成效。客户未来分析包括两方面内容。① 客户资料分析。对客户在消费终端产生的信息进行统一收集、规划、管理、处理分析，建立统一客户数据平台，实现客户消费信息的整理和处理。② 客户未来预测分析。在综合客户历史行为和消费行为的基础上，使用不同的预测模型对客户数量、类别等情况的未来发展趋势进行预测，为维持优秀的客户关系奠定基础。该模型可以使航空公司掌握客户未来的消费倾向，为交叉销售和向上销售提供依据，从而制定争取客户的手段，以保留住大客户，增加航空公司的利润。

3. 分析查询模块

分析查询模块是日常业务操作平台，它将充分利用数据平台中的各种数据信息和强大的处理能力进行全面、快速和高效的分析。

第四节 电子商务系统

一、电子商务概念及特点

(一) 电子商务概念

电子商务(electronic-commerce，EC)从总体上来看，是指对整个商业活动实现电子化。从狭义上讲电子商务是指在互联网、企业内部网和增值网(value added network，VAN)上以电子交易方式进行交易活动和相关服务活动，是传统商业活动各环节的电子化、网络化。从广义上讲是指应用计算机与网络技术与现代信息化通信技术，按照一定标准，利用电子化工具来实现包括电子交易在内的商业交换和行政作业的商贸活动的全过程。电子商务目的是通过降低社会经营成本、提高社会生产效率、优化社会资源配置，从而实现社会财富的最大化利用，是传统商务模式的革新，属于一种新的社会经济形态。网络是人类社会劳动、生活、学习的新工具，它通过影响人类通信与交往方式，间接地对传统经济领域的生产、交换、分配和消费方式产生影响，直到渗透、改造、重塑传统经济的运行模式及社会经济价值标准与增值方式。目前对电子商务的理解是仁者见仁、智者见智，没有形成一个统一的定义，这里列举四个典型定义帮助读者理解电子商务的含义。

1. 世界电子商务会议定义

根据 1997 年 11 月国际商会在法国首都巴黎举行的世界电子商务会议上关于电子商务最权威的概念阐述，电子商务是指对整个贸易活动实现电子化，从涵盖范围方面可以定义为，交易各方以电子交易方式而不是通过当面交换或直接面谈方式进行的任何形式的商业交易；从技术方面可以定义为，电子商务是一种多技术的集合体，包括交换数据(如电子数据交换、电子邮件)、获得数据(共享数据库、电子公告牌)以及自动捕获数据(条形码)等。

2. 政府部门的定义

欧洲议会对电子商务的定义是：电子商务是通过电子方式进行的商务活动，它通过电子方式处理和传递数据，包括文本、声音和图像。它涉及许多方面的活动，包括货物电子贸易和服务、在线数据传递、电子资金划拨、电子证券交易、电子货运单证、商业拍卖、合作设计和工程、在线资料、公共产品获得。它包括了产品(如消费品、专门设备)和服务(如信息服务、金融和法律服务)、传统活动(如健身、体育)和新型活动(如虚拟购物、虚拟训练)。

3. 企业电子商务定义

IBM 的电子商务概念包括三个部分，即企业内部网、企业外部网、电子商务，它所强调的是在网络计算环境下的商业化应用，不仅仅是硬件和软件的结合，也不仅仅是我们通常意义下的强调交易的狭义的电子商务，而是把买方、卖方、厂商及其合作伙伴在 Internet、Intranet 和 Extranet 结合起来的应用。它同时强调这三部分是有层次的，只有先建立良好的企业内部网，建立好比较完善的标准和各种信息基础设施，才能顺利扩展到企业外部网，最后扩展到电子商务。

4. 国内专家定义

电子商务专家李琪对电子商务定义时首先将电子商务划分为广义和狭义的电子商务。广义的电子商务定义为，使用各种电子工具从事商务或活动。这些工具包括从初级的电报、电话、广播、电视、传真到计算机、计算机网络，到 NII(国家信息基础结构－信息高速公路)、GII(全球信息基础结构)和 Internet 等现代系统。而商务活动是从泛商品(实物与非实物，商品与非商品化的生产要素等)的需求活动到泛商品的合理、合法的消费除去典型的生产过程后的所有活动。狭义电子商务定义为，主要利用 Internet 从事商务或活动。电子商务是在技术、经济高度发达的现代社会里，掌握信息技术和商务规则的人，系统化地运用电子工具，高效率、低成本地从事以商品交换为中心的各种活动的总称。这个分析突出了电子商务的前提、中心、重点、目的和标准，指出它应达到的水平和效果，它是对电子商务更严格和体现时代要求的定义，它从系统的观点出发，强调人在系统中的中心地位，将环境与人、人与工具、人与劳动对象有机地联系起来，用系统的目标、系统的组成来定义电子商务，从而使它具有生产力的性质。

(二) 电子商务特点

电子商务的发展离不开通信技术、网络技术、计算机技术的发展，它是传统商务活动的革新，是一种新型的社会经济形态，充分体现网络化、信息化环境下的一种新的商业活动。电子商务具有如下五个特点。

1. 时空无限性

买卖双方充分利用 Internet，打破时间与空间地域限制，保证 24×7 小时全方位进行各种商务交易，真正做到买方足不出户，即可买到自己满意的商品或者服务，而卖方也可足不出户即可卖出自己的商品或服务。电子商务促使买卖双方无论何时、何地只要达成买卖协议即可达到交易的目的，它的出现大大提高了商务交易的便捷与效率，方便了人们的生活。

2. 交易虚拟化

利用网络技术，如网上聊天、网上广告、虚拟现实等，买卖双方在洽谈、签约、货款支付、交货通知等环节无需当面进行，全部活动在网上完成，通畅快捷的信息传输保证各种信息之间互相核对，有效防止伪造信息流通。整个交易活动就如同买卖双方在传统交易真实场景中发生的一样，但与传统交易相比，则大大提高了效率与便捷性。

3. 交易智能化

电子商务迅猛发展，网上购物的交易方式正在改变着传统的商业模式。然而海量商品给消费者带来更多选择机会的同时也让消费者很难迅速找到自己需要的商品，所以智能化技术的引用必将带给买卖双方极大便捷。目前电子商务系统智能化技术的典型应用是推荐系统，利用推荐技术，帮助买方快速寻找自己感兴趣的商品，在浩瀚信息中缩小信息搜索范围，快速、准确找到自己想要的东西。

4. 服务个性化

由于电子商务是以网络为基础的，所以，在企业和消费者之间可以轻松实现信息的自动化传递，并建立面向消费者的数据库系统。在网络营销和虚拟生产的理论指导下，企业可以充分利用数据库进行一对一的个性化营销，一对一的个性化设计和生产，实现企业和消费者之间全程的一对一个性化跟踪服务，最终实现企业的差异化经营战略。

5. 集成性

电子商务为消费者提供“一站式”模式的商务服务，即电子商务服务提供商所在的整个供应链必须被集成为一个整体而开展工作，只有这样，电子商务的协同性规则才能得到保证。同样，只有电子商务服务能力被集成为一个整体，才能真正适应光速的商务规则。不管电子商务的服务能力还是电子商务的服务提供商被物理地或者是逻辑地集成在一起，这种集成都是必需的，否则，我们就有可能回到实体商务的历史中去。

二、电子商务交易模式

电子商务可以从不同角度进行类别划分，一般主流的划分方式是按照商务活动中主体不同分成企业与消费者之间的电子商务(business to customer，B2C)、企业与企业之间的电子商务(business to business，B2B)、消费者与消费者之间的电子商务(customer to customer，C2C)等模式。

(一) B2C

B2C 就是企业透过网络销售产品或服务给个人消费者，消费者利用 Internet 直接参与经济活动的形式。企业厂商直接将产品或服务推上网络，并提供充足资讯与便利的接口吸引消费者选购，这也是目前一般最常见的作业方式，如网络购物、证券公司网络下单作业、网上银行、一般网站的资料查询作业等，都是属于企业直接接触顾客的作业方式。

(二) B2B

B2B 方式是指企业使用 Internet 或其他网络对每笔交易寻找最佳合作伙伴，完成从定购到结算的全部交易行为，其代表是阿里巴巴电子商务模式。B2B 电子商务是指以企业为主体，在企业之间进行的电子商务活动，它是电子商务的主流，也是企业面临激烈的市场竞争，改善竞争条件、建立竞争优势的主要方法。开展电子商务，将使企业拥有一个商机无限的发展空间，这也是企业谋生存、求发展的必由之路，它可以使企业在竞争中处于更加有利的地位。B2B 电子商务将会为企业带来更低的价格、更高的生产率、更低的劳动成本及更多的商业机会。

B2B 主要是针对企业内部以及企业与上下游协力厂商之间的资讯整合，并在互联网上进行的企业与企业间的交易。借由企业内部网建构资讯流通的基础，以及外部网络结合产业的上中下游厂商，达到供应链管理的整合。因此透过 B2B 的商业模式，不仅可以简化企业内部资讯流通的成本，更可使企业与企业之间的交易流程更快速，减少成本的耗损。

(三) C2C

C2C 商务平台就是通过为买卖双方提供一个在线交易平台，使卖方可以主动提供商品上网拍卖，而买方可以自行选择商品进行竞价，其代表是 eBay、淘宝网电子商务模式。

C2C 是指消费者与消费者之间的互动交易行为，这种交易方式是多变的。例如，消费者可同在某一竞标网站或拍卖网站中，共同在线上出价而由价高者得标。或者由消费者自行在网络新闻论坛或 BBS 上张贴布告以出售二手货品，甚至是新品，诸如此类因消费者间的互动而完成的交易都属于 C2C 的交易。

三、电子商务发展

随着网络技术、安全技术、通信技术、数据库技术的迅猛发展，电子商务系统也随之迅速发展壮大。电子商务的出现给整个社会发展带来了全新感受，人们纷纷从电子商务中感受到信息技术带来的便捷与高效性。纵观电子商务发展，可大致分为电子数据交换、基于 Internet 的电子商务、E 概念电子商务三个阶段。

(一) 电子数据交换

电子数据交换(electronic data interchange，EDI)是将商业数据、信息或业务文件，按一个公认的标准从一台计算机传输到另一台计算机上去的电子传输方法。由于电子数据交换大大减少了纸张票据的使用，所以，人们形象地称之为"无纸贸易"(paperless trade)或"无纸交易"(paperless transaction)。从技术上讲，电子数据交换包括硬件与软件两大部分，硬件主要是计算机网络，20 世纪 90 年代之前的大多数电子数据交换都不通过 Internet，而是通过租用的计算机线在专用网络上实现，这类专用的网络被称为增值网，这样做的目的主要是考虑到安全的问题。软件包括计算机软件和电子数据交换标准。电子数据交换所需要的软件主要是将用户数据库系统中的信息，翻译成电子数据交换的标准格式，以供传输交换。由于受到网络技术及人员、设备等条件限制，电子数据交换注定不能在全世界范围盛行，当时也只是在发达国家采用，其他国家以及一些中小企业很难采用。

对于某些交易来说，在减少交易错误和缩短处理时间方面，电子数据交换发挥了重大作用，但代价也是巨大的：① 电子数据交换通常经过专有增值网络进行，这需要花费一大笔投资；② 电子数据交换离不开分布式软件，这种软件既昂贵又复杂，给参与者增添了很大的负担；③ 电子数据交换是批量传输的，影响了实时生产、采购和定价。

(二) 基于 Internet 的电子商务

随着通信技术、网络技术及 Internet 的发展，基于 Internet 的电子商务实施条件逐渐成熟。特别是在 20 世纪 90 年代初期，计算机网络技术得到突破性发展，基于 Internet 的电子商务技术也迅速发生。Internet 电子商务主要是以 Internet 为基础，以交易双方为主体，以银行支付和结算为手段，以客户数据库为依托的全新商业模式。

基于 Internet 的电子商务迅速改变了人们传统的商务活动方式，也改变了整个社会经济形态。基于 Internet 的电子商务的主要优势如下：① 费用低廉，互联网是国际的开放网络，使用费用低廉，从而使许多企业特别是中小企业对电子商务兴趣浓厚；② 覆盖面广，互联网遍布全球每个角落，从而企业的商机也遍布全世界；③ 功能更全面，互联网可以全面支持不同类型的用户实现不同层次的商务目标，如发布电子商情、在线洽谈、建立虚拟商场、网上银行等；④ 使用更灵活，基于互联网的电子商务可以不接收特殊数据交换协议限制，任何商业文件或者单据均可通过直接填写与现有的纸面单据格式一致的屏幕单据来完成，不需要再进行翻译，任何人都能看懂或直接使用。基于 Internet 的电子商务的出现，改变了个人工作与生活方式，改变了个人消费习惯。

(三) E 概念电子商务

2000 年后，随着相关技术的发展，人们对电子商务的认识逐渐由电子商务扩展到 E 概念的高度。人们纷纷研究如何将现代信息技术同自己的专业领域进行全方位结合，诸如电子政府、虚拟企业、网络银行、远程教育、远程医疗等电子商务应用系统开始进入实际使用阶段，从而产生新的电子商务模式，即 E 概念电子商务。E 概念电子商务是最完整的电子商务，它并不只是局限于解决商务数据的传递问题，而是用于商务活动全过程，包括广告浏览、市场调查、网上谈判、网上订货、电子支付、货物配送、售后服务等阶段的全程电子商务业务。E 概念电子商务实际上是电子信息技术与商务应用的完美结合，是电子商务与产业发展的深度融合，是一种新的经济势态，是贸易方式的一场革命。

四、电子商务系统基础平台

电子商务基础平台为企业的电子商务应用提供了运行环境和管理工具，以及内部使用的连接。它是保证电子商务系统具有高扩展性、集中控制、高可靠性的基础。电子商务基础平台的目标是提高系统整体性能，是面向系统效率的。一般来说，电子商务基础平台主要包括以下七部分。

(一) 负荷均衡

负荷均衡是指如何使电子商务系统服务器的处理能力和承受能力的压力保持均衡。负荷均衡还可以对服务器集群结构中的各个服务器性能进行动态调整和负荷分配。它使电子商务系统中硬件性能得到有效的均衡，避免特定的设备或系统软件由于压力过大而出现崩溃和拒绝服务的现象。这样在一定程度上能够提高系统的可靠性。

(二) 连接/传输管理

此部分主要作用是满足系统可扩充性的需要，用以实现电子商务系统和其他系统之间的互联以及应用之间的互操作。一般来讲，此部分包括三个方面的内容：① 异构系统的连接及通信，例如，UNIX 系统上的 Web 服务器与 IBM ES9000 之间的连接；

② 应用间的通信接口，保证应用程序通过不可靠信道连接进行时，可以完成差错恢复及续传，并为应用之间的互操作提供 API 接口，简化应用通信的开发工作；③ 应用和数据库的连接之间的接口。

(三) 事务管理

电子商务系统支持的商务活动涉及大量的联机事务处理，这就要求系统具备很强的事务处理性能。事务管理的作用包括两方面：一是保证分布式环境下事务的完整性、一致性和原子性；二是缩短系统的响应时间，提高交易过程的实时性。

(四) 网站管理

网站是电子商务系统的客户服务接口，用于表达系统商务逻辑的处理结果。所以，在电子商务系统中，网站具有重要的地位。网站管理的基本作用是为站点维护、管理和性能分析提供技术支持手段，它主要实现系统状态的监控、系统性能调整、用户访问授权、客户访问历史记录等功能。通过网站管理功能，可以记录客户的访问数据，了解用户的需求。利用这些数据，企业能够了解客户的潜在需求。

(五) 数据管理

该部分为电子商务应用相关数据的存储、加工、备份和表达提供支持，同时为应用程序提供应用开发接口。通常该部分利用支持 Web 的数据库管理系统实现，但是与传统的数据库管理系统相比，该部分与 Web 的接口方式更加丰富，如支持 API、JDBC、ODBC 等接口方式，而且对多媒体数据的支持能力更强。除利用传统的数据库管理系统实现数据管理外，目前也有一种做法是将 Web 和数据库管理系统更紧密地结合起来，构造所谓的 WebDB。例如，在 CA 公司的产品 Justme-I 中，就将应用平台和数据库集成为一体。

(六) 安全管理

安全管理为电子商务系统提供安全可靠的运行环境，防止或减少系统被攻击的可能，提高系统抗拒非法入侵或攻击的能力，保障联机交易过程的安全。安全管理主要包括系统硬件管理、系统软件管理、网络管理、交易过程管理等。安全是电子商务首要考虑的问题，没有安全也就没有电子商务的顺利发展。通过建立安全管理制度，加强安全管理技术应用等方面完善电子商务系统的安全控制，确保电子商务正常开展。

(七) 电子支付管理

电子商务是信息流、物流、资金流、商流的有机结合，而资金流需要通过电子支付解决，电子支付是电子商务结算环节主要问题，是电子商务顺利发展的主要基础条件。电子支付是指从事电子商务交易的当事人，包括消费者、厂商和金融机构，通过信息网络，使用安全的信息传输手段，采用数字化方式进行的货币支付或资金流转。电子支付具有三个典型特征：① 技术先进性—— 电子支付是采用先进的技术，通过数字流转来完成信息传输的，其各种支付方式都是采用数字化的方式进行款项支付的。② 快捷易用性—— 电子支付采用最先进的通信手段，如 Internet、Extranet，用户只要拥有一台上网的 PC，便可足不出户，在很短的时间内完成整个支付过程。③ 普适性—— 广泛应用于生产、交换、分配、消费领域。一般来说电子支付系统由以下几个元素组成：Internet、客户、商家、客户开户银行、商家开户银行、支付网关、银行网络、认证中心等，其组成系统图如图 10-3 所示。

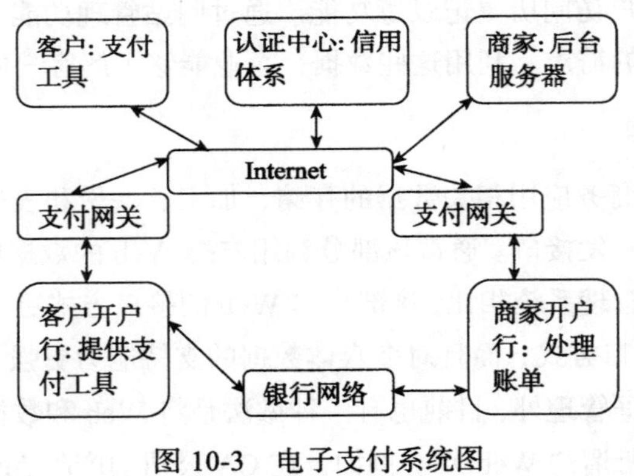

图 10-3 电子支付系统图

第五节 电子政务

一、电子政务概念

很多学者将电子政务(electronic government，E-Government)看做是电子商务的具体应用，这里我们将电子政务单独列出，并进行阐述，目的是让读者对电子政务有更为深刻的认识，毕竟当前电子政务的发展也是如火如荼。电子政务一词起源于西方国家，很多学者与组织纷纷给出了电子政务的定义，就目前来说，还没有形成一个公认的定义。本书列出三个典型的电子政务定义，帮助读者加深对电子政务的理解。

(一) 欧盟定义

电子政务是公共行政利用信息与通信技术，结合组织转变及新的技能，实现改进公共服务和民主进程，加强对公共政策支持的目标。

(二) 联合国经济与社会事务部定义

广义上的电子政务包括所有运用信息与通信技术手段来实现政府日常公共事务的处理，是政府的一项永久性承诺，通过对服务、信息与知识的高度便捷、成本核算的传递，来增进公共部门与个人公民之间的关系。它是对政府所要提供服务的一种最为行之有效的实现。

(三) 世界银行定义

电子政务是指政府部门利用信息技术(如广域网、互联网和移动电脑)转变政府同公民、企业和政府其他部门的关系。

一般地，我们可以这样理解电子政务：电子政务是指政府机构在其管理和服务职能中运用现代信息技术，实现政府组织结构和工作流程的重组优化，超越时空和部门分隔的制约，建成一个精简、高效、廉洁、公平的政府运作模式。电子政务内容可简单概括为三方面：① 政府部门内部利用先进的网络信息技术实现办公自动化、管理信息化、决策科学化；② 政府部门与社会各界利用网络信息平台充分进行信息共享与服务、加强群众监督、提高办事效率及促进政务公开等；③ 以政府的信息化加强政府部门的协作，并推动和加速整个国家和社会的信息化发展。

二、电子政务类型

根据信息和服务的传递可将电子政务分为四类：政府部门之间的电子政务(government to government，G2G)、政府部门与企业之间的电子政务(governmet to business，G2B)、政府部门与公众之间的电子政务(government to citizen，G2C)、政府与雇员之间的电子政务(government to employee，G2E)。

(一) G2G

G2G 是电子政务的主要内容，它是指政上下级政府、不同地方政府、不同政府部门之间的电子政务。一些专家建议政府在用电子方式向公众和企业成功地传递服务之前应不断提高和更新他们自己的内部系统和办事程序。一般地，G2G 主要包括的内容有电子法规政策系统、电子公文、电子司法档案系统、电子财政管理系统、电子办公系统、电子培训系统、业绩评价系统等。

(二) G2B

随着社会发展，政府部门的服务功能与意识也越来越强，G2B 模式也得到了很大的关注，部分因为商业领域的高度积极性，以及通过实践的改进和竞争的增加，有可能降低成本。G2B 方式包括政府服务于企业和获取企业的服务。一般地，G2B 主要内容包括电子采购与招标、电子税务、电子证照办理、信息咨询服务、中小企业电子服务等。

(三) G2C

部分分析家认为 G2C 是电子政务的基本目标，电子政务的目的之一应该是建立一个“一站式办公”网站，给公众提供多任务集成服务，尤其是涉及多个机构的服务，避免逐个地与各个机构打交道。同时通过提供更多的机会克服时空障碍，从而推动公众之间的互动，激发公众的参政意识。G2C 主要内容包括教育培训服务、就业服务、电子医疗与公共卫生服务、社会保险网络服务、公民信息服务、交通管理服务、公民电子税务服务、公民电子证件服务等。

(四) G2E

G2E 是政府机构通过网络技术实现内部电子化管理的重要形式，也是 G2G、G2B 和 G2C 等电子政务模式的基础。G2E 主要是利用 Intranet 建立起有效的行政办公和员工管理体系，为提高政府工作效率和公务员管理水平服务。G2E 模式主要包括建设办公自动化系统、政务管理信息系统和决策支持系统。其具体应用主要包括三个方面。① 公务员日常管理。利用电子化手段实现政府公务员的日常管理对降低管理成本，提高管理效率具有重要意义，既为公务员带来很多便利，又能节省领导的时间精力，有效降低了行政成本。公务员日常管理包括利用网络进行日常考勤、出差审批、差旅费异地报销等，由此形成了 G2E 电子政务的电子公文系统、电子财务管理系统和办公自动化系统。② 电子人事管理。电子人事管理是政务管理系统建设的重要内容，它是指应用网络技术实现电子化人事管理，包括电子化招聘、电子化培训、电子化学习、电子化沟通和电子化绩效考评等内容。电子化人事管理的发展将使传统的、以纸面档案管理为中心的人事管理方式产生一场新的革命，对提高政府人事管理的水平和效率、降低管理成本起到极为重要的作用。③ 对重大事件的决策支持与管理。辅助政府领导职员通过分析挖掘为重大事件寻找决策依据，为决策的科学化与规范化提供有力帮助。

三、电子政务系统框架

电子政务系统根据政府部门的实际需要以及软件服务商的技术经验不同而有所细节差别，但不管怎样，其基本结构还是有相似之处。本书以 IBM 提供的电子政务解决方案为例，说明电子政务系统的构建框架。IBM 提供的电子政务系统框架构建分三步，整个系统框架见图 10-4。

(一) 建设贯穿的服务总线，其中含流程引擎管理

所有的内网应用系统都以插件的方式与总线打交道，应用系统之间不直接发生调用和数据交换关系。凡是涉及内外网数据交换的内容都通过总线完成。在内外网逻辑隔离的防火墙上设置专用的数据交换端口。与市委市政府的数据交换受到物理隔离的网闸设备的限制，需要用专业的消息中间件在通过网闸前实现数据暂存。

(二) 建设内网门户和外网业务

用轻量级目录访问协议(light weight directory access protocol，LDAP)技术建立统一的全局的身份认证中心，城管、应急、办公自动化、档案等其他各种内网应用系统都通过该身份认证中心实现认证，授权信息则以原先的目标系统为准。外网的网上政务大厅、数字商务、数字社区三大类业务与服务总线相连，服务总线负责内、外网的数据交换和共享。

(三) 建设专题数据库并衍生出中心数据库

目前比较成形的是地理信息系统(GIS)数据库，其他则需要工商、公安等其他职能机关的数据输入。各职能部门的接入方式有两种：应用接入和数据接入。对于在同一个内网上的职能部门，如在同一个办公大楼内的环保、文化、卫生等部门，可以考虑将对方的应用系统直接接入。对于不在同一个内网上的职能部门，由于各自的内网网络相互是不通的，可以考虑要求对方将需要交换的数据放到外网前置机上，通过政府内网发起与前置机数据库的数据批量交换。

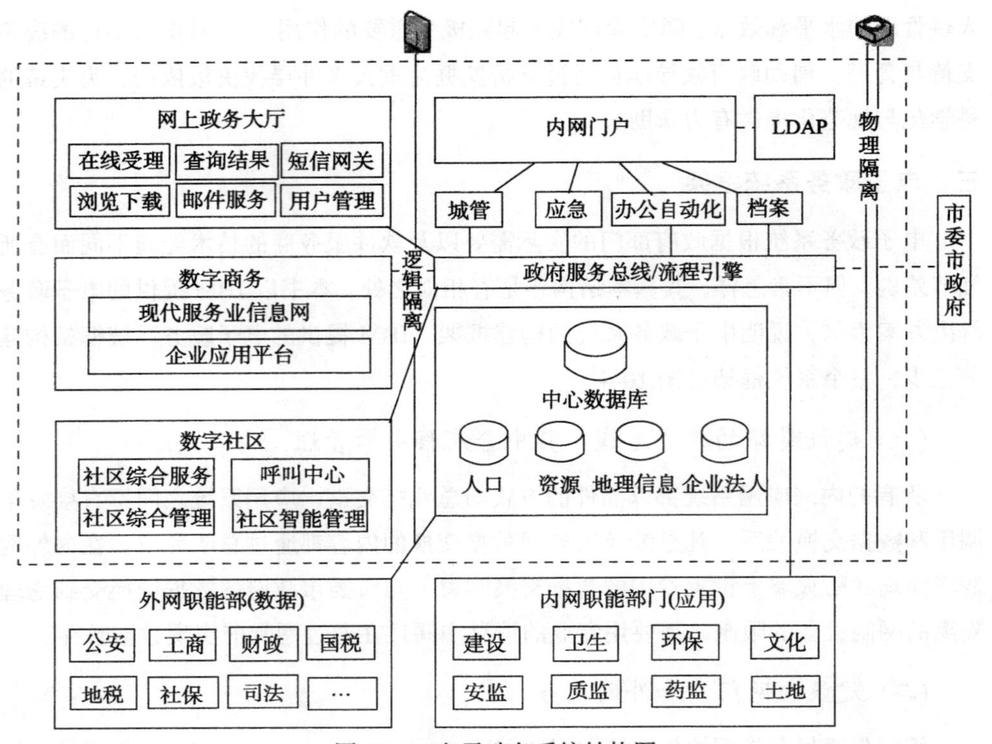

图 10-4　电子政务系统结构图

第六节　本章小结

随着信息技术发展，管理要求规范，企事业等单位对管理信息系统的依赖程度越来越高，通过信息系统提高办事效率，加强管理。本章对当前办公自动化、企业资源计划、决策支持系统、电子商务、电子政务等几种信息系统进行了介绍，期望加深读者对管理信息系统的理解。

办公自动化是基于数据库、电子邮件、远程通信及 Intranet 技术来实现单位内部业务信息流转、信息交流和信息共享，快速有效地接收各种上级机关文件、所属机关的上报信息，组织、协调办公自动化系统内的各种信息，使用户能够方便、快捷地获取其所需信息的一种信息系统。办公自动化有六大功能：电子邮件、考核体系、复合文档型的数据处理、工作流应用、协同工作和移动办公、安全性控制。

目前办公自动化系统广泛应用在各企事业单位，成为日常工作不可缺少的工具，为单位提供高效的办公管理平台。

企业资源计划系统是指建立在信息技术基础上，以系统化的管理思想，为企业决策层及员工提供决策运行手段的管理平台。企业资源计划系统集信息技术与先进的管理思想于一身，成为现代企业的运行模式，反映时代对企业合理调配资源，最大化地创造社会财富的要求，成为企业在信息时代生存、发展的基石。一般地，企业资源计划包含生产控制(计划、制造)、物流管理(分销、采购、库存管理)和财务管理(会计核算、财务管理)几大功能模块，各模块互相融合，共同为企业的管理与决策服务。一些大型的企业纷纷建设自己的企业资源计划系统，强化公司管理提高办事、生产效益。

决策支持系统是辅助决策者通过数据、模型和知识，以人机交互方式进行半结构化或非结构化决策的计算机应用系统。它是管理信息系统向更高一级发展而产生的先进信息管理系统。它为决策者提供分析问题、建立模型、模拟决策过程和方案的环境，调用各种信息资源和分析工具，帮助决策者提高决策水平和质量。目前决策支持系统发展到综合使用数据仓库、联机分析处理、人工智能、数据挖掘等技术，形成功能强大、结构复杂的辅助决策管理系统，为单位的科学决策提供强有力的支撑。

目前对电子商务的定义很多，一般地可以从广义与狭义两方面理解电子商务含义。从狭义上讲电子商务是指在互联网、企业内部网和增值网上以电子交易方式进行交易活动和相关服务活动，是传统商业活动各环节的电子化、网络化。从广义上讲是指应用计算机与网络技术与现代信息化通信技术，按照一定标准，利用电子化工具来实现包括电子交易在内的商业交换和行政作业的商贸活动的全过程。电子商务目的是通过降低社会经营成本、提高社会生产效率、优化社会资源配置，从而实现社会财富的最大化利用，是传统商务模式的革新，属于一种新的社会经济形态。网络技术、安全技术、通信技术、数据库技术的迅猛发展促使电子商务系统迅速发展壮大，纵观电子商务发展，可大致分为电子数据交换、基于 Internet 的电子商务、E 概念电子商务三个阶段，而电子商务主要模式有 B2B、B2C、C2C 三种。

电子政务是指政府机构在其管理和服务职能中运用现代信息技术，实现政府组织结构和工作流程的重组优化，超越时空和部门分隔的制约，建成一个精简、高效、廉洁、公平的政府运作模式。电子政务内容可简单概括为三方面：① 政府部门内部利用先进的网络信息技术实现办公自动化、管理信息化、决策科学化；② 政府部门与社会各界利用网络信息平台充分进行信息共享与服务、加强群众监督、提高办事效率及促进政务公开等；③ 以政府的信息化加强政府部门的协作，并推动和加速整个国家和社会的信息化发展。电子政务主要有四种模式：G2G、G2B、G2C、G2E。

[习 题]

一、多选题

1. 决策支持系统三部件结构主要包括(　　)。

A. 数据部件　B. 模型部件　C. 对话部件　D. 决策部件　E. 管理部件。

2. 数据仓库特点包括(　　)。

A. 面向主题的　B. 集成的　C. 不可更新的　D. 不断变化的

E. 面向事务的　F. 就是数据库

3. 电子商务按照商务活动中主体不同可分为：(　　)。

A. 企业对消费者之间的电子商务

B. 企业对企业之间的电子商务

C. 消费者对消费者之间的电子商务

D. 企业对政府

E. 政府对政府

F. 政府对雇员

4. 根据信息和服务的传递可将电子政务分为(　　)。

A. 政府部门之间　B. 政府部门与企业　C. 政府部门与公众

D. 政府与雇员　E. 政府对商人

二、名词解释

1. 办公自动化
2. 企业资源计划
3. 智能决策支持系统
4. 电子商务
5. 电子政务

三、问答题

1. 办公自动化系统有哪些主要功能？
2. 企业资源计划系统有哪些主要功能模块？
3. 简单阐述决策支持系统的体系结构。
4. 简单阐述决策支持系统的几种技术。
5. 简单阐述电子商务的分类。

6. 简单阐述电子政务几种主要模式。

[习题解答]

一、多选题

1. ABC 2. ABCD 3. ABCD 4. ABCD

二、名词解释

(略)

三、问答题

(略)

HAPTER 11

第十一章 案例分析

—— 华南师范大学学生宿舍管理信息系统

[内容提要]

以学生实际开发的一个案例—— 华师学生宿舍管理系统为例，以结构化方法讲解信息系统开发全过程，帮助读者进一步理解管理信息系统的需求分析、设计等过程要点。

[学习要点]

通过例子结合前面讲述的原理，深入理解信息系统分析、设计等基本技术。

[说明]

本案例为学生的一个信息系统设计实践，学生在分析、设计过程中参考了其他一些相似开发的成功案例，在此一并表示谢意。

第一节 系统调研

一、背景

信息技术的日益发展已经深入社会的各个角落，学校的宿舍管理也不例外，特别是高等院校的宿舍管理工作，是高校各项工作的一个重要部分，其管理水平的高低将直接影响人才培养的质量。高等教育的发展、高校规模的扩大、学生人数的增加，使学生宿舍各种信息的汇总、统计分析等管理工作面临着许多困难，管理工作也越来越繁重和琐碎。因此，宿舍管理的信息化、网络化越来越受到人们的重视，其既可以大大提高学生宿舍管理的效率和质量，也可以为学生解决后顾之忧。

二、现状

高校学生宿舍管理工作比较繁琐，主要包括以下四方面。

(1) 住宿安排和查询：新生报到后进行住宿安排，毕业生离校时退宿，以及随时可能出现的调铺和换铺要求；接受学生和学生家长的对学生住宿安排的查询，将住宿安排上报系部及有关部门等。

(2) 住宿费用管理：电费、水费、网络使用费等每个月一次的收费、统计及打印报表，宿舍家具维修申报和处理等。

(3) 住宿生管理及定期对宿舍卫生检查和考评：对住宿生考勤、早操出勤以及违纪的记录和处理，对违禁物品的检查与处理等。

(4) 其他信息管理：学生的贵重物品登记，卫生工具等物品的分发，宿舍管理人员的值班记载与考核，外来人员探访登记，学生反馈意见登记等。

目前宿舍管理全部为手工管理，存在着工作量大、工作效率低、耗费人员多的缺点。而且，手工管理容易造成信息滞留阻塞，学生反映得不到及时解决。当查找某条记录时，数据量庞大，又只能靠人工查找，不但效率低而且容易出错。很多时候由宿舍管理人员与学生信息不对称而造成无谓的劳动(如上门维修，送水的时候学生不在宿舍)。

三、性能需求

性能需求可从宿舍管理员和学生两方面分析。

(一) 宿舍管理员

1. 信息要求

宿舍管理员能查询上面提到的宿舍楼的所有相关信息，包括某一学号的学生在宿舍楼中住宿的详细信息、水电费用，以利于对整个宿舍楼的全面管理。

2. 处理要求

当学生基本信息发生变化时，宿舍楼管理员能对其进行修改。例如，某些同学搬到其他的宿舍中去，他们在本宿舍楼中相应的记录就应该删去；学生转换专业，他们记录中院系的信息也要作相应的修改等。

当宿舍楼的电话号码发生变更时，宿舍楼管理员能根据有关证明作出修改。

3. 安全性与完整性要求

(1) 安全性要求。① 系统应设置访问用户的标识以鉴别是否是合法用户，并要求合法用户设置其密码，保证用户身份不被盗用；② 系统应对不同的数据设置不同的访问级别，限制访问用户可查询和处理数据的类别和内容；③ 系统应对不同用户设置不同的权限，区分不同的用户，如区分普通用户(学生)、管理员。

(2) 完整性要求。① 各种信息记录的完整性，信息记录内容不能为空；② 各种数据间相互联系的正确性；③ 相同的数据在不同记录中的一致性。

(二) 学生

1. 信息要求

本宿舍楼的学生能查询其所在的宿舍的所有信息，能查询本楼的指定宿舍的电话号码以利于同楼宿舍间的通信，能查询自己住宿费用和水电费用。

2. 处理要求

学生能对自己宿舍的水电费情况有清楚的了解，并能打印。

四、系统目标

(一) 改进管理手段

使用学生宿舍管理系统后，可以将原来由手工完成的离返校登记、外访登记、水电费缴纳、送水和报修等工作交由计算机来完成，实现管理自动化，这将大大提高管理质量。

(二) 提高和改进信息服务质量

使用计算机系统后，统计报表、查询的功能将大大加强，管理员可以很容易地监控和查询各个宿舍的离返校情况、外访情况、水电费缴纳情况、送水及保修需求情况等相关信息并及时地作出响应，学生也能随时查询自己宿舍的水电使用情况、报修送水响应情况等信息。而且，这个管理系统大大提高了查询的速度和准确性，避免一些不必要的错误，还可以及时提醒用户有关欠款等情况，可以提高整体信息服务质量。

(三) 提高工作效率和减轻劳动强度

使用本系统后可以节省人力，减少劳动负荷。每学期的期初和期末工作非常繁忙，工作量大，使用新的系统后，可以减少劳动量，提高信息处理速度和准确性。

第二节　系统分析

一、可行性分析

(一) 现有系统分析

现行宿舍管理信息系统处于原始的手工工作状态，工作量大，误差较多，造成人力资源上的浪费。而且宿舍管理体系隶属物业公司，与学生资料管理系统分别属于不同系统，形成信息孤岛，无法沟通。并且所有资料都是靠手工输入，不仅工作量大，而且容易出现信息不一致。当信息出现变动时，修改成本大，而且容易出现缺漏，造成其他经济损失。

(二) 拟建立系统分析

1. 拟建立系统目标

目标包括以下内容：① 改进教材管理手段；② 提高和改进管理信息服务质量；③ 增强资源共享；④ 减少人力和设备费用；⑤ 加快信息的查询速度和准确性；⑥ 提供统计分析功能。

2. 系统规划及初步方案

宿舍管理系统建成后可以和校园网相连，提供网上服务，各系部在本单位就可以了解各院系学生的住宿情况。本系统终端拟采用奔腾4处理器、256MB内存、10GB

硬盘、17 英寸显示器、一个光驱、一个鼠标、一台打印机，可配一台网络服务器或将系统挂到教务处服务器上。

3. 系统实施方案

本系统客户端拟采用 Windows XP 操作系统，服务器采用 Windows NT 操作系统，前端开发语言使用 Java 及其他脚本语言，使用 MySQL 数据库管理系统。

(三) 方案可行性分析

1. 技术上的可行性

(1) 硬件。由于本宿舍管理系统的规模不大，按其管理功能，其应用本身是分布式的，此时所选择的计算机系统的计算模式也是分布式的，客户端以微机为主，根据实用和经济的原则，本方案计划采用较低档次的兼容机。服务器采用性能一般的小型机。

(2) 应用软件。基于 Windows 操作系统，全部使用开源软件：MySQL 数据库、Apache Tomcat 服务器、Java SDK 编程环境。

(3) LAN 服务网络。由于用户皆住校内，可将网站放在学校的服务器上，利用已有的局域网设施提供快速的服务。

(4) 安全。在系统方面，学校服务器的安全措施可满足系统的安全要求。在信息方面，区分各类用户，并对各种用户分配相应的权限，既方便又维护了网站的安全。

(5) 技术人员。开发小组组员系统地学习过数据库基本原理，分别有 Apache Tomcat、MySQL 数据库的使用经验，对网页设计及 Photoshop 有所了解，具备 Java 编程能力，可以完成系统建设工作。

2. 经济上的可行性

本方案由于全部采用开源软件，除硬件设施与域名系统(DNS)注册外几乎无需交费，系统投入成本不大。系统建成后，可以实现资源共享，完善宿舍管理。本系统投入运行后，可节省在对学生和宿管的管理上的人力资本，同时也节省了对宿舍水电费的查询和通知上的资源输出，节约了管理成本，并且可以有效地避免在信息资料的输入或更改时出现错漏而造成的经济损失。因此，从经济上，系统开发是可行的。

3. 管理上的可行性

学校需要学生宿舍管理的现代化和信息化。现阶段，学生宿舍管理采取的是人工方式，相对而言工作量大、工作效率低、耗费人员多。使用本系统后，要对组织结构产生一定的影响，要有人员的变动。但这些变动是局部的，不会影响整个组织。系统所需的硬件只是能上网的计算机，设备容易实现，所采用的操作和工作方式符合宿舍管理人员和学生的日常习惯，而且操作方便灵活，只要懂得计算机的日常操作，使用我们的系统来进行宿舍管理是没有什么困难的。

二、组织结构分析

宿舍管理的组织机构见图 11-1。

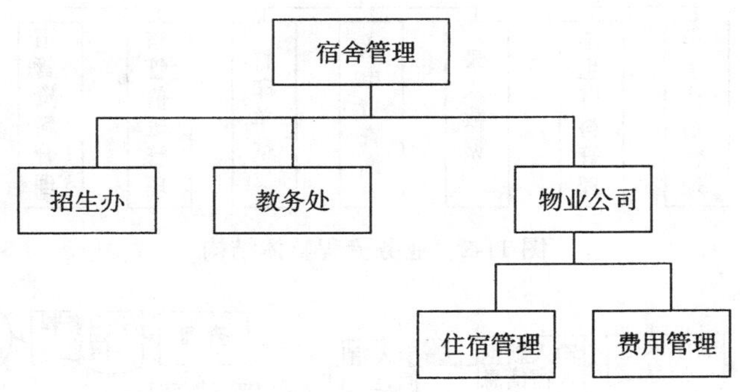

图 11-1 宿舍管理组织结构图

三、业务流程分析

宿舍管理的的主要业务流程如下(图 11-2、图 11-3)。

(一) 学生资料管理

招生办每学年初提供新生入学资料，这些资料作为宿舍管理的主要依据和档案。教务处根据平时的注册、休学、退学、毕业以及宿舍调整情况，对学生住宿档案进行更新。

(二) 宿舍管理

宿舍管理员根据学生住宿档案进行宿舍的管理，并将日常管理的内容、学生的一些日常活动进行记录，更新学生住宿档案。

(三) 费用管理

宿舍管理部门定期生成各宿舍的水、电等费用清单，并传达给学生，学生也可在系统上查询。交清费用后，系统会将缴费结果登记并更新至学生住宿档案。

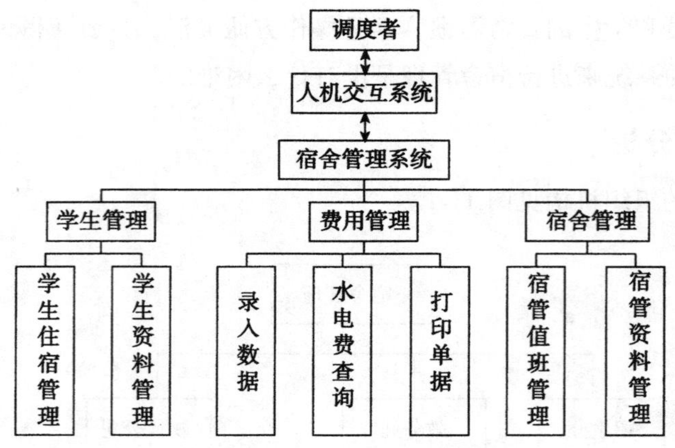

图 11-2　业务流程整体结构

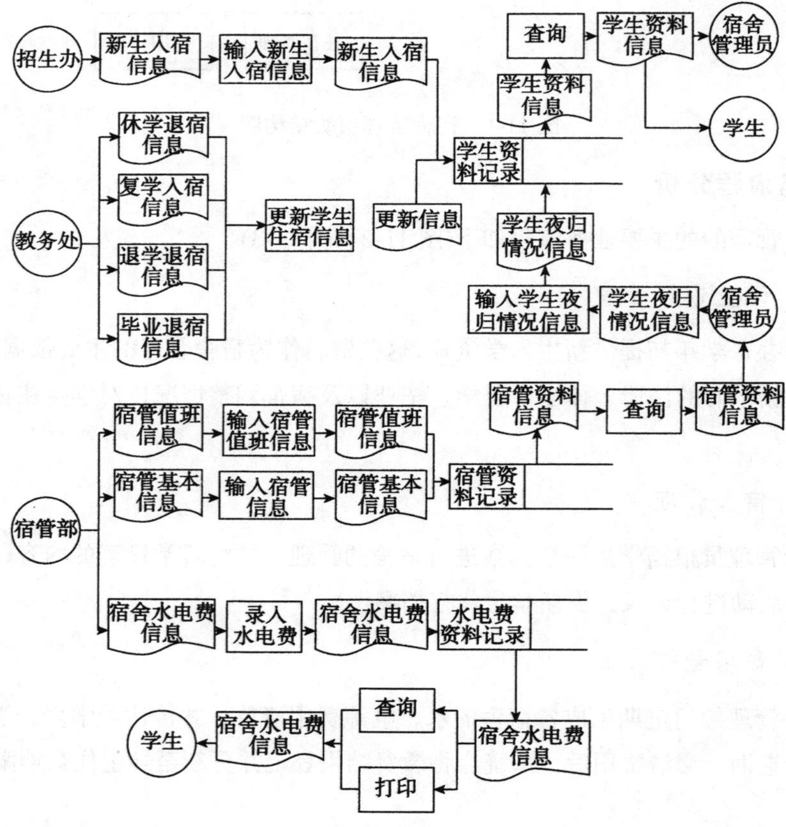

图 11-3　业务流程图

四、数据流程分析

分层数据流程图如图 11-4~图 11-6 所示。

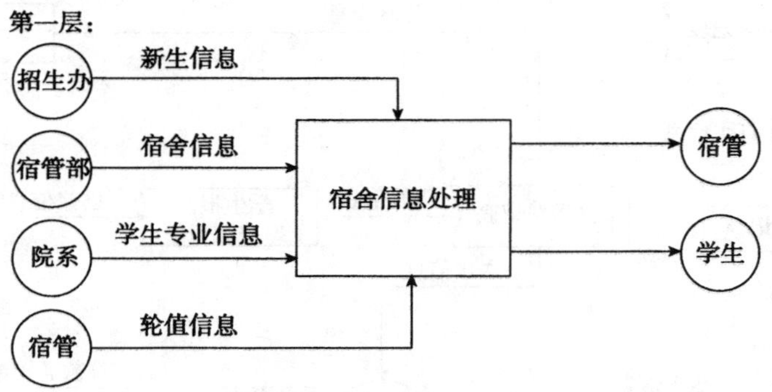

图 11-4　第一层数据流程图

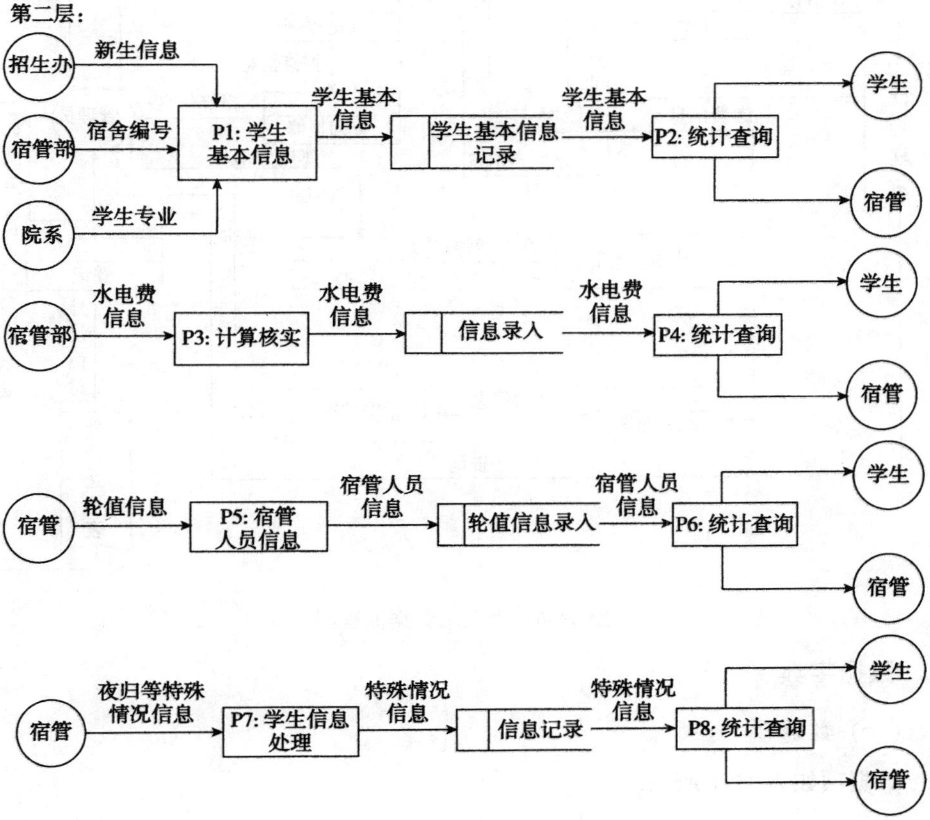

图 11-5　第二层数据流程图

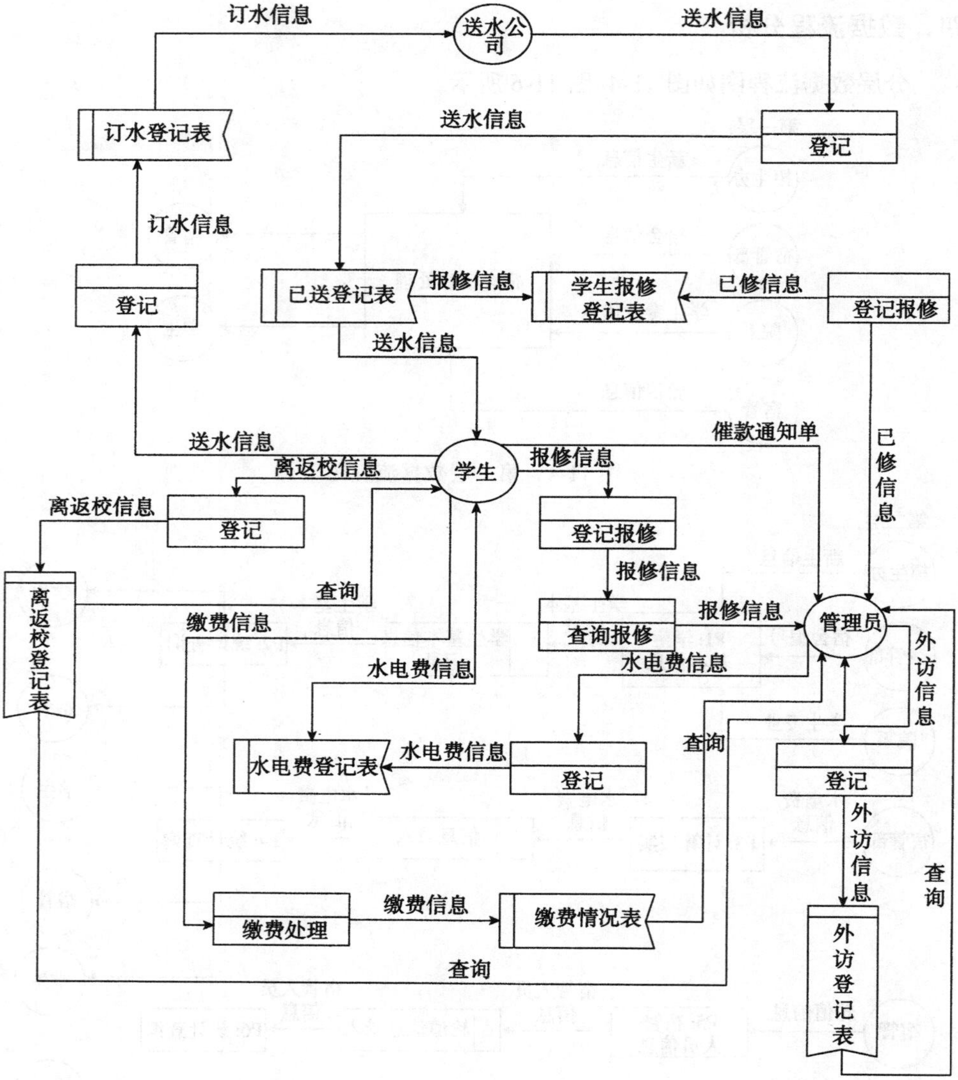

图 11-6 第三层数据流程图

五、数据字典

(一) 数据项

数据项如表 11-1 所示。

表 11-1 数据项

编号	名称	类型	宽度/字节	编号	名称	类型	宽度/字节
A1	住宿费用	数值型	4	A17	资费时间	时间型	8
A2	应缴水费	数值型	4	A18	资费人姓名	字符型	10
A3	应交电费	数值型	4	A19	访问房间号	字符型	4
A4	学号	字符型	20	A20	宿舍号	字符型	4
A5	姓名	字符型	10	A21	返校时间	时间型	8
A6	上月水表数	字符型	4	A22	订水数量	数值型	2
A7	上月电表数	字符型	4	A23	订水时间	时间型	8
A8	入住时间	时间型	8	A24	订水人姓名	字符型	10
A9	离校原因	字符型	50	A25	订水房间	字符型	4
A10	离校时间	时间型	8	A26	电话号码	字符型	20
A11	离开时间	时间型	8	A27	床位号	字符型	2
A12	来访事宜	字符型	50	A28	处理结果	字符型	40
A13	来访时间	时间型	8	A29	本月水表数	字符型	4
A14	来访人性别	字符型	10	A30	本月电表数	字符型	4
A15	来访人姓名	字符型	4	A31	被访人姓名	字符型	10
A16	经办人姓名	字符型	10	A32	报修事宜	字符型	40

(二) 数据结构

数据结构如表 11-2~表 11-4 所示。

表 11-2 学生的数据结构

项目	说明
数据结构编号	R1
数据结构名称	学生
数据结构描述	系统中所代表的一名学生
数据结构组成	学号+姓名+性别+宿舍号+床位号

表 11-3 订水的数据结构

项目	说明
数据结构编号	R2
数据结构名称	订水
数据结构描述	学生向饮用水公司申请的一次订水事务
数据结构组成	订水人姓名+订水房间+订水数量+订水时间+处理结果

表 11-4 入住的数据机构

项目	说明
数据结构编号	R3
数据结构名称	入住
数据结构描述	学生初次入住宿舍
数据结构组成	学号+姓名+房间号+床位号+入住时间

(三) 数据流

数据流如表 11-5~表 11-7 所示。

表 11-5　订水信息数据流

项目	说明
数据流编号	F1
数据流名称	订水信息
数据流描述	学生向饮用水公司提交的订水信息
数据流来源	学生订水登记
数据流去向	送水公司
数据流组成	订水人姓名、订水房间、订水数量、订水时间、处理结果
数据流量	100 桶/天
高峰流量	200 桶/天(夏季高温时)

表 11-6　校外访问信息

项目	说明
数据流编号	F2
数据流名称	外访信息
数据流描述	校外人员探访学生的登记信息
数据流来源	探访登记表
数据流去向	外访登记表
数据流组成	来访人姓名、来访人性别、被访人姓名、访问房间号、来访事宜、来访时间、离开时间
数据流量	20 次/天
高峰流量	60 次/天(节、假日)

表 11-7　水电费信息

项目	说明
数据流编号	F3
数据流名称	水电费信息
数据流描述	各个宿舍应缴纳的水电费
数据流来源	宿管部门
数据流去向	学生
数据流组成	宿舍号、应缴水费、上月水表数、本月水表数、应缴电费、上月电表数、本月电表数、缴费人、缴费时间、经办人
数据流量	定期
高峰流量	300 次/天(每月月初或月末)

(四) 数据存储

数据存储如表 11-8~表 11-10 所示。

表 11-8 离返校登记表的数据存储

项目	说明
数据存储编号	S1
数据存储名称	离返校登记表
数据存储描述	用于记录学生离校及返校情况
数据存储组成	姓名、学号、离校时间、离校原因、返校时间
相关处理	离返校信息登记

表 11-9 外访登记表的数据存储

项目	说明
数据存储编号	S2
数据存储名称	外访登记表
数据存储描述	访问学生时需登记此表以便留底、存档
数据存储组成	来访人姓名、来访人性别、被访人姓名、访问房间号、来访事宜、来访时间、离开时间
相关处理	来访登记

表 11-10 学生报修登记表的数据存储

项目	说明
数据存储编号	S3
数据存储名称	报修登记表
数据存储描述	学生向宿管部门报修的信息记录表
数据存储组成	报修流水号、报修人姓名、报修房间号、经办人姓名、报修事宜、报修时间、处理结果
相关处理	登记报修

(五) 数据处理

数据处理如表 11-11、表 11-12 所示。

表 11-11 报修

项目	说明
处理编号	P1
处理名称	报修
描述	学生向宿管报修、宿管反馈维修结果
输入数据流	报修信息
处理过程	接收用户的报修申请并等待维修人员提取信息；维修人员查看信息后判断是否可以进行维修，并将决定反馈给学生；维修人员将维修结果提交至系统供学生查阅
输出数据流	维修情况信息

表 11-12 缴费处理

项目	说明
处理编号	P2
处理名称	缴费处理
描述	供学生查询、缴费并显示缴费结果
输入数据流	水电费信息
处理过程	接收管理员收费信息，计算各宿舍应缴费用，向学生发出通知或等待学生自行提交；将收费结果保存至水电费登记表；对尚未缴费的同学发出催缴通知
输出数据流	水电费信息，催缴通知

（六）外部实体

外部实体如表 11-13 所示。

表 11-13　外部实体

实体编号	实体名称	实体描述	输入数据流	输出数据流
B1	学生	本校学生	水电费信息、已修信息、已送水信息、外访信息	订水信息、报修信息、离返校信息
B2	宿管	宿舍管理员	报修信息、外访信息、离返校信息	水电费信息、已维修信息
B3	外访人员	校外探访本校学生的人员	外访信息	
B4	送水公司	为学生送水的部门	订水信息	已送水信息

第三节　系统设计

一、功能结构设计

本系统功能模块结构图如图 11-7 所示。

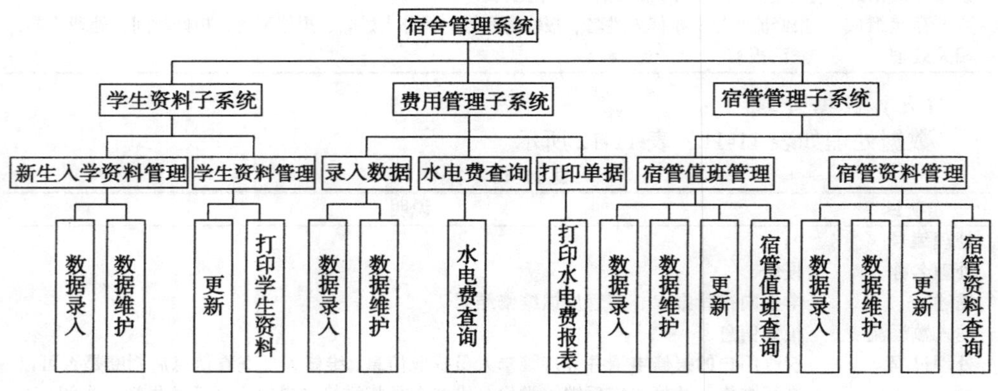

图 11-7　系统功能模块结构图

（一）学生资料子系统

学生资料子系统面向教务处管理人员与后勤部管理人员(主要为宿管人员)，不同的人员有不同的权限。教务处管理人员有权限对此功能模块进行全权限操作，主要包括教务人员输入每栋宿舍学生的一些自然资料属性，如学生姓名、性别、出生年月、学院、年级、班级、学号、宿舍号、床位号、宿舍电话、联系电话等，以及对数据进行查询、更新、修改、删除等操作。后勤部管理人员有权限对学生晚归进行添加、查询、更新操作，删除的权限只有教务处管理人员才有，如有必要执行删除操作，需上报教务处；对于其他属性后勤部管理人员只有查询的权限。通过这一模块，教务处可以实现对学生从入学到毕业住宿的全面管理，相比起人工记录管理，更加科学、方便、快捷、不容易出错且减少人力成本。

(二) 宿管管理子系统

本模块仅面向后勤处管理人员，即只有教务处管理人员才有权力对此功能模块进行操作，主要由后勤处管理人员记录每栋宿舍管理人员的基本信息，包括姓名、出生年月、工作内容、联系方式等，以及对数据进行查询、更新、修改、删除等操作。通过这一模块，后勤处可以实现对宿管人员的全面管理，相比起人工记录管理，更加科学、方便、快捷、不容易出错且减少人力成本。

(三) 费用管理子系统

本模块既面向学校后勤处，也面向学生，不同身份使用权限不同。后勤处管理人员有权限输入、修改、更新、查询、删除模块的信息内容；学生只有查询模块信息内容的权限，主要为检查费用是否存在计算错误的情况，做到有错能及时上报，减少损失。费用管理模块主要包括每间宿舍各种公共费用的支出，如宿舍号、学生姓名、学号、用水量、用水费、用电量、用电费等信息内容。通过这一模块，后勤处管理人员可以方便快捷地录入、查询、打印学生住宿费用情况，相比起人工操作，更加科学且不容易出错。学生也可以清楚自己在宿舍的费用情况。

二、系统流程设计

(一) 系统流程

1. 学生资料子系统

学生资料子系统流程包括资料的录入、查询、更新、输出等。

2. 宿管管理子系统

宿舍管理子系统流程与学生资料子系统的流程差不多，但具体信息少于学生资料子系统，包括资料的录入、查询、更新、输出等。

3. 费用管理子系统

费用管理子系统与上述两个系统不尽相同，但关系密切，具体流程包括资料的录入、查询、更新、输出、打印等。

(二) 系统流程设计图

系统流程设计图如图 11-8 所示。

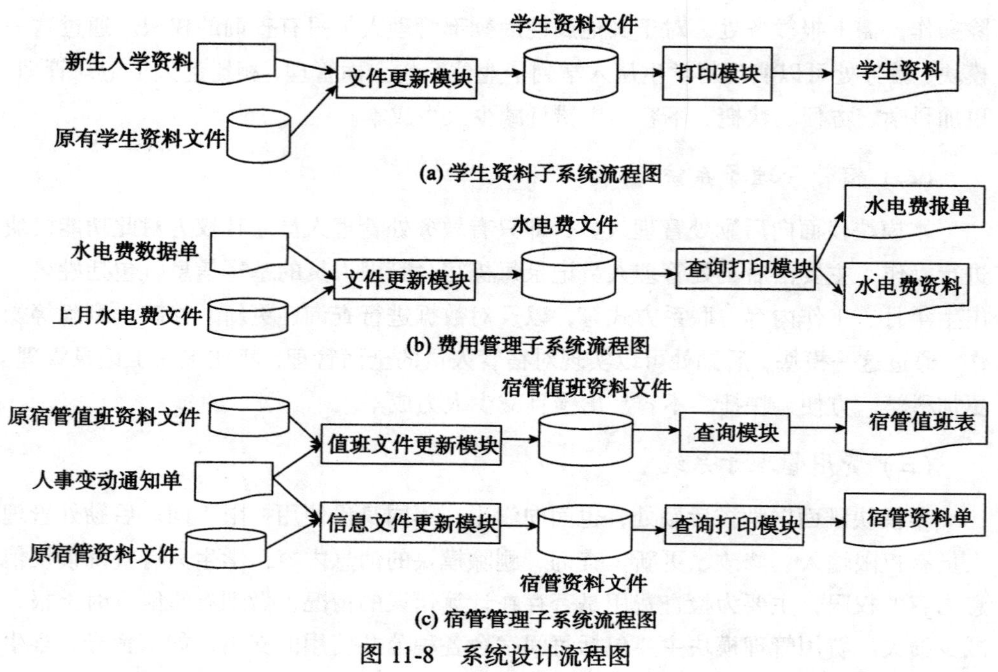

图 11-8　系统设计流程图

三、代码设计

(一) 代码类别

本系统的主要使用者是学生和宿舍管理员，设计代码的类别为区间码，编码对象如下

(1) 学生：

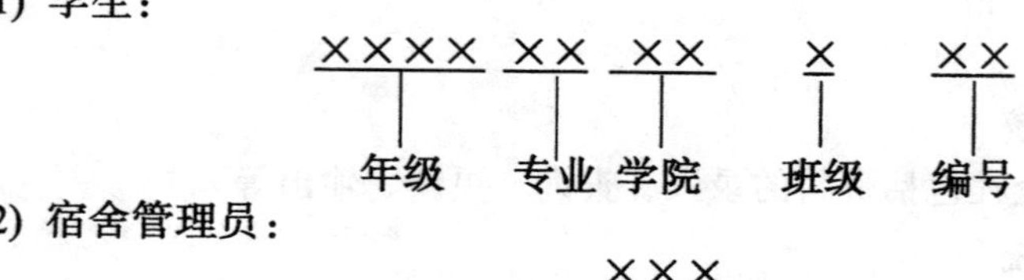

(2) 宿舍管理员：

×××
编号

(3) 宿舍号：

× ××
第几层 房间号

(二) 代码中的校正位

为了保证正确输入，还应在代码设计结构中原有代码的基础上，另外加上三个

校验位，使它们成为代码的一个组成部分。计算校验码的方法采用算术级数法，下面举例说明。

原代码：	1	2	3	4	5
各乘以权：	6	5	4	3	2
乘积求和：	6 + 10 + 12 + 12 + 10 =50				

以 11 为模去除乘积之和，取余作为校验码：50/11=4 余 6。由此得出代码为 123456。

四、数据库设计

(一) 概念结构设计

数据库的概念结构模型如图 11-9 所示。

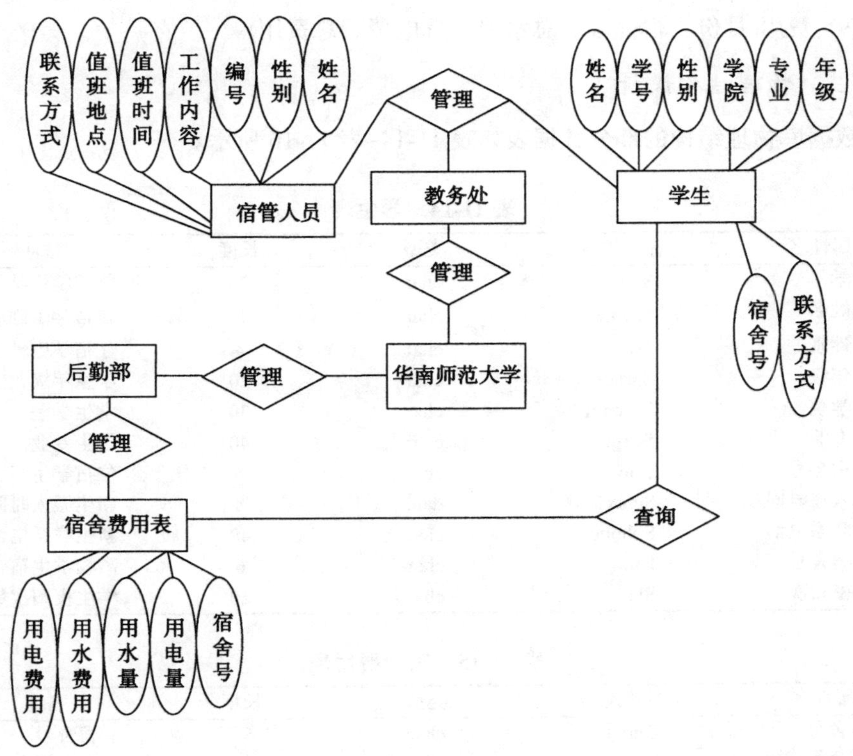

图 11-9 数据库 E-R 图

(二) 逻辑结构设计

逻辑结构设计如下。

(1) 学生(记录学号、姓名、系别、年级、专业、备注等);

(2) 宿舍(记录房间号、电话、床位数、住宿费用等) ;

(3) 宿管(姓名、工号、宿舍楼、值班时间) ;

(4) 宿舍入住情况(记录房间号、学号、床位号、入住时间等) ;

(5) 访客记录(记录来访人、被访人、访问事宜、访问时间、离开时间等) ;

(6) 宿舍报修记录(记录报修人、房间号、报修时间、报修事宜、处理结果、经办人等) ;

(7) 宿舍卫生评比(记录房间号、周次、分数等) ;

(8) 系统用户记录(姓名、密码、部门等) ;

(9) 费用(月份、宿舍号、总水费、总电费、总费用)。

(三) 物理结构设计

数据库物理结构的部分数据表如表 11-14~表 11-16 所示。

表 11-14　学生表

属性名	存储代码	类型	长度	备注
学号	Sno	char	20	住宿学生学号
姓名	Sname	char	20	住宿学生姓名
性别	Ssex	char	4	住宿学生性别
年级	Sgrade	char	20	学生年级
学院	Sschool	char	30	学生学院
专业	Sdept	char	40	学生专业
宿舍号	Dno	char	6	住宿学生宿舍号
入住时间	Scheckin	date	8	新生搬入时间
联系电话	Sphone	char	40	新生联系电话
宿舍号	Dno	char	6	离校学生宿舍号
夜归次数	Slate	char	20	学生夜归次数

表 11-15　宿舍费用表

属性名	存储代码	类型	长度	备注
宿舍号	Dno	char	6	宿舍号
宿舍用水量	Dwater	char	30	宿舍用水量
宿舍用电量	Delectricity	char	30	宿舍用电量
宿舍用电费用	Decost	char	30	宿舍用电费用
宿舍用水费用	Dwcost	char	30	宿舍用水费用

表 11-16 宿舍管理员表

属性名	存储代码	类型	长度	备注
宿管姓名	SGname	char	20	宿管姓名
性别	SGsex	char	4	性别
宿管编号	SGnumb	char	20	宿管编号
工作内容	Sgwork	char	20	工作内容
宿管值班地点	SGworkplace	char	20	宿管值班地点
宿管值班时间	SGworktime	char	20	宿管值班时间

五、输入输出设计

(一) 输入设计

输入操作应尽量简单、方便，同时具有一定的检验功能，因此尽量多使用下拉菜单及选择框。招生办提供的新生入宿资料可通过表单批量输入，宿舍管理员的日常事务性操作以界面输入为主，同时提供检验功能。

(二) 输出设计

由于宿舍管理系统的大部分数据都是统计型数据，所以输出方式以报表和界面输出为主，报表既可以在线查看，也可提供下载。

六、物理配置方案设计

(一) 系统硬件

由于本宿舍管理系统的规模不大，所选择的计算机系统的计算模式是分布式的，客户端以微机为主，根据实用和经济的原则，本方案计划采用较低档次的兼容机。服务器采用性能一般的小型机。

(二) 系统软件

基于 Windows 操作系统，系统所用软件全部为开源软件。选取 Apache Tomcat 作为网站服务器，MySQL 作为数据库系统，编程环境选用 Java SDK。

七、设计、保密设计、数据准备

(一) 安全设计

为了维护该新系统，提高系统对人为破坏、操作失误或系统故障的承受能力，对系统的安全设计如下。

(1) 计算机系统技术，主要采用双硬盘镜像存储、防病毒设备和防火墙等工具。

(2) 软件方面,包括加强软件的容错性、设置操作员权限、数据的公布存储、备份和多版本、防病毒措施、设置监察系统运行情况的“黑盒子”等。

(3) 制定运行与维护的管理规范，包括制定操作员资格管理、操作规程、机房守则，以及防火防盗防病毒等内容。

(二) 保密设计

该系统建成后，为了让系统能正常运行，维护系统安全及相关用户的信息安全和利益，对系统的保密设计如下。

(1) 利用系统环境提供的管理软件。对教务处管理人员、宿管人员和学生这三个不同的用户分配不同的环境使用权，他们从系统中分别能获得不一样的有效信息；对三者规定不同的进入系统的入口(其中学生以学号为主要进入途径)以判别用户。

(2) 对数据和模块执行进行权限设置，通过防火墙和规定相关代理服务器以隔离和限制其他用户对资源的使用。

(3) 制定系统保密管理的规章制度，包括系统管理员与操作员的权限控制管理系统文档资料与备份数据的保管等。

(三) 数据准备

数据准备包括四方面内容。

(1) 数据的选择。其主要吸收教务处人员和宿管人员这两个用户的数据，经过系统的筛选后，最终存入中央数据库，以备管理员管理和备用。

(2) 数据的探索。在中央数据库里，将不同的用户存储在不同但又有联系的数据里，以备管理员能够容易了解熟悉数据分布情况，并且能较快地判别异常数据。

(3) 数据的修正。对系统进行相关数据修正设计，包括缺失数据的插值等。

(4) 数据的变换。当系统遇到不同类型的数据时，系统将会对其进行转换，以统一数据，如离散值数据和连续值数据的相互转换，然后对它们进行分组分类，还会对数据项进行计算组合等。

第四节　本 章 小 结

通过一个实际开发案例，以结构化方法讲解管理信息系统开发全过程，将理论与实践结合，有助于学生加深对开发理论的理解。

主要参考文献

白秋产，高爱华，沈显来. 2006. 基于 VFP 的学生宿舍管理信息系统. 计算机与数字工程，(1): 143-145.

曹端. 2007. ERP 综合实验教程. 重庆：重庆大学出版社.

陈次白，颜端武，李晓鹏. 2005. 政府办公自动化原理与应用. 北京：北京大学出版社.

陈京民. 2006. 管理信息系统. 北京：清华大学出版社.

陈氢. 2005. 几种新型决策支持系统的比较研究. 情报科学, 23(1): 102-105.

陈文伟. 2004. 决策支持系统教程. 北京：清华大学出版社.

程学先，宋克振，阳亮，等. 2008. 管理信息系统及其开发. 北京：清华大学出版社.

杜娟. 2008. 信息系统分析与设计.北京：清华大学出版社.

杜鹃，赵春艳. 2008. 信息系统分析与设计. 北京：清华大学出版社.

冯伟民. 2006. ERP 功能模块简介. 企业技术开发, 25(5): 61，62.

奉国和，利伟业. 2006. 数据仓库在航空客户关系管理中的应用设计. 情报杂志, 25(7): 32-35.

奉国和. 2006. 基于 SAS 数据挖掘技术的航空 CRM 系统分析. 情报杂志, 25(5): 56-59.

傅铅生. 2006. 信息系统分析与设计.北京：国防工业出版社.

傅泽田，王瑞梅. 2009. 管理信息系统. 北京：清华大学出版社.

甘仞初. 2000. 信息系统开发. 北京：经济科学出版社.

甘仞初. 2001. 管理信息系统. 北京：机械工业出版社.

顾潇华，徐杰. 2006. 关于营销信息系统运行管理的思考.商业研究,8:75，76.

何泽恒，胡晶. 2010. 管理信息系统. 北京：科学出版社.

黄梯云. 2000. 管理信息系统(修订版). 北京：高等教育出版社.

黄梯云. 2007. 管理信息系统(第三版). 北京：高等教育出版社.

蹇洁，等. 2009. 电子商务导论. 北京：人民邮电出版社.

金敏力，田兆副. 2009. 管理信息系统. 北京：科学出版社.

邝孔武. 1999. 信息系统分析与设计.北京：清华大学出版社.

李大志，曾新峰. 2008. 电子商务实务.武汉：华中科技大学出版社.

李琪. 2004. 电子商务概论. 北京：高等教育出版社.

李伟波，刘永祥，王庆春. 2006. 软件工程. 武汉：武汉大学出版社.

李颖. 2009. 管理信息系统的质量评价指标及体系研究. 河北大学学报(哲学社会科学版), 34(2): 66-68.

李圆园. 2010. 办公自动化的技术发展过程及未来趋势. 湖北电力, 34(2): 72-74.

刘兰娟，竹宇光. 2002. 信息系统分析与设计. 北京：电子工业出版社.

柳纯录. 2005. 信息系统管理师教程. 北京：清华大学出版社.

罗超理，李万红. 2002. 管理信息系统原理与应用. 北京：清华大学出版社.

马慧，杨一平. 2010. 管理信息系统. 北京：清华大学出版社.

毛海军，唐焕文. 2003. 智能决策支持系统(IDSS)研究进展. 小型微型计算机系统, 24(5): 874-878.

萨师煊，王珊. 2000. 数据库系统概论. 北京：高等教育出版社.

萨师煊. 1997. 数据库系统概论. 北京：高等教育出版社.

沈金龙. 2002. 计算机通信与网络. 北京：北京邮电大学出版社.

孙思模. 2010. 将办公自动化系统融入企业管理的探索与思考. 改革与开放, 3: 65-66.

滕佳东. 2008. 管理信息系统. 第 3 版. 大连：东北财经大学出版社.

王虎，张骏. 2007. 管理信息系统. 武汉：武汉理工大学出版社.

王辉鹏，董春游. 2009. 决策支持系统发展研究. 应用能源技术, 6: 48-50.

王磊. 2010. 办公自动化建设问题. 信息与电脑, 3: 31.

王欣. 2004. 管理信息系统. 北京：中国水利水电出版社.

王要武. 2006. 管理信息系统. 北京：电子工业出版社.

王要武. 2008. 管理信息系统. 北京：电子工业出版社.

吴洁明，张正. 2002. 实用软件维护策略. 北方工业大学学报, 14(3): 61-65.

吴小梅. 2005. 管理信息系统教程. 杭州：浙江人民出版社.

肖夏. 2004. 高校学生宿社管理系统的设计.福建电脑, (6): 50，51.

熊才权，杨舒. 2005. 软件工程. 武汉：华中科技大学出版社.

许波勇. 2010. 办公自动化系统的六大常见功能需求. 华南金融电脑, 5: 63.

许晶华. 2004. 管理信息系统. 广州：华南理工大学出版社.

薛华成. 1999. 管理信息系统(第 3 版). 北京：清华大学出版社.

薛华成. 2007. 管理信息系统(第 5 版).北京：清华大学出版社.

颜安. 2006. 企业 ERP 应用. 成都：西南财经大学出版社.

袁烨, 王萍. 2010. 中小企业信息系统运行效果分析—— 以吉林省为例. 社会科学战线, 4: 262，263.

岳剑波. 1999. 信息管理基础. 北京：清华大学出版社.

曾明，蒲明强. 2008. 公共部门电子政务理论与实践. 武汉：中国地质大学出版社.

张国锋. 2000. 管理信息系统. 北京：机械工业出版社.

张基温. 2001. 信息系统开发案例(第三辑). 北京：清华大学出版社.

张建林. 2004. 管理信息系统. 杭州: 浙江大学出版社.

张亚东，程云喜. 2006. 管理信息系统. 郑州：河南人民出版社.

张志清，郑晓玲，杨中华. 2005. 管理信息系统实用教程. 北京：电子工业出版社.

赵莉，吴学霞. 2009. 电子商务概论. 武汉：华中科技大学出版社.

赵一丁. 2006. 软件工程基础. 北京：北京邮电大学出版社.

周玉清，刘伯莹，杨宝刚，等. 2002. ERP 原理与应用. 北京：机械工业出版社.

左美云，邝孔武. 2001. 信息系统的开发与管理教程. 北京：清华大学出版社.

《计算机基础》教学平台. 2011-06-26. 计算机组成、结构和软硬件系统.http: //www. jxcia. com/teachok/computerbasic/ch1/se2.htm.

Bentley L D, Whitten J L. 系统分析与设计方法(第 5 版. 影印版). 北京：高等教育出版社，2001. government/nextsteps/index.html.

Haags, Cummings M. 2007. 信息时代的管理信息系统(英文版.原书第 6 版). 北京：机械工业出版社.

Han J, Kamber M. 2006. Data Mining: Concepts and Techniques.San Francisco: Morgan Kaufmann Publishers.

IBM. 2010-12-10. 智慧的城市解决方—— 电子政务. http://www.ibm.com/ smarterplanet/cn/zh/

Inmon W H. 2005. 数据仓库. 北京：机械工业出版社.

ISOIEC. 2011-06-26. ISO/IEC-9126 Software engineeing-product quality-part1: quality model. http://citeseerx.ist.psu.edu/showciting?cid=494545.

Kenneth C，Laudon K C. 1999. Information Systems and the Internet. 北京：机械工业出版社.

Kingdee.2010-12-3.金蝶办公自动化系统. http://www.kingdee.com/news/4122.html.

Laudon K C, Laudon J P. 2001. Management Information System: Organization and Technology in the Networked Enterprise. 北京：高等教育出版社.

Laudon K C. 2005. 管理信息系统——管理数字化公司(第八版). 北京：清华大学出版社.

LaudonK C, Laudon J P. 2006. 管理信息系统精要(第 6 版). 北京: 中国人民大学出版社.

Mcleod R. 1998.Management Information Systems.北京：机械工业出版社.

Meshra J, Mohanty A. 2002. 现代信息系统设计方法. 司光亚译. 北京：电子工业出版社.

SAP.2010-11-030.SAP ERP 解决方案.http: //www.bestsapchina.com.

Satzinger J W. 2002.系统分析与设计. 朱群雄，汪晓男译. 北京：机械工业出版社.

Schultheis R A. 1998. Management Information Systems. 北京：机械工业出版社.

Whitten J L, Bentley L D. 2001. 系统分析与设计方法(第 5 版. 影印版). 北京：高等教育出版社.
Whitten 等. 2001. 系统分析与设计方法(第 5 版. 影印版)，北京：高等教育出版社.

Burch J G. 1992. System Analysis, Design,and Implementation. Boston：Boyd & Fraser Publishing Company.

Cash J I, Eccles R G, Nohria N, et al. 1994. Building the Information-Age Organization: Structure, Control,and Information Tech-Nologies. Homewood: Richard D. Irwin, Inc.en

Jeffery D R, Lawrence M J. 1984. Systems Analysis and Design. Victoria: Prentice-Hall of Australia Pty Ltd.
McNunlin B C, Jr Sprague R H. 1998. Information Systems Management in Practice. 4th ed. N.J.Prentice-Hall.

Mintzberg H. 1979. The Structuring of Organizations: A Synthesis of the Research. N.J: Pretice-Hall.

[illegible] M. 2006. Data Mining: Concepts and Techniques. [illegible] Morgan Kaufmann Publishers

[illegible] 2010-12-10. [illegible] www.[illegible]

[illegible] 2005. [illegible]

ISO/IEC. 2011-06-26. ISO/IEC 9126 Software engineering-Product quality-Part 1: Quality model. http://www.[illegible]

[illegible] C, [illegible] K C. 1996. Information Systems [illegible]

[illegible] 2010-12-[illegible] [illegible] http://[illegible]

Laudon K C, Laudon J P. 2001. Management Information Systems: Organization and Technology in the Networked Enterprise. [illegible]

[illegible] R. 2005. [illegible]

[illegible]

[illegible] 1998. [illegible] information systems [illegible]

[illegible] 2007. [illegible]

SYB. 2010-11-03. [illegible] http://www.[illegible].com

Satzinger J W. [illegible]

Schultheis R, [illegible] 1998. Management Information Systems. [illegible]

[illegible] 2003. [illegible]

[illegible]

[illegible] 1992. Systems Analysis, Design, and Implementation. [illegible] Publishing Company

Laudon K C, [illegible] 2004. Building the Information-Age Organization: Structure, Control and Information Technologies. [illegible]

[illegible] D. 1994. Systems Analysis and Design. [illegible] Prentice Hall of Australia Pty Ltd

McLeod R, Jr, Schell G P. 1998. Information Systems Management. [illegible] NJ: Prentice Hall

Mintzberg H. 1979. The Structuring of Organizations: A Synthesis of the Research. [illegible] Prentice Hall